Examens et concours 2019-2020

Connaissance des politiques sociales

Christelle Jamot-Robert

Diplômée de l'Institut d'études politiques de Paris,
de l'université Paris I-Panthéon Sorbonne,
de l'École nationale supérieure de Sécurité sociale et
directrice d'une caisse de Mutualité sociale agricole
et d'associations de l'économie sociale.

Vuibert

OFFERT en ligne :

› 7 dissertations corrigées

› 2 notes d'analyse sur dossier corrigées

› 10 fiches méthode sur les épreuves écrites et orales

Rendez-vous sur www.vuibert.fr/site/204858

Maquette intérieure : Hokus Pokus Créations
Maquette de couverture : les PAOistes
Composition : Grafatom
Photo de couverture : © Silvia Jansen/iStock

ISBN : 978-2-311-20485-8

SOMMAIRE

SOMMAIRE

1 Les politiques sociales : introduction

La politique sociale en tant qu'instrument de l'État a pour objectif premier d'organiser la société et les rapports entre ses membres.
Mais de nombreux autres acteurs peuvent définir des politiques sociales, par délégation de l'État, ou de leur propre initiative :
– dans un but philanthropique : aider son prochain ;
– dans un but sanitaire : prévenir ou combattre des maladies ;
– dans un but économique : vendre une protection contre un risque sanitaire ou social.

Les politiques sociales sont donc protéiformes, poursuivent de nombreux objectifs et impliquent de nombreux acteurs.

1. Les origines

Le « social » n'est pas une invention récente, même si le terme ne prend son sens moderne qu'au XIXe siècle.

1. Des fondements anciens, nés de la charité des individus et de la volonté de maintien de l'ordre des États

Des témoignages d'assistance organisée sont tangibles dès l'Antiquité, par exemple dans la Grèce classique où naissent des associations d'entraide ou de secours mutuel.

La famille, les corporations et les institutions religieuses structurent l'assistance aux personnes : l'Église affirme sa vocation à secourir les pauvres, en utilisant la charité privée pour fonder, dès le VIe siècle après Jésus-Christ, des léproseries et hôtels-Dieu.

Le pouvoir royal s'affirme pendant la Renaissance, avec le souci premier de lutter contre la mendicité et le vagabondage.

Au XVIIIe siècle, **les philosophes des Lumières**, et notamment Jean-Jacques Rousseau, ont donné corps au **concept de « contrat social »** : si l'individu accepte d'aliéner sa liberté en adhérant au contrat social, la société doit en contrepartie lui accorder une protection sans faille.

Pendant la Révolution française, le Comité de mendicité s'inspire de ces théories et crée des bureaux de bienfaisance, précurseurs de nos actuels centres communaux d'action sociale. L'État tente d'institutionnaliser l'assistance par l'appropriation des établissements gérés par l'Église tels que les hôpitaux, et par l'imputation de leurs frais sur le budget de la Nation. Mais il n'a pas encore les moyens de ses ambitions : l'initiative privée se voit restituer ses biens et son rôle, le budget public se révélant incapable de supporter les dépenses d'assistance. L'initiative privée est pourtant mise sous contrôle : la loi « Le Chapelier » du 14 juin 1791 proscrit les organisations ouvrières comme les corporations de métiers, en interdisant les grèves, et la constitution de société de secours mutuel.

Les thèses de Malthus (« *Au grand banquet de la Nature, il n'y a pas de couvert vacant pour lui*[1] », « lui » se rapportant au pauvre) inspirent-elles Napoléon ? Il

1. Thomas Malthus, *Essai sur le principe de population*, J. Johnson, Londres, 1798.

crée des maisons de répression de la mendicité et autorise l'emprisonnement des vagabonds.

En théorie pourtant, cette répression ne se veut pas aveugle : le décret du 10 nivôse an X (1801) indique que :

> La société ne doit des secours qu'à ceux qui par la force des circonstances se trouvent dans l'impossibilité de pourvoir à leurs premiers besoins. Distribuer des secours dans tout autre cas, c'est créer la mendicité, nourrir la paresse et produire les vices. Ainsi, le premier soin qui doit occuper une administration chargée de répartir les aumônes consiste à constater l'état des besoins. Ce soin est à la fois le plus important et le plus difficile à remplir. Les besoins qui provoquent les secours publics sont de trois genres : l'état de pauvreté, l'état d'infirmité, l'état d'abandon.

2. La nécessaire prise en compte des nouveaux besoins sociaux générés par la révolution industrielle

Au début du XIXe siècle, la révolution industrielle perturbe l'organisation codifiée de l'assistance, en générant de nouveaux besoins et de nouvelles formes – spectaculaires – d'exclusion. La population rurale française décroît continûment à compter de 1850.

L'industrie naissante profite de ce mouvement mais suscite des bouleversements économiques et sociaux majeurs, qui sont un terreau fertile pour l'apparition de mouvements idéologiques – solidarisme, saint-simonisme, et socialisme – prenant la défense de ceux que la société rejette à ses marges. La pauvreté n'est plus l'apanage des inactifs et des marginaux. Elle frappe les ouvriers, qui parfois s'organisent : ils créent les premières sociétés de secours mutuel, que l'État contrôle sévèrement.

Plusieurs penseurs français du XIXe siècle ont proposé à leurs compatriotes des projets sociaux qui faisaient une place inégale à l'intervention de l'État : contrairement à Louis Blanc, qui défendait un programme de réformes socialistes s'appuyant sur l'État, Pierre-Joseph Proudhon s'affirma comme le père de l'anarchisme, du mutualisme et du syndicalisme ouvrier en France, et proposa une « réforme sociale » où l'État n'avait pas sa place. Frédéric Le Play anima un autre courant de pensée, favorable au catholicisme social, où l'initiative sociale devait davantage relever des propriétaires et du patronat.

L'Église poursuit donc ses œuvres charitables. L'État lui emboîte le pas, en sélectionnant toutefois ses aires de compétences et ses publics bénéficiaires. Les départements donnent l'exemple : le Bas-Rhin met en œuvre l'assistance médicale à domicile en 1810 ; 51 départements ont adopté ce système en 1850.

Entre-temps, l'État institue, en 1838, une assistance aux aliénés, qu'il confie aux départements, niveau administratif qui semble déjà s'imposer d'évidence pour la prise en charge de l'assistance sociale. L'État ébauche aussi les premiers régimes de pension, pour les militaires notamment.

Au milieu du XIXe siècle, il faut surtout chercher hors de nos frontières les premiers fondements de l'État-providence. Ainsi **Bismarck**, en Allemagne, donne à l'État une véritable fonction sociale. Les Alsaciens et Mosellans en conservent toujours un acquis, le régime local d'assurance maladie complémentaire obligatoire pour les salariés.

À la fin de ce même siècle, **la IIIe République** posera les fondements de l'État-providence en France, en promouvant **les premières grandes lois sociales** destinées à :

- préserver la paix sociale et à protéger la main d'œuvre indispensable à l'industrie naissante : l'amélioration des conditions de travail des femmes et enfants est instituée à partir de 1898, sous l'influence tardive du rapport Villermé (1840) ;
- assurer la sécurité sanitaire de la Nation, en la protégeant contre les grandes épidémies, et en créant l'aide médicale gratuite en 1893 ;
- secourir les personnes ne pouvant se prendre en charge : sont créés une assistance à l'enfance abandonnée en 1904, et un minimum vital pour les « vieillards, infirmes et incurables » en 1905.

Au début du XIXe siècle, de grandes entreprises paternalistes comprennent la nécessité de préserver la santé de leurs ouvriers et la paix sociale en leur sein : elles développent leur propre politique sociale (ex : Michelin). Cependant, ces initiatives patronales sont souvent l'exception.

Testez vos connaissances !

QCM

Pour chaque QCM, une réponse au moins est exacte.

1. Nos actuels centres communaux d'action sociale trouvent leur origine au XVIIIe siècle.

❑ a. Vrai
❑ b. Faux

2. La loi « Le Chapelier » (1791) :

❑ a. encourage les regroupements d'ouvriers dans des mutuelles, pour se protéger
❑ b. proscrit ces regroupements

3. Les premières grandes lois sociales datent du :

❑ a. XVIIe siècle
❑ b. XVIIIe siècle
❑ c. XIXe siècle

QROC

1. Les origines de l'État-providence: 4 éléments -> *
2. L'État-providence : définition.

Corrigés

QCM

1. a. Ils ont été créés à l'initiative du Comité de mendicité.

2. b. Car les regroupements d'ouvriers effraient les pouvoirs publics.

3. c. Elles ont été créées sous la IIIe République.

QROC

1. Les origines de l'État-providence sont :

- les penseurs du XVIIIe siècle : les Lumières et le contrat social ;
- la Révolution française ;
- les grandes lois sociales de la IIIe République ;
- le modèle de protection sociale allemand, sous l'impulsion de Bismarck.

Définition

2. L'État-providence désigne l'ensemble des interventions sociales, économiques, fiscales, déclinées par l'État pour protéger les citoyens contre un maximum de risques sociaux. L'économiste Gosta Esping-Andersen a proposé une typologie des États-providence : conservateur (Allemagne, France, Italie), social-démocrate (Danemark, Suède, Norvège), libéral (États-Unis, Royaume-Uni, etc.). Ces trois modèles influencent différemment le marché économique et le marché du travail.

→ ⊕ p. 22

De nombreux théoriciens débattent sur l'avenir de chacun de ces modèles (« la crise de l'État-providence »), sa contre-productivité supposée, ou au contraire son caractère indispensable pour jouer un rôle d'amortisseur des crises et des effets du libéralisme, et donc pour préserver le modèle capitaliste.

→ rôle et évolution dans le système capitaliste !

2. L'histoire moderne des politiques sociales

*Les politiques sociales intègrent progressivement des objectifs de plus en plus variés : la lutte contre la pauvreté, mais aussi la prévention sanitaire pour éradiquer les grandes épidémies, l'assistance aux travailleurs âgés avec les fondements d'un régime de retraite pour les marins dès 1905, pour les ouvriers et paysans dès 1910. À ces systèmes embryonnaires succède un régime plus ambitieux d'****assurances sociales pour les salariés****, créées par les lois du 5 avril 1928 et 30 avril 1930.*

1. La création du modèle social « à la française »

Après le premier conflit mondial, le soutien à la natalité devient un objectif prioritaire (le Code de la famille est très opportunément créé en 1939, période à laquelle la natalité est au cœur d'enjeux stratégiques).

Le développement économique né de la révolution industrielle (1830-1860), contrarié par les grandes crises (1880-1905 et 1929-1945), et qui connaît un rythme sans égal durant les Trente glorieuses (1945-1973), n'est pas étranger à cette évolution de la notion de « progrès social » dans la conscience collective. Son acception ne se limite plus à l'assistance, mais est étendue à la satisfaction de nouveaux besoins sociaux : la production de masse favorise en effet le développement d'une consommation de masse.

Parallèlement, des réponses sont progressivement apportées aux nouvelles problématiques sociales :

- vieillissement de la population alors que l'individualisme devient le mode de vie « consacré », et que les familles ne souhaitent plus prendre en charge les parents âgés ;
- développement de l'activité professionnelle des mères de famille ; WTF ?
- aléas de la croissance économique et précarisation des emplois ;
- exigences toujours plus fortes des individus relatives à la préservation de leur « capital-santé » ;
- vieillissement des cités reconstruites après la guerre, etc.

Les acteurs sociaux ont relevé le pari d'adapter les politiques sociales à l'évolution constante de ces besoins.

Ce mouvement n'est pas propre à la France : l'Allemagne l'a entamé dès la fin du XIXe siècle, l'Angleterre l'a formalisé davantage dans les années 1940.

L'après-guerre et les impératifs de reconstruction, de relance de l'économie, d'assistance aux personnes démunies – les citoyens les plus âgés notamment, qui ont perdu toutes leurs économies à cause de l'inflation – sont autant de circonstances qui invitent l'État à réfléchir à une conception moderne des politiques sociales.
Le Royaume-Uni s'inspire du **rapport Beveridge** (1942) pour instituer un système de protection sociale fondé sur la solidarité nationale : un service public, financé par l'impôt, est créé pour gérer la couverture des principaux risques sociaux ; cette couverture est offerte à l'ensemble de la population sans distinction de statut ou de profession.

L'Allemagne a opté pour un autre modèle, dès la fin du XIXe siècle, sous l'impulsion de **Bismarck**. Un système d'assurances sociales couvrant les ouvriers est créé, notamment pour saper la progression des idées socialistes dans ce milieu. Fondé sur le principe de la solidarité professionnelle, il est financé par les cotisations sociales des employeurs et des salariés, et géré par les partenaires sociaux. L'État allemand a donc favorisé l'organisation sociale du monde professionnel sur un mode assurantiel, sans s'impliquer comme acteur principal de ce système. Il confie la gestion de ces assurances aux partenaires sociaux qui, aujourd'hui encore, sont efficaces à en assurer l'équilibre économique.

La France choisit finalement une troisième voie qui concilie le rôle de l'État – sur le modèle anglais – et celui des partenaires sociaux – sur le modèle allemand.

L'État va tantôt jouer un rôle direct dans certains domaines de la protection sociale, tantôt impulser des initiatives dont il confiera la gestion à d'autres partenaires, en conservant un rôle de contrôle. Il garde ainsi des prérogatives fortes, notamment en matière sanitaire ; *a contrario*, il jette **les fondements de la Sécurité sociale en 1945** mais en confie la gestion aux partenaires sociaux. Il reprendra cependant la main dans les périodes de crise (financière notamment), pour garantir la pérennité du système, comme il l'a fait également pour la survie du régime d'assurance chômage.

De même, dans un souci de réduction des inégalités sociales, il crée par son pouvoir législatif de nouveaux droits sociaux – la couverture maladie universelle, la protection universelle maladie en 2016, l'allocation personnalisée à l'autonomie, le revenu de solidarité active – dont il impose la gestion et le financement à d'autres entités (Sécurité sociale, conseils départementaux).

La France a relevé ce pari dans **le préambule de la Constitution de 1946**, puis lors de son adhésion à la Déclaration universelle des droits de l'homme de 1948. Sous l'impulsion de Pierre Laroque, l'**ordonnance du 4 octobre 1945 et la loi du 22 mai 1946** ont posé les fondements d'un **régime général de Sécurité sociale**, assurant la protection des salariés de l'industrie et du commerce contre **quatre grands « risques »** :

- **la maladie, la maternité, l'invalidité** ;
- **la retraite, le décès et le veuvage** ;
- **les charges de famille** ;
- **les accidents du travail**.

Ce régime de Sécurité sociale se veut initialement universel : il est structuré autour d'un ensemble coordonné de caisses, gérées par les représentants élus des populations protégées. Mais le régime général doit au final cohabiter avec d'autres régimes, souvent antérieurs et très ciblés : un régime agricole couvre les exploitants et salariés agricoles ; des régimes spéciaux sont propres à d'autres catégories : mines, SNCF, fonctionnaires, etc. Les professions indépendantes – artisans, commerçants, professions libérales – obtiennent la création de régimes autonomes d'assurance vieillesse, en 1948 et 1952.

Le législateur de l'époque, soucieux de ménager les intérêts catégoriels ou les structures propres à certaines professions, n'a donc que partiellement concrétisé les intentions affichées en 1945. Le système de Sécurité sociale à la française est au final plus une mosaïque de régimes qu'un système unifié, et son extension à l'ensemble de la population française sera lente.

La Constitution du 4 octobre 1958, toujours en vigueur, étend les pouvoirs du gouvernement en matière d'organisation de la Sécurité sociale, le législateur devant être sollicité uniquement sur les « principes fondamentaux » du système.

La couverture sociale est progressivement complétée : les assurances maladie, maternité et invalidité sont étendues aux exploitants agricoles en 1961, aux autres professions indépendantes en 1966.

La Sécurité sociale couvre un large éventail de « risques sociaux ». Cependant, l'État a incité les partenaires sociaux à s'organiser pour compléter cette protection de base. La convention collective nationale du 14 mars 1947 et l'accord du 8 décembre 1961 créent respectivement l'AGIRC (Association générale des institutions de retraite des cadres) et l'ARRCO (Association des régimes de retraite complémentaire pour les salariés non cadres), **régimes complémentaires et obligatoires des salariés en matière de retraite**.

En outre, dès l'origine, la Sécurité sociale ignore deux risques majeurs :

- **le chômage :** ce phénomène s'amplifiant à la fin des années 1960 et pendant les années 1970, les pouvoirs publics instituent, par l'ordonnance du 13 juillet 1967, un service public de l'emploi et en confient la gestion aux partenaires sociaux ;
- **les difficultés d'accès au logement : après l'hiver 1954 et l'appel de l'abbé Pierre**, l'État commence à développer une politique publique du logement.

Les cotisations et les prestations de Sécurité sociale sont progressivement réformées :

- Les prestations maladie et invalidité sont améliorées. Une assurance personnelle est créée en 1978 pour les populations qui échappent encore à la compétence des différents régimes de Sécurité sociale. La première convention médicale signée entre l'assurance maladie et les médecins voit le jour en 1971.
- Les allocations familiales sont étendues à toute la population résidente à compter du 1er janvier 1978 et sont régulièrement revalorisées.
- La pension de retraite est attribuée dès 60 ans par l'ordonnance du 26 mars 1982.

Plusieurs mesures de justice sociale sont prises dans les années 1980 et 1990 :

- création du RMI par la loi du 1er décembre 1988 ;
- création de la couverture maladie universelle de base et complémentaire en 1999.

Dans la période la plus récente, on observe un recentrage des aides sur les publics les plus précaires : pour maîtriser ses coûts, la Sécurité sociale perd un peu de son universalité.

2. L'évolution des autres systèmes de protection sociale dans le monde

En Europe, plusieurs pays autres que la France vont s'inspirer :

- du modèle bismarckien : Autriche, Norvège, Belgique, Luxembourg, Pays-Bas ;
- du modèle beveridgien : Irlande, Danemark, Suède.

Les modèles évoluent différemment en fonction des priorités gouvernementales de chaque pays.

Si la protection contre la vieillesse et la création de régimes de retraite font l'objet, dans tous les pays d'Europe, de l'investissement social le plus important, des divergences apparaissent sur l'assurance maladie, jugulée dans de nombreux pays pour maîtriser son coût ; sur la politique familiale, plus ambitieuse en Europe du Nord ; et sur les prestations chômage, importantes en France, Espagne et Irlande, moins ailleurs.

Dans le reste du monde, les systèmes de protection sociale sont très disparates : inexistants dans la plupart des pays non développés, ils sont parfois étonnamment peu ambitieux dans certains pays parmi les plus développés.

Aux États-Unis, la Constitution américaine ne mentionne pas les droits sociaux. Malgré la création de la Sécurité sociale par le Social Security Act en 1935, dans le cadre du New Deal lancé par Roosevelt après la Grande Dépression de 1929, l'assurance maladie n'a été rendue obligatoire qu'en 2013. La Sécurité sociale n'assure qu'une modeste pension aux retraités. Les programmes sociaux structurés ne concernent que les personnes les plus démunies. Le pays est le seul de l'OCDE à ne pas verser d'allocations familiales et l'assurance chômage est faible. Les progrès portés par le président Obama en matière de couverture contre la maladie sont remis en cause par le président Trump.

Dans l'actuelle Russie, les caisses d'assurance maladie étaient apparues pour les ouvriers dans les grandes villes sous l'époque tsariste. Elles étaient assez inefficaces et furent réformées sous l'ère bolchévique. La maladie, l'accident et la maternité étaient couverts pour les ouvriers, avec des prestations uniquement en nature, gérées par le commissariat du peuple au Travail puis par le Conseil central des syndicats. Elle étaient très aléatoires compte tenu des difficultés de financement du système et de la corruption.
Le système d'assurances sociales « digne de ce nom » commença à voir le jour dans les années 1990 avec des assurances santé et contre l'accident et les maladies professionnelles, une assurance chômage et un système de retraite, modestes, financés par les cotisations sociales, complétés par le budget de l'État. Ce système a fait l'objet d'améliorations récentes, notamment des pensions à partir de 2012.

Le Japon a structuré un système de Sécurité sociale assez complet depuis la guerre. Inspiré comme la France des modèles beveridgien (pour la santé) et bismarckien (pour les retraites), mais porté par une forte croissance économique après la guerre, il a toujours fortement limité les dépenses sociales et les prestations offertes : les soins sont très chers, les modalités de cotisation ont longtemps discriminé les salariés les plus pauvres. Les faibles montants de pension (forfaitaires) obligent de nombreuses personnes âgées, et en particulier les femmes, à travailler à un âge avancé.

Protection sociale ≠ Sécurité Sociale
1 des composantes

Testez vos connaissances !

QCM

Pour chaque QCM, une réponse au moins est exacte.

1. En Angleterre, lors de la Seconde Guerre mondiale, Beveridge propose la création d'un système de Sécurité sociale :

- ❑ a. fondé sur la solidarité nationale et un financement par l'impôt
- ❑ b. fondé sur les assurances sociales et un financement par les cotisations sociales

2. Le système allemand de Sécurité sociale initié par Bismarck repose sur le principe suivant :

- ❑ a. Une couverture sociale minimale est instituée pour les populations les plus défavorisées.
- ❑ b. L'ensemble de la population est couvert par un système étatisé.
- ❑ c. La couverture sociale est laissée à l'initiative privée : compagnies d'assurance pour les catégories de populations solvables, associations humanitaires pour les autres.
- ❑ d. L'activité professionnelle et le versement de cotisations sociales conditionnent l'ouverture du droit à la Sécurité sociale.

3. La France élabore son système de Sécurité sociale en s'inspirant :

- ❑ a. du système beveridgien
- ❑ b. du système bismarckien
- ❑ c. des deux systèmes précités

4. Qui est considéré comme le père fondateur de la Sécurité sociale ?

- ❑ a. Pierre Laroque
- ❑ b. Robert Schuman

5. La retraite complémentaire obligatoire des salariés a été créée en :

- ❑ a. 1951
- ❑ b. 1961
- ❑ c. 1971

QROC

1. Les risques couverts par la Sécurité sociale française.
2. Les structures composant la protection sociale française.

Corrigés

QCM

1. a. Contrairement au système allemand (voir question suivante).

2. d. C'est un système d'assurances sociales professionnelles.

3. c. Le système français est mixte , voulant concilier l'université des prestations, mais sur la base d'un financement professionnel (en recul cependant au profit d'un financement par l'impôt).

4. a. Il s'agit de Pierre Laroque, haut fonctionnaire français, directeur général de la Sécurité sociale après la guerre. Il a co-fondé la Sécurité sociale avec Alexandre Parodi (ministre du Travail) et Ambroise Croizat (ministre du Travail et de la Sécurité sociale, successeur d'A. Parodi).

5. b.

QROC

1. L'ordonnance du 4 octobre 1945 et la loi du 22 mai 1946 ont posé les fondements d'un régime général de Sécurité sociale, assurant la protection des salariés de l'industrie et du commerce contre quatre grands « risques » :

- la maladie, la maternité, l'invalidité ;
- la retraite, le décès et le veuvage ;
- les charges de famille ;
- les accidents du travail et les maladies professionnelles.

Ils sont gérés, au sein du régime général, dans des « branches » différentes, pilotées par la CNAMTS, la CNAVTS, la CNAF, et l'ACOSS.

2. La protection sociale française ne doit pas être confondue avec la Sécurité sociale, qui n'est que l'une de ses composantes. Les voici :

- la Sécurité sociale, comprenant de nombreux régimes ;
- les organismes de retraite complémentaire ;
- les organismes de complémentaires santé et prévoyance ;
- l'assurance chômage ;
- le conseil départemental et accessoirement les autres collectivités territoriales ;
- l'État ;
- les organismes privés (associations, etc.).

3. Les débats d'idées sur les politiques sociales

Aucun acteur n'a le monopole du social. Les pays qui ont voulu en faire l'expérience ont semble-t-il raté l'objectif de progrès social : c'est le cas des États totalitaires marxistes, malgré les moyens parfois considérables investis dans les structures collectivistes censées supprimer les inégalités sociales.

Quant aux États ultralibéraux, qui ont abandonné le champ social aux acteurs privés, ils n'ont jamais pu soutenir strictement cette politique face aux exigences de l'électorat, inquiet de l'exacerbation des inégalités sociales : en témoigne la politique publique de santé menée aux États-Unis sous l'impulsion de Barack Obama, fruit d'une interminable bataille politique, et qui a permis progressivement dès 2013 aux Américains les moins fortunés d'accéder aux soins.

■ 1. De l'État-providence à l'État social actif

L'État-providence est une expression désignant l'ensemble **des mesures prises par les pouvoirs publics pour redresser les inégalités, les injustices de traitement considérées comme inadmissibles**. Sa finalité est de libérer les individus des situations de nécessité qu'ils ne peuvent surmonter seuls.

Avec un niveau de dépenses sociales représentant 32 % du PIB, soit l'un de niveaux les plus élevés au monde, la protection sociale française est la traduction concrète de cette notion sociologique.
Cependant, de nombreuses voix annoncent la mort certaine de l'État-providence en France, sans s'accorder, pour autant, sur le système pouvant lui succéder.

a. Pourquoi la fin de l'État-providence a-t-elle été annoncée ?

L'État-providence a fait l'objet de nombreuses critiques, de la part de courants économiques et politiques comme le néolibéralisme (Jacques Rueff) ou le néoclassicisme (Henri Lepage, Friedrich Hayek, James Buchanan) qui ont souligné :

- son **inefficacité à faire face à l'exclusion** notamment, qui crée des situations de détresse d'un nouveau genre à l'encontre desquelles notre système de protection sociale n'a rien prévu ;
- sa **contre-productivité** supposée : la critique libérale accuse l'État-providence d'être lui-même facteur d'exclusion, en entravant le bon fonctionnement du marché économique. Il subit la loi de « rendements décroissants » : son coût

s'accroît, mais pas son efficacité. Les tenants de cette thèse considèrent donc le social comme subsidiaire par rapport à l'économique. À l'image de la construction de l'Europe communautaire, le social n'est pas considéré comme un domaine « noble », mais comme une préoccupation accessoire à laquelle on s'intéressera quand les objectifs auront été atteints dans les domaines jugés cruciaux, essentiellement économiques ;

- ses éventuels objectifs cachés. La critique – marxiste cette fois – l'accuse de figer l'ordre établi, en corrigeant les imperfections du capitalisme pour assurer sa survie ;
- ses effets pervers sur les libertés individuelles : l'État-providence constituerait-il une menace pour l'État de droit ? Il est parfois décrit comme une structure tentaculaire qui infantilise, déresponsabilise et supprime la liberté individuelle : ce sont les ravages de la « *surprotection sociale* », le « ***fléau du bien*** » (Philippe Bénéton). L'élargissement du domaine de régulation étatique conduit à une prolifération normative, l'État social n'en finissant pas de constitutionnaliser de nouveaux droits sociaux.

Or, la solidarité imposée « d'en haut » aux citoyens contribuables n'est plus ressentie comme étant l'affaire de chacun : les actifs doivent accepter de socialiser une part toujours plus importante de leurs revenus, sans en attendre un « juste retour ». Cette situation ne risque-t-elle pas de remettre en cause le contrat social, et de créer des conflits entre actifs et inactifs, cotisants et bénéficiaires, voire entre générations ? Elle crée en tout cas un terreau propice à l'éclosion de nouvelles formes d'individualisme.

b. Une mutation prévisible de l'État-providence, plus qu'une mort annoncée

Existe-t-il des cycles dans l'histoire sociale ? **Les années 1980 ont consacré l'âge d'or des « Welfare States »**, avant que ne renaissent les doctrines libérales, lors de la crise financière. Puis, à la fin des années 1990, la victoire des partis socialistes dans de nombreux pays d'Europe a autorisé le retour à un **État davantage « social actif »**.

Le début des années 2000 a marqué le retour de doctrines plus libérales, que Tony Blair avait essayé d'imposer à l'Union européenne en 2005, lors de la présidence anglaise.

L'irruption de la crise financière dans le paysage économique, et son lot d'effets collatéraux – hausse du chômage notamment – ont incité de nombreux États à reprendre la main et à revenir à **une politique plus keynésienne** : l'injection massive de moyens par l'État, dans les domaines économiques et sociaux, a permis à certains pays de moins souffrir de la crise qu'ailleurs ; mais cette politique a un coût et a renchéri l'endettement déjà substantiel de la France par exemple (97 % du PIB !)... dont souffriront inévitablement les générations futures.

Cette problématique accrédite les thèses libérales sur la suprématie de la bureaucratie, qui n'a aucun intérêt à maîtriser les coûts pour obtenir le renouvellement de ses budgets (Friedrich Hayek).

La nécessité absolue de maîtriser la dette publique est largement partagée par d'autres pays d'Europe (Italie, Hongrie, Pologne, Espagne, Irlande, Royaume-Uni, etc.), conduisant à une politique économique plus rigoureuse.

Les mesures de hausse des impôts et taxes et de maîtrise des dépenses lancées en 2011, accentuées en 2014 et 2018, sont-elles de nature à remettre en cause notre modèle social ? **État-providence et économie de marché ne sont-ils pas complémentaires**, le premier pouvant, par des mesures de discrimination positive, pallier les carences de la seconde au profit des personnes qu'elle laisse à ses marges ? Ainsi, sans l'assurance chômage par exemple, les 3,5 millions de chômeurs accepteraient-ils leur condition sociale ?

La protection sociale permet donc de préserver le contrat social indispensable à la réussite économique du pays, car garant de la stabilité sociale. En outre, la redistribution orchestrée par la protection sociale maintient le niveau de consommation des ménages – même des plus défavorisés – et donc la production des entreprises, qui trouvent ainsi des débouchés plus constants.

En France, les partis de gauche défendent la société du « care », du soin mutuel, concept né dans les années 1980 aux États-Unis. L'objectif est d'inventer une société durable, où les métiers du soin au sens large seraient revalorisés, notamment au profit des personnes âgées, et où l'État confierait l'action sociale au réseau associatif, en la supervisant. Est-ce une véritable alternative ou une douce utopie ?

Plusieurs pays d'Europe du Nord ont tenté de donner corps à la notion d'**État social actif**. L'objectif est d'instaurer **un principe de subsidiarité entre la société civile et l'État** en matière d'action sociale : l'État décentraliserait ses actions sociales en les confiant aux collectivités territoriales, voire les déléguerait à des acteurs privés ; il ne conserverait qu'un droit de regard et de contrôle sur leur réalisation.

Cependant, pour ce faire, une réaction de la société civile est nécessaire : il lui faudrait prendre l'initiative afin qu'elle ne se contente plus de loger ses actions, de façon subsidiaire, dans les interstices laissés par l'action publique. Il lui faut donc éviter un écueil majeur : « *la pétrification des intérêts sur leurs égoïsmes corporatistes* »[2].

2. Pierre Rosanvallon, *La Crise de l'État-providence*, Seuil, 1992.

C'est cette carence, justement, qui avait conduit les pouvoirs publics à bâtir progressivement l'État-providence dès l'après-guerre, en l'absence de traditions corporatistes (contrairement aux pays anglo-saxons) et à cause de la faiblesse de la négociation collective (contrairement à l'Allemagne).

Mais le paritarisme est bien mal en point, et le syndicalisme régresse. L'État a donc beau jeu de recentraliser certaines prérogatives comme en témoignent la création de Pôle emploi en 2008 – coup de canif dans la gestion paritaire de la protection sociale – ou des agences régionales de santé, qui ont absorbé certaines prérogatives de l'assurance maladie et les concentrent dans la main d'un seul homme, nommé par l'État, ou encore les réformes menées depuis 2017 par ordonnances et la suppression du régime social des indépendants.

L'État-providence se réinvente sans cesse. La sphère sociale est vivante !

■ 2. Un enjeu majeur dans les pays européens : inventer un modèle social viable sans croissance économique, ou avec une croissance limitée

L'État-providence n'est pas mort : le niveau de dépenses sociales dans le PIB témoigne de l'importance des politiques sociales dans la vie quotidienne des citoyens.

Mais il est écartelé :

– **entre des logiques en apparence contradictoires : avancées sociales contre compétitivité économique**, prise en charge de nouveaux besoins sociaux contre exigences de la mondialisation. Deux questions prédominent :

- où place-t-il le curseur entre justice sociale et compétitivité économique ?
- saura-t-on faire preuve d'une créativité suffisante pour réaliser les réformes indispensables sans sacrifier les droits acquis ?

La Finlande expérimente un revenu minimum universel de 560 € par mois qui se substitue à toutes les prestations sociales, sans considération de richesse ou d'âge et sans contrepartie. Cette expérience parviendra-t-elle à poser les prémices d'un système économique et social viable sans croissance ou avec une croissance très limitée ? Projet réaliste ou utopique ?

– **entre décentralisation et « européanisation »** : le défi consiste à trouver le niveau d'intervention le plus efficace, qui permettrait de mener des politiques de proximité – au plus près des besoins sociaux – tout en réalisant des économies d'échelle... —> très contradictoire

L'État-providence risque donc à terme de concéder une partie de son pouvoir à d'autres acteurs, mais **il devrait rester l'ultime recours pour toutes les questions qui dépassent les intérêts corporatistes, ou dont la prise en charge financière excède les moyens des autres acteurs du social**. La lutte contre les pandémies, la pauvreté ou la drogue sont des exemples d'actualité.

Testez vos connaissances !

QCM

Pour chaque QCM, une réponse au moins est exacte.

1. L'assurance maladie est obligatoire aux États-Unis depuis :

❑ a. 1953
❑ b. 1983
❑ c. 2013

2. Qui est l'auteur de *La Crise de l'État-providence*, ouvrage de référence ?

❑ a. Pierre Rosanvallon
❑ b. Gosta Esping-Andersen
❑ c. François Ewald

3. Quelle est la date de création de Pôle emploi ?

❑ a. 1999
❑ b. 2008
❑ c. 2014

QROC

1. Les critiques de l'État-providence.
2. La réforme de l'assurance maladie aux États-Unis.

Corrigés

QCM

1. c. C'est l'« Obamacare», sérieusement contesté cependant par le nouveau président américain Trump. 2013

2. a.

3. b. Cet établissement public administratif est né en 2008 de la fusion entre l'Agence nationale pour l'emploi (ANPE) et l'Association pour l'emploi dans l'industrie et le commerce (ASSEDIC).

QROC

Définition p. 14 et p. 22

1. Cette expression, relevant de la philosophie politique, désigne l'intervention de l'État et des organismes en charge d'une mission de service public à caractère social et sanitaire, visant à réguler les conséquences sociales du système économique et à donner corps à la protection sociale : Sécurité sociale, assurance chômage, aide et action sociale, système sanitaire, etc.

Cette conception s'oppose à celle de « l'État-gendarme », limitant le rôle de l'État à des fonctions régaliennes (justice, police, défense nationale), ou la société du « care », dans laquelle l'État agit par délégation et s'appuie sur les forces vives de la société civile pour « prendre soin » des citoyens.

Le terme aurait été employé pour la première fois en 1864 par Émile Ollivier, député et opposant au développement de l'intervention de l'État, dans un sens négatif, et par opposition aux solidarités traditionnelles (famille, communautés, corporations, etc.).

Depuis la fin des années 1970, les politiciens et théoriciens des sciences politiques débattent au sujet de la « crise de l'État-providence ». Le ralentissement de la croissance, la montée du chômage et les difficultés de financement de la protection sociale :
- pour les uns, remettraient en cause son efficacité ;
- pour les autres, rendraient l'État-providence encore plus indispensable, dans son rôle d'amortisseur social des crises économiques.

Les politiques économiques à l'œuvre génèrent toutes leurs lots d'insatisfaction (comme l'augmentation du nombre des travailleurs pauvres dans les économies libérales, ou la perte de compétitivité et la hausse de l'endettement public dans les pays ayant choisi des politiques keynésiennes) : l'État-providence est

Corrigés

d'autant plus justifié quand il compense les effets pervers des politiques économiques. En revanche, s'il fonctionne à contre-emploi en accentuant ces effets pervers, il coûte plus qu'il ne bénéficie au pays, et doit alors être réformé.

2. La prise en charge des soins s'est longtemps limitée, aux États-Unis, aux dispositifs Medicare et Medicaid, destinés aux personnes les plus démunies. Près de 80 millions d'Américains, non couverts ou mal couverts par des assurances privées onéreuses, étaient en risque d'être dans l'incapacité d'accéder aux soins, compte tenu de leur coût et des franchises imposées par les assurances.

Certains États fédérés avaient mis en œuvre un système de santé, mais sous l'impulsion de Barack Obama, l'État fédéral s'est emparé du sujet au nom de la justice sociale. Votée par le Sénat en 2009 et après un long contentieux engagé par certains États fédérés, l'assurance maladie n'a été rendue obligatoire qu'en 2013. La Sécurité sociale assure une modeste pension aux retraités. Les assurances privées sont surveillées et n'ont pas le droit de pratiquer la sélection des risques, en n'assurant que les populations les moins susceptibles d'être malades. 16 millions d'Américains ont bénéficié de cette réforme.

Donald Trump a échoué à abroger la loi, mais vient de supprimer la pénalité qui obligeait les Américains à s'assurer... Si plusieurs millions d'Américains renoncent à cette assurance, le coût des garanties pourrait augmenter, ce qui pourrait dissuader davantage d'Américains encore.

4. Textes fondateurs et droit applicable aux politiques sociales

__Pierre Laroque__ est considéré comme le père fondateur de la Sécurité sociale en France. Rentré en France en juin 1944 avec le général de Gaulle, il est nommé directeur général des Assurances sociales et prend une part considérable à la rédaction des ordonnances fondant la Sécurité sociale.

1. Les textes fondateurs

Dans l'exposé des motifs de **l'ordonnance du 4 octobre 1945**, fondatrice de la Sécurité sociale, les « pères fondateurs » justifient sa création, inscrite dans le programme du Conseil national de la Résistance. Il s'agit de :

> débarrasser les travailleurs de l'incertitude du lendemain, qui crée chez eux un sentiment d'infériorité, et qui est la base réelle et profonde de la distinction des classes.

L'article 1 indique donc qu':

> Il est institué une organisation de Sécurité sociale destinée à garantir les travailleurs et leurs familles contre les risques de toute nature susceptibles de réduire ou de supprimer leur capacité de gain, à couvrir les charges de maternité et les charges de famille qu'ils supportent. L'organisation de la Sécurité sociale assure dès à présent le service des prestations versées prévues par les législations concernant les assurances sociales, l'allocation aux vieux travailleurs salariés, les accidents du travail et les maladies professionnelles, et les allocations familiales (...). Des ordonnances ultérieures procéderont à l'harmonisation desdites législations et pourront étendre le champ d'application de l'organisation de la Sécurité sociale à des catégories nouvelles de bénéficiaires et à des risques ou des prestations non prévus par les textes en vigueur.

L'ordonnance du 19 octobre 1945 instaure la protection contre les risques maladie, maternité, invalidité, vieillesse, décès.

Le préambule de la Constitution du 27 octobre 1946, qui appartient à l'actuel bloc de constitutionnalité, stipule que :

> Chacun a le devoir de travailler et le droit d'obtenir un emploi (...). La Nation assure à l'individu et à la famille les conditions nécessaires à leur développement. Elle garantit à tous, notamment à l'enfant, à la mère et aux vieux travailleurs, la protection de la santé, la

sécurité matérielle, le repos et les loisirs. Tout être humain qui, en raison de son âge, de son état physique ou mental, de la situation économique, se trouve dans l'incapacité de travailler a le droit d'obtenir de la collectivité des moyens convenables d'existence.

La Déclaration des droits de l'homme et du citoyen de 1789 appartient aussi au bloc de constitutionnalité ; si elle décrit plusieurs droits « *naturels, inaliénables et sacrés* », elle ne mentionne pas précisément de droits sociaux. En revanche, **la Déclaration universelle des droits de l'homme du 10 décembre 1948** indique dans son article 22 que :

Toute personne, en tant que membre de la société, a droit à la Sécurité sociale ; elle est fondée à obtenir la satisfaction des droits économiques, sociaux et culturels indispensables à sa dignité et au libre développement de sa personnalité grâce à l'effort national et à la coopération internationale, compte tenu de l'organisation et des ressources de chaque pays.

Dans son article 23 :

Toute personne a droit au travail, au libre choix de son travail, à des conditions équitables et satisfaisantes de travail et à la protection contre le chômage. Tous ont droit, sans aucune discrimination, à un salaire égal pour un travail égal. Quiconque travaille a droit à une rémunération équitable et satisfaisante lui assurant ainsi qu'à sa famille une existence conforme à la dignité humaine et complétée, s'il y a lieu, par tous autres moyens de protection sociale. Toute personne a le droit de fonder avec d'autres des syndicats et de s'affilier à des syndicats pour la défense de ses intérêts.

Et dans son article 25 :

Toute personne a droit à un niveau de vie suffisant pour assurer sa santé, son bien-être et ceux de sa famille, notamment pour l'alimentation, l'habillement, le logement, les soins médicaux ainsi que pour les services sociaux nécessaires : elle a droit à la sécurité en cas de chômage, de maladie, d'invalidité, de veuvage, de vieillesse ou dans les autres cas de perte de ses moyens de subsistance par suite de circonstances indépendantes de sa volonté. La maternité et l'enfance ont droit à une aide et à une assistance spéciales. Tous les enfants, qu'ils soient nés dans le mariage ou hors mariage, jouissent de la même protection sociale.

La **Constitution du 4 octobre 1958**, texte le plus élevé dans la hiérarchie des normes, prévaut sur tous les autres et prévoit peu de dispositions sociales. Elle indique dans son préambule que :

La France est une République indivisible, laïque, démocratique et sociale.

Puis que la loi :

> détermine les principes fondamentaux du droit du travail, du droit syndical et de la Sécurité sociale.

Elle ajoute que :

> les lois de financement de la Sécurité sociale déterminent les conditions générales de son équilibre financier, et compte tenu de leurs prévisions de recettes, fixent ses objectifs de dépenses, dans les conditions et sous les réserves prévues par une loi organique.

2. Les Codes applicables

Les lois sociales sont codifiées dans :
- le Code de la Sécurité sociale ;
- le Code de l'aide sociale et des familles ;
- le Code de la santé publique.

Ces Codes sont accessibles dans toutes leurs dispositions sur le site www.legifrance.gouv.fr.

La protection sociale recouvre donc une multitude d'acteurs et une mosaïque d'actions.

À l'issue de ce chapitre, vous aurez donc retenu trois faits importants :
- La création d'un système de protection sociale est le résultat d'**un processus historique long et discontinu**.
- La protection sociale française ne se réduit pas aux seules notions de « politiques sociales » et encore moins de « Sécurité sociale », erreur souvent commise dans les copies de concours.
- Le champ d'action d'un système de protection sociale est illimité, dans la mesure où les besoins sociaux sont par nature illimités.

Testez vos connaissances !

QCM

Pour chaque QCM, une réponse au moins est exacte.

1. Quelle est la plus haute norme de droit dans la hiérarchie des normes ?

- ❑ a. la loi
- ❑ b. la Constitution
- ❑ c. les traités européens

2. La Constitution applicable en France est celle du :

- ❑ a. 6 août 1789
- ❑ b. 27 octobre 1946
- ❑ c. 4 octobre 1958

3. Sur quel site officiel peut-on consulter les textes français en vigueur ?

- ❑ a. www.gouvernement.fr
- ❑ b. www.legifrance.gouv.fr

QROC

1. Pierre Laroque = fondateur de la Sécurité Sociale en France.
2. L'ordonnance du 4 octobre 1945 = texte fondateur de la Sécu.

Corrigés

QCM

1. b. La Constitution prime sur les autres normes, sous le contrôle du Conseil constitutionnel.

2. c. La Constitution applicable en France est celle du 4 octobre 1958, mais le préambule de la Constitution de 1946 est toujours applicable lui-aussi.

3. b. Il s'agit de www.legifrance.gouv.fr. Pour mémoire, les textes ne sont valables et applicables qu'à compter de leur publication au Journal officiel, et non à compter de leur signature par un membre du gouvernement.

QROC

1. Conseiller d'État, Pierre Laroque entre au cabinet du ministre du Travail et de la Prévoyance sociale en 1931 et se spécialise dans les questions sociales.

Il entre dans la Résistance pendant la guerre et rejoint Londres. Il revient en France avec le général de Gaulle qui le nomme directeur de la Sécurité sociale. Il en rédige les ordonnances fondatrices, toujours en vigueur à ce jour.

Dans les années 1960, il devient président de la Caisse nationale de Sécurité sociale et s'intéresse aux questions inhérentes au vieillissement de la population. Il termine sa carrière comme président de la section sociale au Conseil d'État.

2. L'ordonnance du 4 octobre 1945, mise en forme par Pierre Laroque, est le texte fondateur de la Sécurité sociale, et traduit la volonté du Conseil national de la Résistance de « *débarrasser les travailleurs de l'incertitude du lendemain* ».

« *La Sécurité sociale est la garantie donnée à chacun qu'en toutes circonstances il disposera des moyens nécessaires pour assurer sa subsistance et celle de sa famille dans des conditions décentes. Trouvant sa justification dans un souci élémentaire de justice sociale, elle répond à la préoccupation de débarrasser les travailleurs de l'incertitude du lendemain, de cette incertitude constante qui crée chez eux un sentiment d'infériorité et qui est la base réelle et profonde de la distinction des classes entre les possédants sûrs d'eux-mêmes et de leur avenir et les travailleurs sur qui pèse, à tout moment, la menace de la misère.* »

Corrigés

« Envisagée sous cet angle, la Sécurité sociale appelle l'aménagement d'une vaste organisation nationale d'entraide obligatoire qui ne peut atteindre sa pleine efficacité que si elle présente un caractère de très grande généralité à la fois quant aux personnes qu'elle englobe et quant aux risques qu'elle couvre. Le but final à atteindre est la réalisation d'un plan qui couvre l'ensemble de la population du pays contre l'ensemble des facteurs d'insécurité ; un tel résultat ne s'obtiendra qu'au prix de longues années d'efforts persévérants, mais ce qu'il est possible de faire aujourd'hui, c'est d'organiser le cadre dans lequel se réalisera progressivement ce plan. »

Ce texte a été complété par l'ordonnance du 19 octobre 1945 qui a créé les risques maladie, maternité, invalidité, vieillesse, décès, puis par la loi du 22 août 1946 qui a étendu les allocations familiales à toute la population, et enfin celle du 30 octobre 1946 qui a intégré la réparation des accidents du travail à la Sécurité sociale.

En revanche, l'ordonnance fondatrice n'a pas été concrétisée pour le volet posant le principe d'un système uniformisé et généralisé : la loi du 22 mai 1946 avait prévu la généralisation de la Sécurité sociale à l'ensemble de la population, mais les professions indépendantes s'y sont définitivement opposées.

2 Les acteurs des politiques sociales

Les politiques sociales ne sont pas l'apanage d'un seul acteur. Le champ social est occupé par de nombreuses institutions, souvent complémentaires, mais pas toujours coordonnées.

5. L'État et ses administrations déconcentrées

L'État n'est pas un concept purement théorique et abstrait : ses multiples composantes ont toutes un rôle à jouer, plus ou moins important, dans le champ social. ***Le pouvoir législatif est la prérogative du Parlement, et le pouvoir réglementaire celle du gouvernement et de ses administrations.***

1. La traduction démocratique de l'État : le Parlement

Le Parlement est constitué de l'Assemblée nationale – 577 députés élus au scrutin universel direct, uninominal majoritaire à deux tours – et du Sénat, composé de 348 sénateurs élus au suffrage universel indirect, au scrutin mixte, par 150 000 grands électeurs (députés, sénateurs, élus des collectivités territoriales). Une réduction du nombre des parlementaires est envisagée par les pouvoirs publics.

En application de la Constitution du 4 octobre 1958, le Parlement avait dû se contenter d'un rôle subalterne en matière sanitaire et sociale, limité à la détermination des « Principes fondamentaux ». Ce champ d'action, en apparence vaste, était si théorique qu'aucune action ne pouvait prendre corps sans l'intervention du pouvoir réglementaire exercé par le gouvernement, auquel la Constitution a confié des domaines et des prérogatives beaucoup plus opérationnels.

La révision constitutionnelle du 23 février 1996 a modifié ce rapport de force : elle a créé une nouvelle catégorie de lois, qui renforce le pouvoir du Parlement. **Les lois annuelles de financement de la Sécurité sociale** constituent le pendant, dans le domaine social, des lois de finances dans le domaine du budget de l'État.

Ainsi, le Parlement retrouve avant tout un rôle de contrôle des orientations prises par le gouvernement et les partenaires sociaux ; cette responsabilité lui permet de déterminer un certain nombre d'objectifs en matière d'évolution des budgets sociaux ou de réformes sociales. Ce pouvoir pourrait sembler immense puisque la loi de financement de la Sécurité sociale pour 2018 traite de 478 milliards d'euros de dépenses !

L'Assemblée nationale dispose de pouvoirs plus importants que le Sénat, notamment dans l'examen du projet de loi de finances de l'État et de loi de financement de la Sécurité sociale. Pour toutes les lois, elle a systématiquement le dernier mot en cas de désaccord entre les deux chambres.

Le pouvoir réel du Parlement est bien moindre en pratique : ainsi, le non respect de ces objectifs est rarement sanctionné ; par ailleurs, plusieurs lois sociales sont partiellement privées d'effet par l'absence de leurs décrets d'application. Le Parlement est donc dépendant du bon vouloir de la haute fonction publique. D'ailleurs, les lois sociales, certes votées par le Parlement, sont souvent issues de propositions gouvernementales, rédigées par les cabinets ministériels.

2. Le gouvernement et ses relais exerçant le pouvoir réglementaire

Le gouvernement s'appuie sur **plusieurs ministères** – leur nombre et dénomination variant au gré des remaniements gouvernementaux – **et leurs administrations centrales** pour l'exécution de ses programmes en matière sanitaire et sociale, mais également pour l'application des lois par la promulgation des décrets qui leur donnent corps. Il exerce ainsi le pouvoir réglementaire.

Plusieurs ministères ont une action prépondérante dans le domaine social : le ministère des Solidarités et de la Santé, le ministère du Travail et le ministère de la Cohésion des territoires. Ils doivent cependant compter avec les arbitrages du ministère de l'Économie et des Finances, dont le rôle est devenu prépondérant, notamment pour enrayer le déficit budgétaire de l'État et maîtriser la dette publique.

Les ministères disposent aussi de structures de terrain qui relaient leur action : les administrations déconcentrées. L'État emploie 2,4 millions d'agents dans la fonction publique d'État.

Les services déconcentrés sont des émanations, sur le terrain, de leurs ministères de tutelle. Ils disposent d'un échelon régional, qui a parfois une déclinaison départementale. Ils sont les garants de l'application de la législation sur les territoires. Ces services ont entamé une réforme fondamentale avec la RGPP, la révision générale des politiques publiques initiée en 2008, devenue la MAP, modernisation de l'action publique, en 2012, et désormais « Action publique 2022 ».

Le ministère du Travail s'appuie sur :

- les DIRECCTE, les directions régionales des entreprises, de la concurrence et de la consommation, du travail et de l'emploi.
- les DRJSCS, les directions régionales de la jeunesse, des sports et de la cohésion sociale.

L'inspection du travail est rattachée à la DIRRECTE mais n'est pas sous son autorité hiérarchique. Ce corps, qui vient d'être réorganisé, a un statut particulier et ne rend compte qu'au ministère du Travail. Il contrôle l'application du droit du travail dans les entreprises : respect de la durée du travail, de l'exercice du droit syndical, contrôle du contenu des plans sociaux, enquête en cas d'accident sérieux, etc. Ses pouvoirs ont été renforcés en 2014, notamment par le biais des amendes administratives.

Les fers de lance régionaux du ministère de la Santé sont les **agences régionales de santé**, créées en 2010. Elles participent notamment à la mise en œuvre des politiques nationales, comme la politique de santé publique, en évaluant les besoins sanitaires de la population, en régissant la planification des équipements des établissements sanitaires et sociaux financés par l'État ou la Sécurité sociale. Elles assurent également une veille permanente pour prévenir les risques sanitaires, préserver « l'hygiène du milieu », en contrôlant l'application du règlement sanitaire départemental édicté par le préfet (assurer une veille sanitaire relative à la qualité de l'eau, la pollution atmosphérique, etc.).

Les administrations déconcentrées sont soumises à l'autorité hiérarchique de leur(s) ministère(s) de tutelle, en reçoivent un pouvoir délégué pour l'exercice de prérogatives limitativement énumérées, et n'ont donc pas d'autre marge de manœuvre que celle qu'il(s) leur attribue(nt). En cela, elles se distinguent totalement des administrations décentralisées.

Testez vos connaissances !

QCM

Pour chaque QCM, une réponse au moins est exacte.

1. Sur quelle administration déconcentrée le ministère de la Santé s'appuie-t-il dans les régions ?

❑ a. la direction régionale des affaires sanitaires et sociales
❑ b. l'agence régionale de santé
❑ c. la préfecture de région

2. La loi de financement de la Sécurité sociale pour 2018 prévoit :

❑ a. 4 milliards de dépenses
❑ b. 47 milliards de dépenses
❑ c. 478 milliards de dépenses

3. Le budget consacré à la protection sociale en France est supérieur au budget de l'État.

❑ a. Vrai
❑ b. Faux

4. L'État emploie :

❑ a. 1 million de fonctionnaires
❑ b. 1,5 million de fonctionnaires
❑ c. 2,4 millions de fonctionnaires

5. Le Parlement n'a pas de pouvoirs en matière sociale.

❑ a. Vrai
❑ b. Faux

QROC

1. La loi annuelle de financement de la Sécurité sociale.
2. Les agences régionales de santé.

Corrigés

QCM

1. b. Le ministère de la Santé s'appuie sur l'ARS, créée en 2010, dont le directeur est parfois qualifié de «super-préfet sanitaire ».

2. c. Un montant stable depuis 2016.

3. a. Ce qui explique que l'État veuille en assurer la maîtrise, notamment par la loi de financement de la Sécurité sociale.

4. c.

5. b. Depuis 1996, il vote la loi annuelle de financement de la Sécurité sociale. Mais son pouvoir reste néanmoins assez limité sur le champ social.

QROC

1. Créée par une révision constitutionnelle du 23 février 1996, elle détermine les conditions nécessaires à l'équilibre financier de la Sécurité sociale.

Elle donne plus de pouvoir au Parlement, en lui livrant notamment davantage d'informations sur les politiques sociales et sur la gestion des caisses de Sécurité sociale. Elle fixe les objectifs de dépenses en fonction des prévisions de recettes. Néanmoins, elle n'a pas une portée si contraignante puisqu'aucun mécanisme n'est prévu en cas de dépassement des dépenses prévues. Notamment, l'objectif national d'évolution des dépenses d'assurance maladie n'est pas toujours respecté.

Par ailleurs, le projet de loi de financement de la Sécurité sociale (PLFSS) ne fixe pas le niveau des prélèvements et des recettes.

La loi organique du 2 août 2005 fait évoluer les lois de financement de la Sécurité sociale (LFSS) vers un pilotage plus fin des dépenses, non plus globales mais par branches.

Dans son rapport annuel sur la Sécurité sociale de 2014, la Cour des comptes met en lumière les limites des LFSS : elles ne couvrent pas tout le champ de la protection sociale, et ne fixent donc pas d'objectifs suffisamment contraignants. Elles ne sont donc pas des outils de pilotage performants de la dépense publique, d'autant qu'elles sont mal articulées avec les lois de finances de l'État.

2. Les agences régionales de santé ont été créées par la loi HPST – Hôpital, Patients, Santé et Territoires – du 21 juillet 2009 et mises en place en 2010.

Ce sont des établissements publics administratifs qui ont remplacé les anciennes directions départementales et régionales des affaires sanitaires et sociales, les agences régionales de l'hospitalisation, les comités régionaux de l'organisation sociale et médico-sociale, et l'activité « santé » des caisses régionales d'assurance maladie.

Elles sont chargées du pilotage de la politique régionale de santé, en adaptant l'offre aux besoins locaux, et en s'assurant de la maîtrise des dépenses.

Dans leur programme régional de santé (PRS), elles assurent la tutelle des hôpitaux, exercent des missions d'inspection sanitaire, attribuent des autorisations de fonctionnement à des établissements médico-sociaux, passent convention avec les collectivités territoriales dans le cadre de contrats locaux de santé, notamment pour promouvoir des actions de prévention, et mènent les programmes de gestion du risque maladie en partenariat avec les organismes d'assurance maladie notamment.

Leur démarrage a été complexe compte tenu de leur recrutement de personnels issus d'horizons très variés : administrations publiques, caisses de retraite, etc. Elles doivent s'adapter de nouveau depuis 2016, puisqu'elles adoptent le périmètre des nouvelles régions.

6. Les collectivités territoriales

Les collectivités territoriales sont des personnes morales de droit public qui tiennent leur légitimité :
- de la Constitution (article 72) ;
- du vote démocratique, qui désigne leurs conseils.
Elles exercent des compétences sur un territoire spécifique – commune, communauté de communes, métropole, département, région, collectivité d'outre-mer... –, compétences qui sont dévolues par la loi.

1. Les différentes étapes de la décentralisation

La décentralisation a confié aux collectivités territoriales de larges prérogatives, un pouvoir d'initiative propre, sanctionné par un contrôle de légalité *a posteriori* assez souple effectué par les préfectures : dans la mesure où les collectivités respectent la loi, elles sont en théorie souveraines dans leurs domaines d'activité.

Les collectivités territoriales emploient 1,9 million d'agents.

Les lois « Defferre » de décentralisation des 2 mars 1982, 7 janvier et 22 juillet 1983, ont créé les régions, et supprimé la tutelle *a priori* exercée par les préfets. Elles concrétisaient ainsi le principe de libre administration des collectivités, déjà défini par le Conseil constitutionnel en 1979.

Elles ont été complétées par la loi du 18 décembre 2003 portant décentralisation du RMI, celle du 13 août 2004 relative aux libertés et aux responsabilités locales (acte II de la décentralisation), et celle du 1er décembre 2008 généralisant le revenu de solidarité active (RSA) et consolidant les compétences des départements.

Après 25 années pendant lesquelles les prérogatives des collectivités territoriales ont été progressivement augmentées, un mouvement important de clarification a été engagé à compter de la loi du 16 décembre 2010 de réforme des collectivités territoriales. C'est l'acte III de décentralisation.

■ 2. Des réformes pour clarifier les compétences

Cette loi du 16 décembre 2010, qui prévoyait le remplacement des conseillers généraux et régionaux par des conseillers territoriaux moins nombreux, a finalement avorté.

En revanche, elle a parachevé **la coopération intercommunale** en rattachant obligatoirement, sous le contrôle des préfets, les dernières communes à des communautés de communes, et a posé les bases des métropoles dans les grandes zones urbaines.

De même est désormais autorisée la fusion des communes au sein des « communes nouvelles », avec une incitation financière.

Ces nouvelles collectivités doivent permettre de rationaliser les dépenses et de gagner en efficacité, dans un contexte où la maîtrise des dépenses publiques est cruciale, et où les dotations attribuées par l'État aux collectivités sont annoncées en baisse significative.

La loi du 27 janvier 2014 a créé le statut des métropoles pour affirmer leur rôle de moteur de la croissance économique.
Les métropoles se substituent aux communes, communautés de communes du territoire, et endossent les compétences du conseil départemental sur la zone géographique concernée.

La loi du 17 janvier 2015 a réduit le nombre des régions de 22 à 13 en 2016. L'objectif affiché est de créer des régions plus puissantes afin d'accroître leur efficacité, et de leur donner plus de poids dans le cadre de coopérations interrégionales à l'échelle de l'Europe.
Des analyses plus critiques ont fait d'autres lectures de cette loi, ne voyant en elle qu'un gage donné à Bruxelles par les pouvoirs publics de leur bonne volonté à rationaliser les structures et les dépenses publiques. Les grandes régions seront-elles capables de tirer profit de leur immense périmètre géographique ? Les territoires ruraux les plus reculés ne seront-ils pas les grands perdants de cette réforme ? La réforme aurait-elle également été « pensée » pour réorienter davantage de financements publics vers le projet de « Grand Paris » au détriment des régions ? Qui, de la région ou du département, est le grand gagnant de cette réforme ? Pas forcément celui qu'on croit...

Le département, qui devait disparaître dans les projets originels de réforme, en sort renforcé dans les territoires ruraux ou affaibli lorsqu'il abrite une métropole.

La loi du 7 août 2015 a renforcé le rôle des régions en matière de développement économique, en leur confiant le soutien aux petites et moyennes entreprises, l'aménagement durable du territoire, les transports, la coordination en matière d'emploi et de formation.
Elle supprime la clause générale de compétences des départements et des régions, qui sont désormais dotés de compétences exclusives mais limitativement énumérées, afin d'éviter les chevauchements.
Les départements sont en charge de toutes les compétences de solidarité, de la voirie départementale ou des collèges.

Cette frénésie législative, qui a divisé les élus, a-t-elle vraiment clarifié les compétences des collectivités ? Permettra-t-elle vraiment d'optimiser leur fonctionnement et de maîtriser les dépenses ?

■ 3. La répartition des compétences entre les collectivités territoriales

En synthèse, comment les compétences sont-elles réparties entre les collectivités ?

a. Les communes : des compétences de proximité

La commune est le plus petit échelon territorial.
La France compte 35 416 communes (soit 40 % des communes de l'Union européenne !) dont 32 000 ont moins de 2 000 habitants.
Elle est le seul échelon à conserver la clause de compétence générale lui permettant d'intervenir dans tous les domaines. Les communes sont obligées d'appartenir à un établissement public de coopération intercommunale (EPCI). Leurs compétences peuvent être déléguées à l'EPCI si les communes le souhaitent :
- **urbanisme** : permis de construire, plan local d'urbanisme (PLU), ZAC (dans le respect des prescriptions nationales d'urbanisme) ;
- **éducation** : gestion et financement des écoles maternelles et primaires, et cantines ;
- **énergie** : production, installation et distribution ;
- **sports** : création et gestion des équipements, subventions ;
- **transports** : transport urbain, stationnement ;
- **culture** : bibliothèques, musées, salles de spectacles, manifestations culturelles ;
- **tourisme** : aménagements et manifestations ;
- **social** : centres communaux d'action sociale (crèches, foyers de personnes âgées, etc.). Leur transfert vers les EPCI est fortement encouragé.

En revanche, les communes perdent les compétences suivantes :

- **eau** : distribution et assainissement (vers les établissements publics de coopération intercommunale, EPCI) ;
- **déchets** : collecte et traitement (vers les EPCI).

b. Les établissements publics de coopération intercommunale : des compétences très renforcées

On compte 1 263 EPCI à fiscalité propre dont 11 communautés urbaines (CU), 1 009 communautés de communes (CC), 222 communautés d'agglomération (CA) et 22 métropoles.

Les EPCI exercent les compétences qui leur sont déléguées par les communes membres. La loi NOTRe a relevé le seuil de ces intercommunalités de 5 000 à 15 000 habitants (sauf exception, pour les zones de montagnes et de faible densité). Leurs compétences sont les suivantes :

- **urbanisme** : élaboration du SCOT (schéma de cohérence territoriale) et des schémas de secteurs, gestion du foncier et immobilier d'entreprise ;
- **éducation** : écoles primaires, crèches, cantines ;
- **sports** : équipements, manifestations sportives ;
- **transports** : stationnement, ports ;
- **sécurité** : prévention de la délinquance, incendies et secours ;
- **déchets** : collecte et traitement ;
- **eau** : distribution et assainissement.

Les EPCI peuvent s'appuyer sur les syndicats mixtes existants.

c. Le cas particulier des métropoles

Les métropoles sont des EPCI à fiscalité propre, de plus de 400 000 habitants, situées dans une aire urbaine de plus de 650 000 habitants.
Il existe 18 métropoles de droit commun et 3 métropoles de statut particulier : Lyon, le Grand Paris et Aix-Marseille-Provence.
La métropole exerce de plein droit, dans le périmètre métropolitain, un certain nombre de compétences :

- **développement et aménagement économique, social et culturel** : création, aménagement et gestion des zones d'activité industrielle, commerciale, tertiaire, artisanale, touristique, portuaire ou aéroportuaire ; actions de développement économique ; construction, aménagement, entretien et fonctionnement d'équipements culturels, socioculturels, socio-éducatifs et sportifs d'intérêt métropolitain ;
- **aménagement de l'espace métropolitain** : schéma de cohérence territoriale ; organisation des transports publics ; création, aménagement et entretien de voirie ; signalisation ; parcs et aires de stationnement et plan de déplacements urbains ;
- **politique locale de l'habitat** : programme local de l'habitat ; politique du logement ; actions en faveur du logement social ; amélioration du parc immobilier bâti ; réhabilitation et résorption de l'habitat insalubre ;

- **politique de la ville** : élaboration du diagnostic du territoire et définition du contrat de ville ; animation et coordination des dispositifs contractuels de développement urbain, de développement local et d'insertion économique et sociale ainsi que des dispositifs locaux de prévention de la délinquance ;
- **gestion des services d'intérêt collectif** : assainissement et eau ; services d'incendie et de secours ;
- **protection de l'environnement et politique du cadre de vie** : gestion des déchets ménagers ; lutte contre la pollution de l'air, les nuisances sonores ; contribution à la transition énergétique ; soutien aux actions de maîtrise de la demande d'énergie ; création, aménagement, entretien et gestion de réseaux de chaleur ou de froid urbains.

L'État, les régions et les départements peuvent également déléguer, par convention, certaines de leurs compétences aux métropoles, comme les compétences dans le domaine du logement : aides à la pierre, contingent préfectoral de réservation de logements sociaux (en tout ou en partie), garantie du droit à un logement décent et indépendant (DALO), mise en œuvre des procédures de réquisition et la gestion de l'hébergement d'urgence. L'État peut aussi leur attribuer la propriété et la gestion des grands équipements et infrastructures.

d. Les départements, au cœur de la solidarité

La France compte 101 départements, dont 96 en territoire métropolitain et 5 en outre-mer.
Ils conservent toutes leurs compétences sociales mais perdent une partie des autres compétences :

- **aide et action sociale** : en faveur des personnes démunies (insertion, RSA socle), handicapées (AAH, AEEH, contrôle et financement des établissements), personnes âgées (APA, contrôle et financement des établissements) et des familles (PMI, aide sociale à l'enfance) ;
- **prévention du vieillissement** : ils deviennent chefs de file de la Conférence des financeurs, chargée d'organiser la politique de prévention du vieillissement financée par la Caisse nationale de solidarité pour l'autonomie ;
- **éducation** : gestion et financement des collèges, gestion des agents ;
- **énergie** : production, installations et distribution ;
- **transports** : routes départementales, transports scolaires des enfants handicapés ;
- **sécurité** : prévention de la délinquance ;
- **sports** : équipements, manifestations sportives ;
- **culture** : bibliothèques, musées, salles de spectacles, manifestations culturelles, archives ;
- **tourisme** : aménagements ;
- **économie** : aide aux filières agricoles locales.

En revanche, les départements ont perdu au profit des régions leurs compétences économiques (aides indirectes aux entreprises sous forme de subventions, aides à l'investissement immobilier) et en matière de transport scolaire.

e. Les régions : de nouvelles compétences économiques (mais complexes à exercer ?)

La France compte désormais 13 régions.

Les 13 nouvelles régions françaises créées par la loi du 17 janvier 2015

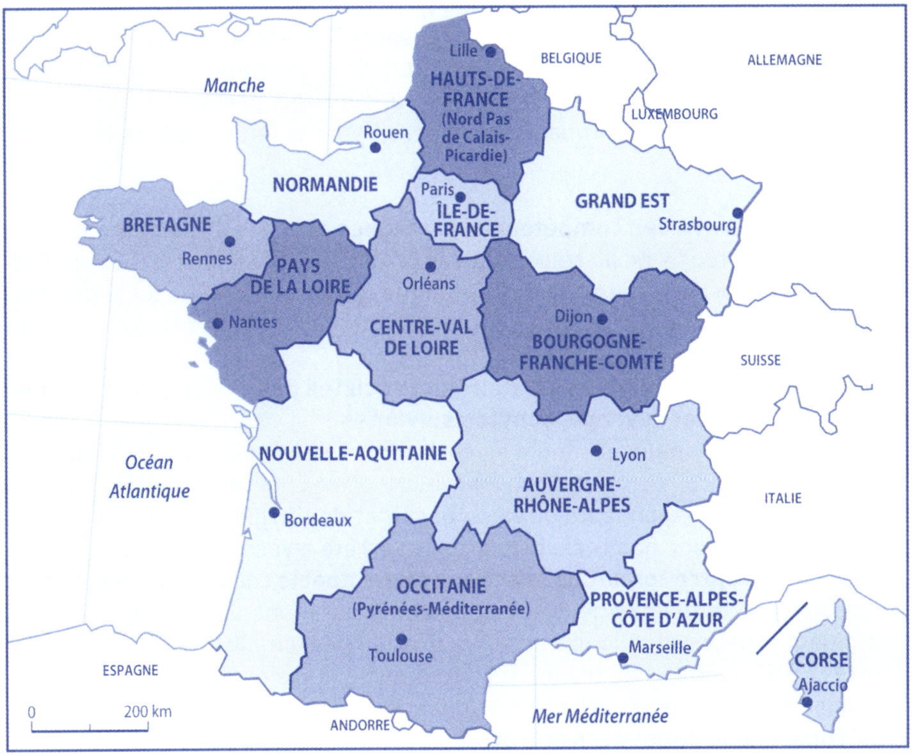

Les nouvelles compétences des régions sont les suivantes :

- **développement économique** : élaboration du schéma régional en matière de développement économique, d'innovation et d'internationalisation, d'aides à l'investissement immobilier et à l'innovation des entreprises (SRDEII), incluant aussi le développement de l'économie solidaire.

La région est seule compétente pour définir les aides et les régimes d'aides générales (subventions, prêts, avances remboursables, etc.) en faveur de la création ou de l'extension d'activités économiques ou des entreprises en difficulté. Elle anime également les pôles de compétitivité ;

- **gestion des programmes européens** (FEDER, FEADER et une partie du FSE) ;
- **formation professionnelle, apprentissage et alternance**, incluant l'insertion des jeunes en difficulté et les formations en alternance ;
- **lycées** : construction, entretien et fonctionnement ;
- **aménagement du territoire et environnement** : élaboration du schéma régional d'aménagement, de développement durable et d'égalité des territoires (SRADDET) : il veille à l'équilibre et l'égalité des territoires, à l'implantation des différentes infrastructures d'intérêt régional, de désenclavement des territoires ruraux, d'habitat, de gestion économe de l'espace et d'intermodalité et de développement des transports ; à maîtriser et valoriser l'énergie, lutter contre le changement climatique, contre la pollution de l'air et préserver la biodiversité ; à élaborer le plan régional de prévention et de gestion des déchets ;
- **transports** : politiques en matière de transport TER, et transports interurbains, ainsi que la voirie ; participation au financement des axes routiers constituant des voies d'intérêt national ; transport scolaire ; gestion des ports ;
- **emploi** : service d'accompagnement vers l'emploi (en complément de Pôle emploi).

Elles ont également des compétences partagées avec les départements dans les domaines du tourisme (la région est désignée chef de file pour le tourisme), de la culture, du sport, de la promotion des langues régionales, de l'éducation populaire, de l'aménagement numérique et dans la lutte contre la fracture numérique.

En synthèse les prérogatives sanitaires et sociales des collectivités qui nous intéressent dans cet ouvrage, sont les suivantes :
Les conseils municipaux prennent en charge les relations de proximité avec les administrés :

- Le maire est responsable de la salubrité et de l'hygiène publique dans sa commune ; il est donc habilité à prendre tout arrêté à vocation sanitaire.
- Le CCAS – **centre communal d'action sociale** dont le conseil d'administration est présidé par le maire – peut attribuer des prestations sociales facultatives, notamment dans les situations d'urgence au profit des familles les plus démunies.

Mais les 35 416 communes françaises ont dans leur majorité de faibles moyens en la matière ; seules les villes moyennes ou grandes disposent d'un budget social conséquent, de services de travailleurs sociaux, et d'équipements sociaux : crèches, maisons de retraite, services d'aide ménagère, etc.
Elles peuvent gérer les équipements précités en régie directe – avec leurs moyens propres et un personnel communal – ou en déléguer la gestion à des tiers, via les délégations de service public.

Les conseils départementaux restent les pivots de l'action sociale :

- Ils disposent d'une compétence générale pour l'attribution des prestations légales d'aide sociale, destinées aux personnes les plus démunies.
- Ils peuvent proposer des prestations plus favorables que les prestations de base, dont la fourniture est imposée par la loi. L'ensemble de ces prestations et

leurs modalités d'attribution – seuil de ressources notamment – sont codifiés dans le règlement départemental d'aide sociale, voté annuellement par l'assemblée départementale.

- Les principaux domaines d'actions sont les suivants (et seront développés dans les parties suivantes) :

• **l'aide sociale à l'enfance** : placement d'enfants sur décision du juge des enfants ; protection de l'enfance en danger, etc. ;

• **l'aide sociale aux personnes âgées** : prise en charge des frais d'hébergement en maison de retraite, attribution de l'allocation personnalisée à l'autonomie, coordination des autres intervenants médico-sociaux, notamment à travers le schéma gérontologique. Le conseil départemental vérifie aussi que les établissements accueillant des personnes âgées, qu'il finance, respectent les normes de gestion notamment ;

• **l'aide sociale aux familles** : aides financières, accompagnement par un travailleur social, mise à disposition de travailleuses familiales, attribution d'aides spécifiques dans le cadre des fonds sociaux départementaux (aide au logement, au paiement des factures d'eau ou d'électricité, etc.) ;

• **l'aide sociale aux personnes handicapées** : la loi du 11 février 2005 pour l'égalité des droits et des chances, la participation et la citoyenneté des personnes handicapées, a confié aux conseils départementaux la responsabilité des maisons départementales des personnes handicapées et de toutes les aides qu'elles gèrent.

• **l'insertion et le revenu de solidarité active**.

Enfin, l'assemblée départementale a également des prérogatives, plus restreintes, dans le domaine sanitaire, comme **la protection maternelle et infantile** (PMI). 4,2 millions de prestations d'aide sociale départementale ont été servies en 2016.

Les conseils régionaux pilotent la formation professionnelle et l'apprentissage :

– Ils établissent chaque année un programme de formation professionnelle pour la région, et répartissent les fonds destinés à son financement.

– Ils favorisent la création d'emplois, par des aides à la création d'entreprises, ou aux structures associatives qui créent des emplois dans des domaines novateurs.

Architecture de l'État en matière sociale

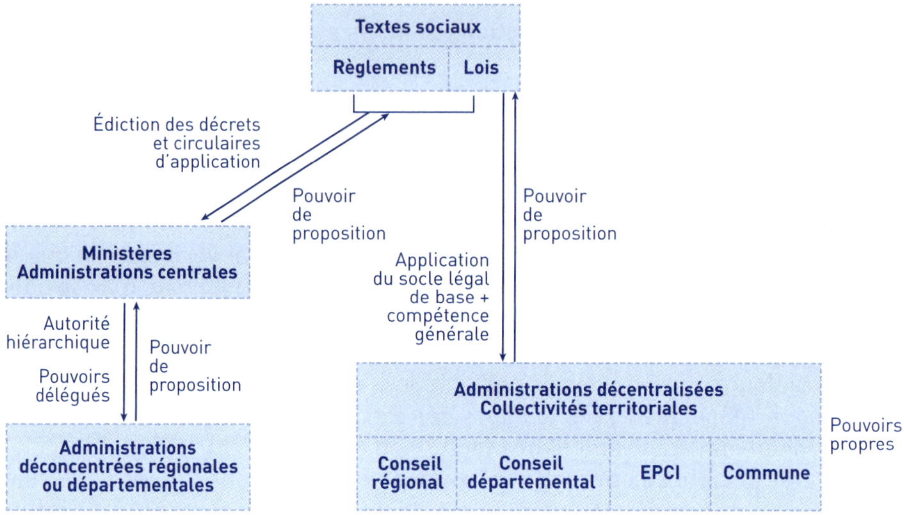

Testez vos connaissances !

QCM

Pour chaque QCM, une réponse au moins est exacte.

1. Depuis la loi du 17 janvier 2015, le nombre des régions est passé :

❑ a. de 22 à 13
❑ b. de 33 à 22
❑ c. de 13 à 9

2. Quel est l'organisme chargé de l'aide sociale à l'enfance ?

❑ a. le réseau d'écoute et d'accueil parents enfants
❑ b. le conseil départemental
❑ c. la CAF

3. Le centre communal d'action sociale :

❑ a. décide et gère les prestations sociales attribuées par la commune
❑ b. accueille et héberge les personnes âgées qui ne sont plus en mesure de rester à leur domicile
❑ c. accueille et héberge les personnes sans domicile fixe

QROC

1. Les compétences sociales du conseil départemental.
2. La clause générale de compétences des collectivités territoriales.

Corrigés

QCM

1. a. À compter du 1er janvier 2016.

2. b. L'ASE est d'ailleurs l'un des principaux postes de dépenses du conseil départemental.

3. a. Le CCAS gère les prestations d'aide sociale et l'action sociale, dans le cadre de la politique définie par les élus communaux.

QROC

1. Représentant la moitié du budget du conseil départemental, l'aide et l'action sociale du conseil départemental permettent d'organiser la solidarité de proximité avec les personnes ayant des besoins spécifiques, par l'attribution d'aides sous condition de ressources : personnes âgées, handicapées, enfance en difficulté, petite enfance par la protection maternelle et infantile, personnes en difficulté d'insertion.

Le conseil départemental accorde également des autorisations d'ouverture pour certains établissements, comme les structures de garde de la petite enfance ou les maisons de retraite, et les contrôle.

2. La clause générale de compétences permet à une collectivité territoriale d'exercer des compétences non limitatives en toute légitimité, sans risquer de voir son pouvoir décisionnel entamé par une autre collectivité ou par l'État. Elle distingue les collectivités des établissements publics qui, eux, sont régis par le principe de spécialité.

Attribuée aux collectivités territoriales par les lois de décentralisation de 1982, elle avait été en partie supprimée par la réforme du 16 décembre 2010, puis instituée de nouveau pour les conseils départementaux et régionaux par la loi du 27 janvier 2014, avant d'être supprimée par la loi NOTRe du 7 août 2015 ! Désormais, seules les communes en bénéficient toujours.

En revanche, elle est supprimée pour les départements et les régions, qui sont désormais dotés de compétences limitativement énumérées et bien différenciées, afin d'éviter les chevauchements.

7. La Sécurité sociale

Après la guerre, Pierre Laroque propose la création d'un régime unique de Sécurité sociale, qui regrouperait les anciennes assurances sociales (maladie, maternité, invalidité, décès), les allocations familiales préalablement gérées par le patronat et les accidents du travail précédemment gérés par des assurances privées sous l'égide du patronat. Le régime unique a été pensé avec un souci de simplification, mais les représentants des salariés craignaient que cette fusion se fasse au détriment des familles.

La réalisation finale sera assez éloignée du concept initial.

■ 1. Une mosaïque de régimes et 70 ans d'histoire

Pierre Laroque propose donc de créer une caisse nationale qui chapeautera l'ensemble des nouvelles caisses chargées de gérer les branches, et dont la gouvernance fera une large place aux représentants des syndicats de salariés, et notamment à la CGT, au détriment des représentants du patronat d'une part, et de la Mutualité d'autre part.

Le gouvernement accepte en effet un compromis historique, à la mesure des circonstances exceptionnelles de l'époque. Plusieurs organisations, représentant différentes forces de l'échiquier politique et notamment l'extrême gauche, ont joué un rôle dans la Résistance contre l'Allemagne et revendiquent après la Libération un rôle dans la conduite des affaires de la patrie. Le domaine social est particulièrement adapté au partage du pouvoir entre l'État et les forces sociopolitiques que nous appelons aujourd'hui **les « partenaires sociaux »**.

Le contexte politique oblige cependant les pères fondateurs à accepter une entorse au principe du régime unique, et à admettre comme légitime **le souhait de certaines catégories professionnelles de bénéficier d'une couverture sociale particulière** (souvent à moindre coût).

L'État cède sur ce point, en acceptant que de nombreux régimes de Sécurité sociale cohabitent : la Mutualité sociale agricole, Sécurité sociale des agriculteurs et salariés agricoles, est par exemple créée en 1947, et les artisans, commerçants et professions libérales obtiennent la même décision en 1948.

Par ailleurs, les associations familiales obtiennent la création de caisses spécifiques d'allocations familiales. Les caisses de retraite et les premières URSSAF sont créées en 1947.

La Sécurité sociale « à la française » est donc davantage une mosaïque de régimes et de caisses qu'un système unifié. Cependant la tendance actuelle est à l'alignement d'un certain nombre de « petits » régimes sur le régime général, tant pour leur fonctionnement que pour les prestations servies.

■ 2. L'architecture de la Sécurité sociale

a. La Sécurité sociale française est composée de nombreux régimes

Architecture de la Sécurité sociale

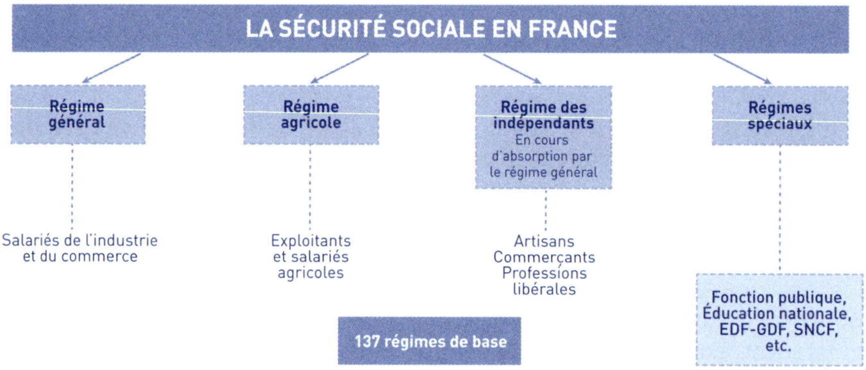

Chaque régime gère une ou plusieurs branches de Sécurité sociale.

b. Les différentes branches de la Sécurité sociale et leur poids financier

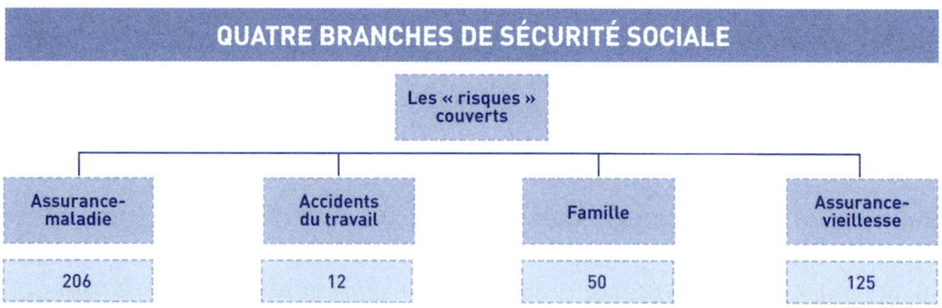

Régime général ➤ 381 milliards d'euros

Tous les régimes ➤ 488 milliards d'euros (incluant le FSV)

Les prestations vieillesse et santé représentent environ 87 % des dépenses de Sécurité sociale.

Le poids de la branche maladie s'accroît d'année en année malgré les efforts du Parlement pour maîtriser les dépenses, en fixant chaque année un objectif national d'évolution des dépenses d'assurance maladie (ONDAM) très sévère, dans la loi de financement de la Sécurité sociale.
Les poids de la branche famille et de la branche accidents du travail sont plus stables, le premier pouvant cependant évoluer au gré des décisions gouvernementales relatives aux prestations familiales.

Le poids de la branche vieillesse augmente chaque année sous l'effet de la dégradation continue du rapport démographique entre cotisants et retraités, due à l'arrivée à l'âge de la retraite des classes nombreuses nées après la guerre, et à l'allongement de la durée de vie.

Les recettes et dépenses des branches famille, AT et vieillesse sont quasiment équilibrées. La problématique du déficit de la branche maladie persiste.

Le régime général et la Mutualité sociale agricole gèrent avec leurs moyens propres les quatre branches.
Beaucoup d'autres régimes délèguent une partie de cette gestion au régime général : l'assurance maladie et les prestations familiales de certains fonctionnaires sont gérées par le régime général.

c. La structuration du régime général a évolué

En 1967, la caisse unique est abandonnée au profit de quatre caisses nationales, dont la séparation financière est consacrée par les **quatre ordonnances dites Jeanneney** (ministre des Affaires sociales de l'époque) : la CNAMTS (Caisse nationale d'assurance maladie des travailleurs salariés), la CNAVTS (Caisse nationale d'assurance vieillesse), la CNAF (Caisse nationale des allocations familiales).
Un quatrième organisme, l'ACOSS – Agence centrale des organismes de Sécurité sociale –, gère le recouvrement des cotisations et la trésorerie des branches et matérialise l'unité du régime sur le plan financier.

Les caisses nationales organisent le financement des prestations versées dans leur branche respective ; elles fixent les grandes orientations applicables dans les caisses départementales ou régionales le cas échéant ; elles attribuent les fonds nécessaires aux activités de ces caisses, dans des conditions fixées par un arrêté du ministre chargé de la Sécurité sociale ; elles sont consultées sur les projets de lois ou décrets concernant leur domaine d'activité.
Établissements publics à caractère administratif, elles sont soumises à la tutelle des ministères chargés des questions de Sécurité sociale, mais aussi des Finances.

Depuis la loi du 24 décembre 1974, une compensation financière est instaurée entre les régimes de Sécurité sociale. Ce sont souvent les branches du régime général, compte tenu d'une démographie plus favorable, qui concourent au financement d'autres régimes.

Comme le montre le schéma ci-dessous, les caisses nationales disposent de relais sur le terrain, dont le rôle est précisément défini par le Code de la Sécurité sociale, et dont le statut est celui d'organismes privés gérant une mission de service public. Ce statut ne les dispense pas d'autorité de tutelle, mais confie à leurs conseils d'administration une autonomie relative, notamment en matière de prestations extra-légales. Les caisses disposent en effet de fonds d'action sanitaire et sociale, dont l'affectation est décidée par le conseil d'administration en fonction des besoins des assurés.

d. La structuration du régime général de Sécurité sociale

	Versement de prestations			Recouvrement de cotisations	Tâches d'intérêt commun
Niveau national	CNAMTS Caisse nationale d'assurance maladie des travailleurs salariés	CNAVTS Caisse nationale d'assurance vieillesse des travailleurs salariés	CNAF Caisse nationale des allocations familiales	ACOSS Agence centrale des organismes de Sécurité sociale	UCANSS Union des caisses nationales de Sécurité sociale
Niveau régional	CARSAT Caisse d'assurance retraite et de la santé au travail				
Niveau local	CPAM Caisse primaire d'assurance maladie		CAF Caisse d'allocations familiales	URSSAF Union de recouvrement des cotisations de Sécurité sociale et d'allocations familiales	

e. Le rôle des caisses locales

Caisses locales	Rôle défini par le Code de la Sécurité sociale	Prestations extra-légales
La CARSAT	**En tant que relais de la CNAMTS sur le terrain :** - participe à la prévention des accidents du travail et des maladies professionnelles dans les entreprises employant des salariés - applique, dans ce même domaine, des règles de tarification qui déterminent les cotisations appelées aux entreprises, dans ce domaine. **En tant que relais de la CNAVTS sur le terrain :** - sert des pensions de retraite, réversion, allocation veuvage, minimum vieillesse, etc.	**En tant que relais de la CNAMTS sur le terrain :** - finance des équipements de prévention des risques professionnels auprès d'entreprises faisant des efforts en la matière - propose des actions de communication sur ces thèmes, etc. **En tant que relais de la CNAVTS sur le terrain :** - prend en charge, pour les retraités et sous condition de ressources, les frais d'aide ménagère, garde à domicile, voire portage de repas à domicile, etc.
La CPAM	- Immatricule les assurés sociaux. - Leur sert les prestations d'assurance maladie et d'accident du travail. - Effectue un contrôle d'ordre médical sur des prescriptions des professionnels de santé, dans le cadre de la politique de bonne « gestion du risque » maladie. - Développe une politique de promotion de la santé et de prévention.	- Organise ou participe au financement d'actions de prévention de la santé, notamment en direction de populations à risques : suivi dentaire des enfants, dépistage de certaines maladies, etc. - Prend en charge, sous condition de ressources, certaines dépenses non remboursées : frais annexes lors des cures thermales, etc.
La CAF	- Sert les prestations familiales aux salariés du commerce et de l'industrie, à leurs employeurs et aux travailleurs indépendants non agricoles. - Sert d'autres types de prestations : le RSA par exemple, pour le compte de l'État.	**Est la caisse qui dispose de la plus grande marge de manœuvre en matière d'action sociale :** - développement des modes de garde de la petite enfance : participation à l'investissement et au fonctionnement de crèches, etc. - actions en faveur des familles et enfants : prêts pour l'équipement ménager, bons vacances, etc.
L'URSSAF	- Affilie et assujettit les entreprises cotisantes. - Recouvre les cotisations salariales et patronales de Sécurité sociale. - Recouvre d'autres cotisations pour le compte de tiers, et la CSG et la CRDS pour le compte de l'État. - A un rôle actif de contrôle : lutte contre le travail illégal notamment.	L'URSSAF n'a pas d'action sociale à proprement parler, puisque sa vocation n'est pas de distribuer des prestations sociales. Elle dispose cependant de fonds visant à aider les entreprises qui ont des difficultés de paiement de leurs cotisations : remise des majorations de retard, attribution d'échéanciers de paiement.

■ 3. Une gouvernance originale : le paritarisme « à la française »

Le régime général est géré en théorie par les partenaires sociaux, représentés par **les syndicats représentatifs** de salariés et du patronat.

Au-delà des raisons historiques et politiques déjà évoquées, un facteur économique explique ce choix : la Sécurité sociale, à sa création, est financée par les cotisations sociales versées par les salariés et leurs employeurs. Mais **c'est l'ordonnance Jeanneney du 21 août 1967 qui institue le paritarisme**, en permettant au patronat de prendre part à la gestion des caisses.
À ce titre, le MEDEF, la CGPME et l'UPA pour les employeurs, la CFDT, la CFTC, la CFE-CGC, la CGT, et la CGT-FO pour les salariés, reconnus comme représentatifs, sont habilités à entrer dans les conseils d'administration des caisses de Sécurité sociale, ou à signer des accords sociaux au sein des entreprises.

Cette gestion partagée a dès l'origine posé de nombreuses difficultés qui ont contraint le gouvernement à intervenir, notamment pour prendre les décisions difficiles sur lesquelles les partenaires sociaux ne parvenaient pas à s'entendre.

En ce sens, le paritarisme « à la française » semble plus imparfait que le dialogue social dans sa version allemande, les syndicats patronaux et salariaux en Allemagne parvenant beaucoup plus régulièrement à s'entendre sur des mesures restrictives de leur modèle social en cas de diminution des moyens financiers.

Le paritarisme a subi de nombreux accrocs en France : les administrateurs de la CNAMTS sont devenus de simples conseillers, dont les pouvoirs ont été réduits au profit des directeurs des organismes, tandis que les pouvoirs des directeurs des caisses nationales, nommés en Conseil des ministres, s'étendent au détriment de celui des partenaires sociaux ; le patronat a parfois fait la politique de la « chaise vide », estimant qu'il ne pouvait pas faire valoir ses positions.

Aussi le paritarisme semble-t-il en partie vidé de sa substance, sauf au sein du régime social agricole : la Mutualité sociale agricole procède toujours à l'élection de ses délégués cantonaux (près de 25 000 en France) par l'intégralité de ses assurés. Ces délégués élisent à leur tour leurs représentants au sein des conseils d'administration des caisses de Mutualité sociale agricole et de la Caisse centrale, dans 3 collèges : exploitants agricoles, salariés agricoles et employeurs. La caisse qui chapeaute le régime n'est pas une caisse nationale mais « centrale », se comportant plutôt comme la tête de pont d'un réseau de caisses politiquement bien structuré. Son directeur est nommé par le conseil d'administration, et non par le gouvernement.

Un point commun entre tous les régimes : l'État assure sa tutelle sur la mission de service public.

Au sein du régime général, la tutelle des caisses est partagée entre les caisses nationales et la **mission nationale de contrôle (MNC)**, composée d'une cellule nationale et d'antennes interrégionales, directement rattachées à la direction de la Sécurité sociale.

Elle contrôle la légalité des décisions du conseil, réalise des audits dans les caisses pour s'assurer de leur bon fonctionnement dans le cadre de leur mission de service public, et donne l'agrément des agents de direction.

La tutelle des organismes de Sécurité sociale a évolué depuis la signature, à compter de 1997, de **conventions d'objectifs et de gestion** entre les caisses nationales et l'État.

Déclinées par toutes les caisses locales, au sein de **contrats pluriannuels** de gestion durant 4 à 5 ans selon les régimes, ces conventions comportent des engagements des caisses sur la rationalisation de leur gestion, la réalisation d'objectifs ciblés comme l'amélioration de la qualité du service ou du recouvrement des cotisations.

En contrepartie, l'État prend également des engagements, comme le remboursement plus rapide des charges indues que les choix politiques du gouvernement ou du Parlement font parfois peser sur la Sécurité sociale (comme les exonérations de cotisations sociales, etc.).

Ces conventions sont actuellement centrées sur la réduction des effectifs, la maîtrise des stocks et délais de liquidation des prestations, la maîtrise des risques d'erreur ou de fraude, la dématérialisation des démarches des assurés, professionnels de santé et employeurs pour permettre aux caisses de réaliser des gains de productivité, la fusion de certains régimes (régime général et RSI) ou la mutualisation de tâches entre caisses (CPAM, CAF, MSA).

Ainsi, la Sécurité sociale est une « vieille dame » dont le fonctionnement se modernise chaque année.
Cette institution n'a pas démérité, ses coûts de gestion étant relativement faibles (inférieurs à 4 % des prestations versées ou cotisations recouvrées) en comparaison de ceux d'organismes semblables. Cette saine gestion relève pourtant souvent de la prouesse, tant les ressources de la Sécurité sociale sont dépendantes de la santé de notre économie nationale d'un part, et tant ses dépenses dépendent de choix gouvernementaux qu'elle ne maîtrise pas toujours d'autre part.

Testez vos connaissances !

QCM

Pour chaque QCM, une réponse au moins est exacte.

1. La Sécurité sociale est une composante de la protection sociale.

❑ a. Vrai
❑ b. Faux

2. La Sécurité sociale en France est composée :

❑ a. d'un régime unique couvrant l'ensemble de la population
❑ b. de plusieurs régimes proposant une couverture variable selon les catégories de population assujetties
❑ c. de plusieurs régimes proposant une couverture uniforme pour toutes les catégories de populations

3. En France, les salariés cotisent obligatoirement à un régime de retraite complémentaire.

❑ a. Vrai
❑ b. Faux

4. Les deux branches de Sécurité sociale qui génèrent le plus de dépenses sont :

❑ a. la branche maladie
❑ b. la branche famille
❑ c. la branche accident du travail
❑ d. la branche vieillesse

QROC

1. Le paritarisme.
2. La compensation financière entre les régimes de Sécurité sociale.

Corrigés

QCM

1. a. *A contrario*, la protection sociale ne se résume pas à la Sécurité sociale !

2. b. La couverture est parfois encore un peu différente selon les régimes, même si les droits sociaux tendent à être peu à peu uniformisés. Ainsi, les exploitants agricoles bénéficient d'indemnités journalières maladie depuis le 1er janvier 2015 seulement.

3. a. Les cadres cotisent obligatoirement à l'AGIRC depuis 1947 et les salariés non cadres à l'ARRCO depuis 1961.

4. d. Les branches vieillesse et maladie sont les plus coûteuses et leurs dépenses continuent d'augmenter.

QROC

1. Le paritarisme est un modèle de gestion qui consiste à confier la gouvernance d'un organisme à autant de représentants des employeurs que des salariés couverts par cet organisme.

Inexistant dans les instances de Sécurité sociale lors de leur création, il a été instauré par l'ordonnance Jeanneney du 21 août 1967, qui introduit le patronat dans la gouvernance puisqu'il est fortement contributeur à la Sécurité sociale.

Le paritarisme n'est pas « pur » au sein de la Sécurité sociale, compte tenu du rôle très important de l'État dans la gestion des organismes, et de la présence de quelques représentants d'institutions n'ayant aucun lien avec les organisations salariales ou patronales.

Les organisations patronales ont d'ailleurs pratiqué plusieurs fois la politique de la « chaise vide » dans les conseils d'administration, considérant qu'elles n'étaient pas entendues.

Le paritarisme est en revanche pratiqué au sein de l'assurance chômage, dans des organismes de retraite complémentaire obligatoire, ou encore au sein des organismes collecteurs des fonds dédiés à la formation (OPCA).

Seuls peuvent siéger les représentants des organisations patronales et syndicales reconnues comme représentatives.

Corrigés

2. La loi du 24 décembre 1974 a créé une compensation financière entre :

- les régimes de retraite de base entre eux ;
- les régimes d'assurance maladie entre eux.

Ce sont les régimes les mieux dotés (professions libérales, collectivités territoriales, avocats, régime général), compte tenu d'une démographie plus favorable et donc de capacités contributives plus importantes, qui concourent au financement d'autres régimes.

Les régimes subissant un déséquilibre démographique important ne peuvent en effet pas se contenter de réduire les prestations ou d'accroître significativement leurs cotisations, au risque de créer une forte inégalité de traitement entre leurs ressortissants et les autres assurés sociaux.

Ainsi, plus de 80 % des recettes du régime de Sécurité sociale des marins et du régime des mines proviennent de transferts.

La Cour des comptes relève régulièrement les imprécisions du mode de calcul appliqué aux transferts de compensation.

8. L'assurance chômage

En France, il faut attendre ***l'accord national interprofessionnel du 31 décembre 1958****, négocié par les partenaires sociaux et agréé par l'État, pour que soit institué un système plus généraliste* ***d'allocations au profit des travailleurs privés d'emploi dans l'industrie et le commerce.***

1. Les textes fondateurs et les règles applicables

Le préambule de la Constitution du 27 octobre 1946, auquel se réfère notre actuelle Constitution, prévoit que :

> Chacun a le devoir de travailler et le droit d'obtenir un emploi (...). Tout être humain qui, en raison de son âge, de son état physique ou mental, de la situation économique, se trouve dans l'incapacité de travailler, a le droit d'obtenir de la collectivité des moyens convenables d'existence.

Par ailleurs, la Déclaration universelle des droits de l'homme du 10 décembre 1948 indique, dans son article 23 :

> Toute personne a droit au travail, au libre choix de son travail, à des conditions équitables et satisfaisantes de travail et à la protection contre le chômage. Tous ont droit, sans aucune discrimination, à un salaire égal pour un travail égal. Quiconque travaille a droit à une rémunération équitable et satisfaisante lui assurant ainsi qu'à sa famille une existence conforme à la dignité humaine et complétée, s'il y a lieu, par tous moyens de protection sociale. Toute personne a le droit de fonder avec d'autres des syndicats et de s'affilier à des syndicats pour la défense de ses intérêts.

Les modalités pratiques de l'assurance chômage en France sont définies dans la convention du 14 avril 2017 signée par les partenaires sociaux, et agréée par arrêté du ministère du Travail et de l'Emploi. Elle peut être aménagée par avenant en cas de besoin.

Le gouvernement a adressé une feuille de route le 14 décembre 2017 aux partenaires sociaux, qui ont négocié l'accord du 22 février 2018.

Enfin, le ministère du Travail prépare aussi une « loi pour la liberté de choisir son avenir professionnel ».

2. L'organisation actuelle

Ce régime est **totalement indépendant de la Sécurité sociale**.

Jusqu'en 2007, les allocations étaient servies par des organismes de droit privé gérant une mission de service public – les ASSEDIC, associations pour l'emploi dans l'industrie et le commerce – placées sous le contrôle de **l'UNEDIC (Union nationale interprofessionnelle pour l'emploi dans l'industrie et le commerce)**.

L'UNEDIC est gérée par un conseil d'administration comprenant des représentants des employeurs et des salariés à part égale, et présidé alternativement par un représentant des salariés et un représentant des employeurs. C'est le « **paritarisme** ».

La loi du 14 février 2008 sur la réforme du service public de l'emploi a révolutionné l'organisation de l'assurance chômage, en fusionnant les ASSEDIC (structures privées), chargées de l'indemnisation des chômeurs, et les ANPE – agences nationales pour l'emploi, structures publiques – auparavant chargées d'inscrire et d'accompagner les chômeurs dans la recherche d'un emploi.
Depuis le 1er janvier 2009, l'UNEDIC n'est plus en charge des activités opérationnelles (inscription et indemnisation) autrefois assurées par les ASSEDIC. Elle est devenue un centre de ressources dans le domaine de l'indemnisation du chômage, et fournit des éléments d'analyse (études, indicateurs, etc.) pour les partenaires sociaux.
Pôle emploi, « institution nationale publique » née du mariage entre une structure publique et une structure privée par la loi du 19 décembre 2008, et **dotée de la personnalité morale et de l'autonomie financière, prend le relais** avec ses 54 000 agents.
Les ANPE avaient déjà vécu un premier grand changement suite à la loi du 18 janvier 2005 de cohésion sociale, qui les privait du monopole de placement des demandeurs d'emplois (ouverture à des agences d'intérim notamment).

En 2008 et 2009, la mise en place de ce « **guichet unique** », visant à rationaliser les moyens et à proposer un suivi plus personnalisé des demandeurs d'emploi, s'est traduite par de grandes difficultés d'organisation du nouveau service, et, dans un contexte de chômage accru par la crise, par des « files d'attente » très importantes aux portes de Pôle emploi, ainsi que par des mouvements sociaux parmi son personnel. Les mouvements sociaux sont récurrents, compte tenu d'une charge de travail alourdie par le chômage de masse, et de moyens qui ne sont pas exponentiels, en raison de la nécessaire maîtrise des dépenses publiques.

La Cour des comptes délivre régulièrement des avertissements à Pôle emploi et à ses autorités de tutelle, sur des thématiques nombreuses :
- mauvaise gestion des sous-traitants de Pôle emploi, en charge du placement des chômeurs ;

- coûts croissants malgré la fusion entre les ASSEDIC et l'ANPE, notamment sur la masse salariale, compte tenu de la hausse des effectifs ; dispersion des moyens, les conseillers devant suivre plus de 100 demandeurs d'emploi en moyenne ;

- connaissance insuffisante des besoins des entreprises, Pôle emploi ne serait à l'origine de la réinsertion que d'un chômeur sur huit.

La Cour des comptes recommande à Pôle emploi de travailler sur ces carences, de poursuivre la simplification de la réglementation en matière d'indemnisation du chômage, d'introduire une norme minimale de fréquence d'entretien avec les demandeurs d'emploi, d'augmenter par redéploiement la proportion des agents consacrés aux services aux demandeurs d'emploi et notamment à leur placement, de développer la complémentarité des canaux d'accès à Pôle emploi (accueil physique, téléphone, internet, courrier).

■ 3. Les prestations

Les règles actuelles d'indemnisation sont fixées par la convention d'assurance chômage du 14 avril 2017, négociée entre les partenaires sociaux.

La couverture est assurantielle : les entreprises employant des salariés doivent obligatoirement adhérer ; les allocations sont attribuées en contrepartie d'une durée d'affiliation suffisante préalablement à la période de chômage.

L'État ne s'est pas totalement désengagé de l'indemnisation du risque chômage, et assure le versement de prestations d'assistance – non contributives – aux chômeurs ne remplissant pas les conditions pour bénéficier du régime assurantiel. C'est **le régime dit « de solidarité »**.

Structure de la protection contre le chômage

Régime de solidarité
3 milliards d'euros 503 000 allocataires
Régime d'assurance chômage
39 milliards d'euros 2,7 millions d'assurés indemnisés

■ 4. Les perspectives

Une nouvelle convention chômage a été signée par les partenaires sociaux, sous la pression du précédent gouvernement qui pouvait prendre des mesures contraignantes s'il estimait que les parties à la négociation ne prenaient pas les mesures idoines. En effet, le régime est confronté à des déficits récurrents (4 milliards d'euros en 2015, en 2016 et 2017), et en conséquence à une dette qui devrait atteindre 34,9 milliards d'euros fin 2018. La Cour des comptes a ainsi soulevé la question de la soutenabilité de la dette du régime.

Les nouvelles mesures applicables au 1er novembre 2017 devraient générer des économies :

- correction du calcul de l'allocation ;
- report de l'âge d'entrée dans la « filière seniors » ;
- nouvelles conditions minimales d'affiliation.

Les partenaires sociaux ont néanmoins été sommés par le nouveau gouvernement de s'atteler à une réforme plus ambitieuse de l'assurance chômage prévoyant :

- de nouvelles modalités d'indemnisation favorisant la mobilité professionnelle ;
- l'extension de l'allocation aux travailleurs indépendants et sous condition, aux démissionnaires ;
- davantage de contrôles.

Plusieurs réformes entrent en vigueur en matière de financement de l'assurance chômage :

- suppression progressive de la cotisation d'assurance chômage à la charge des salariés et substitution par la CSG à la charge des contribuables ;
- suppression de la contribution exceptionnelle de solidarité à la charge des entreprises et du fond de solidarité à compter de 2018. Un décret devrait définir les modalités de reprise de dettes et créances par l'État.

Testez vos connaissances !

QCM

Pour chaque QCM, une réponse au moins est exacte.

1. L'assurance chômage est un risque couvert par la Sécurité sociale.

❏ a. Vrai
❏ b. Faux

2. Pôle emploi a été créé en :

❏ a. 2006
❏ b. 2008
❏ c. 2010

3. Le régime est structurellement :

❏ a. déficitaire
❏ b. excédentaire
❏ c. à l'équilibre

QROC

1. Pôle emploi.
2. Les conditions pour bénéficier de l'assurance chômage.

Corrigés

QCM

1. b. L'assurance chômage est un risque couvert par des instances différentes de celles gérant la Sécurité sociale. Elle a été créée plus tard (1958).

2. b. Pôle emploi a été créé par la loi du 19 décembre 2008, qui a fusionné les ASSEDIC et les ANPE.

3. a. Environ 4 milliards d'euros de déficit par an...

QROC

1. Établissement public à caractère administratif créé par la loi du 19 décembre 2008, Pôle emploi s'est substitué l'Agence nationale pour l'emploi et les ASSEDIC, afin de créer un guichet unique pour l'inscription, le suivi et le contrôle des demandeurs d'emploi, l'aide aux entreprises pour leurs recrutements, la mise en relation des offres et demandes d'emploi, la gestion de l'indemnisation du risque chômage, le recueil des données afférentes.

Son conseil d'administration est notamment composé de représentants de l'État, des syndicats représentatifs de salariés et des organisations représentatives patronales.

Cette institution emploie plus de 50 000 agents.

2. L'aide au retour à l'emploi (ARE) est versée à un salarié (les professions indépendantes en sont exclues) involontairement privé d'emploi. Il doit avoir été affilié 88 jours avant la perte de l'emploi, ou avoir effectué 610 heures de travail au cours des 28 derniers mois.

Il faut être inscrit comme demandeur d'emploi, ne pas avoir l'âge de la retraite, résider en France, être effectivement à la recherche d'un emploi.

L'ARE est une allocation journalière calculée sur la base du salaire journalier de référence, calculé sur la base des 12 derniers mois. Son montant se situe entre 57 et 75 % du salaire journalier de référence.

La durée d'indemnisation sera proportionnelle à la durée de l'emploi pendant les 28 derniers mois, mais plafonnée à 2 ans.

Des conditions plus souples sont accordées aux salariés de plus de 53 ans.

En cas de reprise d'un travail suivi d'une nouvelle période de chômage, le dispositif des « droits rechargeables » permet de conserver les droits non épuisés.

9. Les acteurs du champ médico-social et de l'économie sociale

*On rassemble ces acteurs sous différents vocables assez imprécis. Le « **champ social et médico-social** » ou l'« **économie sociale et solidaire** » sont des concepts recouvrant des réalités disparates, hétérogènes, puisqu'ils incluent des acteurs aussi différents que les établissements d'accueil des personnes âgées, médicalisés ou non, les accueils des jeunes enfants, les hébergements des personnes en difficulté, les associations à caractère social, éducatif, d'insertion, etc.*

La loi du 31 juillet 2014 relative à l'économie sociale et solidaire a tenté de donner un peu de cohérence à ce domaine disparate.

Ainsi, elle indique que l'économie sociale et solidaire est « un mode d'entreprendre et de développement économique adapté à tous les domaines de l'activité humaine auquel adhèrent des personnes morales de droit privé qui remplissent les conditions cumulatives suivantes :
- un but poursuivi autre que le partage des bénéfices ;
- une gouvernance démocratique ;
- une gestion conforme à certains principes, comme le réinvestissement majoritaire des résultats dans le développement de l'activité de l'entreprise ».

■ 1. Une pléiade d'acteurs, en réponse à des besoins sociaux nombreux et évolutifs

Ces acteurs, outre leur vocation sociale, jouent aussi un rôle économique majeur dans notre société :

- Ils créent de la richesse même s'ils ont souvent un but non lucratif, en offrant des services à prix coûtant correspondant aux besoins sanitaires et sociaux de certaines catégories de la population : garde d'enfants, aide-ménagère aux personnes âgées, intérim d'insertion, etc.

- Ils créent donc des emplois, et comptent environ 2,3 millions de salariés en France !

- L'économie sociale : deux termes qui, contrairement aux apparences, sont loin d'être antinomiques...

■ 2. Les structures agréées

Elles s'occupent de personnes réputées fragiles et, à ce titre, doivent recevoir un agrément d'une autorité administrative : souvent le conseil départemental, parfois l'État à travers l'agence régionale de santé. Cet agrément vise à vérifier que les conditions d'exercice de ces structures sont sécurisées et respectueuses de l'intérêt des personnes aidées.
On peut citer quelques exemples.
Dans le domaine des personnes âgées :
- les établissements médicalisés accueillant des personnes âgées ;
- les services de soins infirmiers à domicile ;
- les services d'aide à domicile aux personnes âgées ou malades.

Dans le domaine du handicap et de la santé :
- les établissements médicalisés pour adultes et enfants handicapés ;
- les hébergements sociaux pour les malades mentaux ;
- les hébergements pour les toxicomanes ;
- les établissements et services pour l'emploi des personnes handicapées.

Dans le domaine social ou de la famille :
- les établissements pour enfants en difficulté, ou en risque de maltraitance ;
- l'hébergement social pour adultes et familles en difficulté.

Dans le domaine de la petite enfance :
- les pouponnières ;
- les crèches, etc.

Il existerait 32 000 établissements sociaux et médico-sociaux, soumis au Code de l'action sociale et des familles, et à la tutelle d'organismes publics, car ils bénéficient souvent de fonds publics pour l'exécution de leur mission. Leur tarification doit également faire l'objet d'une autorisation par l'autorité de tutelle.

Les établissements signent un contrat pluriannuel d'objectifs et de moyens avec les financeurs, par lesquels ils s'engagent, en contrepartie des moyens qui leur sont accordés, à atteindre des objectifs négociés avec les financeurs.

Ces établissements sont soumis à la loi du 2 janvier 2002, de rénovation et de modernisation de l'action sociale, qui leur impose :
- un processus d'**évaluation interne** ;
- une **évaluation externe** par un prestataire indépendant agréé par l'Agence nationale de l'évaluation et de la qualité des ESSMS (ANESM) ;
- le respect des **droits de l'usager**, en obligeant les établissements à donner à chaque résident un livret d'accueil, la charte des droits et libertés, le règlement de fonctionnement, le contrat de séjour, la possibilité de recourir à un médiateur en cas de conflit entre l'usager et l'établissement et en instituant un conseil

de vie sociale, lieu d'échange avec les résidents. La loi impose aussi à chaque structure d'établir un projet d'établissement décrivant son organisation, et les moyens engagés au service de la mission.

La loi Hôpital, Patients, Santé et Territoires du 21 juillet 2009 a « toiletté » le texte de 2002, en reprécisant les compétences de l'État (à travers les ARS) et celles des conseils départementaux dans la planification médico-sociale, en rénovant le régime des autorisations de création ou d'extension d'établissements existants.

Ainsi, la création d'un établissement ou service social ou médico-social (ESSMS) n'intervient que si le besoin a été validé par le travail conjoint de l'ARS et du président du conseil départemental, dans le cadre du schéma d'organisation sociale et médico-sociale.

■ 3. Les associations

À vocation sanitaire, sociale, humanitaire, elles sont extrêmement nombreuses, ce qui s'explique par la facilité à créer ce genre de structures – la loi du 1er juillet 1901 est peu contraignante – et par la tradition française forte qui conduit l'initiative privée à pallier les carences de la protection sociale « publique ».
Cependant, l'État est vigilant sur la gestion de ces structures, notamment lorsqu'elles bénéficient de subventions publiques ou de dons. Plusieurs textes réglementent ainsi leur action :
- celles qui reçoivent des subventions publiques doivent prendre des engagements par convention, assurant la transparence de leur gestion et la qualité des prestations offertes. Le respect de ces engagements est contrôlé par les financeurs : le conseil départemental pour son compte, l'État, voire la Cour des comptes dans les cas graves ;
- celles qui souhaitent gérer des établissements sociaux ou médico-sociaux sont soumises à la loi du 2 janvier 2002, évoquée dans le prédécent paragraphe.

L'État n'est donc jamais complètement absent du champ social, même dans les domaines où prime l'intervention d'acteurs privés : il est garant du respect des lois – de la bonne utilisation des fonds publics et privés notamment – et de la protection des personnes, en particulier lorsque les actions sociales s'adressent à des publics particulièrement vulnérables : personnes âgées, handicapées, malades ou marginalisées.

■ 4. Le domaine privé lucratif

On assiste depuis une dizaine d'années à l'éclosion de nombreuses structures privées qui investissent le champ social à des fins lucratives.

Ainsi, des personnes âgées, réputées autonomes, peuvent recourir à des aide-ménagères par le biais de structures non agréées, donc non contrôlées, ou d'auto-entrepreneurs.
Il appartient alors à l'entourage de s'assurer que, si les personnes âgées perdent en autonomie, elles ne soient pas à la merci de structures peu scrupuleuses.

Dans le même champ, des entreprises privées d'envergure nationale développent des foyers-logements ou des maisons d'accueil familial, à des fins parfois très éloignées de l'intérêt des personnes âgées accueillies : optimisation fiscale pour des investisseurs peu regardants sur la qualité du « produit » et du projet de vie qu'il proposera aux personnes hébergées ; entreprises privées sans scrupule qui facturent aux résidents des services à des prix très supérieurs au prix du marché, ou qui ne tiennent pas leurs engagements : plusieurs communes rurales ont ainsi été bernées par les « villas family », maison d'accueil familial qui auraient dû être livrées clé en main, et qui ne l'ont jamais été après la faillite de la société, alors que les communes, s'étant portées caution, doivent rembourser les prêts.

Enfin, que faut-il penser des stratégies commerciales parfois agressives de certaines banques et assurances, qui vendent des « kit de téléassistance » aux personnes âgées sans offrir de garantie suffisante sur la qualité de l'installation, et du produit lui-même ?

Les autorités publiques peinent à intervenir en matière de contrôle, tenues au respect de la liberté d'entreprendre. Cependant, un produit de téléassistance mal installé ou défaillant peut faire encourir un risque vital à une personne âgée. Peut-on se désintéresser de ces questions ?

S'il est nécessaire que le champ social ne soit pas un vase clos, et qu'il s'ouvre parfois à la concurrence pour se remettre en cause et innover, il ne peut pas être non plus le terrain de jeu d'entreprises peu scrupuleuses, tirant profit de la fragilité de certaines catégories de la population.

■ 5. Les métiers du champ médico-social : une palette immense

a. De nombreux métiers

Cette palette est tellement vaste qu'il est impossible de citer tous les métiers :
- **Les travailleurs sociaux** – assistantes sociales, conseillères en économie sociale et familiale – peuvent être embauchés dans les conseils départementaux, des communes, des caisses de Sécurité sociale, des associations, pour le suivi individuel de personnes en difficulté, ou pour des actions collectives : ateliers en groupe, au cours desquels l'expression collective permet à chacun d'avancer dans

le règlement de ses problématiques individuelles (par exemple pour reprendre confiance après une maladie et un long arrêt de travail).

- **Les chargés d'insertion** œuvrent, dans les associations intermédiaires, entreprises de travail temporaire d'insertion, groupement d'employeurs pour l'insertion et la qualification, afin d'accompagner des personnes en désinsertion dans leur retour vers l'emploi : recrutement, évaluation des compétences, formation, accompagnement chez l'employeur et à l'adaptation au poste de travail, suivi de la mission. Dans les chantiers d'insertion, ils travaillent de concert avec des encadrants spécialisés dans le management d'équipes d'ouvriers en difficulté.
- **Les éducateurs spécialisés**, techniques, moniteurs-éducateurs, éducateurs de jeunes enfants accompagnent leur public ayant des difficultés physiques, psychiques, sociales ou ayant connu une rupture dans leur parcours de vie, pour retrouver leur autonomie.
- **Les médiateurs familiaux** s'attachent à aider les membres d'une famille à (re)tisser un lien après un conflit grave, une rupture.
- **Les animateurs socio-culturels**, animateurs sportifs, agents de développement social local ou urbain dans le cadre de la politique de la ville, sont porteurs de projets spécifiques à leur bassin de vie, souvent confiés par une collectivité locale ou par une association.

Les tâches plus techniques auprès des personnes âgées sont réalisées par des auxiliaires de vie, des aides à domicile ; auprès des enfants en situation de handicap et scolarisés par des auxiliaires de vie scolaire ; et auprès des jeunes enfants par des puéricultrices, auxiliaires de puériculture ou des assistantes maternelles.

Les professions médicales et paramédicales s'investissent aussi dans les établissements médico-sociaux, ou les administrations (maison départementale des personnes handicapées, protection maternelle et infantile au sein du conseil départemental, etc.) : médecins, infirmières, kinésithérapeutes, ergothérapeutes, psychologues, psychomotriciens, orthophonistes, aides-soignants.

Enfin, le secteur social et médico-social offre de très nombreux métiers administratifs : secrétariat, gestionnaire de tâches, gestionnaire financier, encadrement, direction.

b. Des métiers d'avenir

Le recrutement s'organise sur candidature dans les structures privées, sur concours et parfois sur titre pour des métiers spécialisés dans les administrations.

Ces métiers sont souvent très féminisés. Les niveaux de formation sont très disparates, les métiers précités ne requérant parfois aucun diplôme initial (mais une formation continue), ou pour d'autres métiers un diplôme à bac + 3.

La pyramide des âges est inquiétante pour certains métiers : la moyenne d'âge des médecins est de 52 ans ; 37 % des aides à domicile et assistantes maternelles ont 50 ans et plus, et souffrent aussi d'une forme de précarité liée aux emplois à temps partiel fréquemment imposé, pour un salaire faible.
Les professionnels de l'action culturelle et sportive, *a contrario*, sont plus jeunes mais ont souvent des statuts précaires.

Les professionnels de l'action sociale et les professions paramédicales sont ceux qui souffrent le moins de la précarité, avec un accès plus facile à des CDI ou des CDD longs et à temps choisi.

Le marché du travail est assez dynamique dans ces domaines, surtout dans les régions les plus peuplées, dans lesquelles résident de nombreuses personnes âgées, ou des populations précaires.
Le secteur est créateur d'emplois, mais qui sont fréquemment précaires (aides à domicile) et dépendent fortement des financements publics et de la solvabilité des clients.

Dans un contexte où les finances publiques se réduisent tant dans les services de l'État qu'au sein des collectivités territoriales, où les associations d'aide à domicile ne parviennent pas à équilibrer leurs recettes et leurs charges, et où les clients potentiels comme les personnes âgées perdent en pouvoir d'achat sous l'effet de la non-revalorisation des retraites, ces emplois peuvent-ils être pérennes ?

L'équation devra être résolue pour faire face à l'augmentation des besoins sociaux, générés par la précarisation de certaines populations en France ou par le vieillissement de la population.

Testez vos connaissances !

QCM

Pour chaque QCM, une réponse au moins est exacte.

1. Combien la France compte-t-elle d'établissements sociaux et médico-sociaux ?

❑ a. 12 000
❑ b. 22 000
❑ c. 32 000

2. Qui agrée la création d'ESSMS ?

❑ a. Le préfet
❑ b. Le conseil régional
❑ c. Le conseil départemental
❑ d. Le ministère de la Santé
❑ e. L'agence régionale de santé

3. Quelle est la moyenne d'âge des médecins en France ?

❑ a. 42 ans
❑ b. 52 ans
❑ c. 62 ans

QROC

1. La loi du 2 janvier 2002 de modernisation et de rénovation de l'action sociale.
2. La création d'un établissement social et médico-social.
3. Le conseil de vie sociale.

Corrigés

QCM

1. c. Si l'on ajoute les associations, coopératives, mutuelles et fondations exerçant dans le domaine médico-social, ce sont 163 000 structures qui sont recensées par le Conseil national des chambres régionales de l'économie sociale.

2. c et e. Les deux instances se coordonnent pour attribuer les autorisations de création ou d'extension d'ESSMS, dans le cadre du schéma d'organisation sociale et médico-sociale.

3. b. Une moyenne d'âge qui ne cesse de s'accroître...

QROC

1. La loi du 2 janvier 2002 s'articule autour de quatre axes :

- renforcer le droit des usagers ;
- élargir les missions de l'action sociale ;
- mieux organiser et coordonner les différents acteurs du domaine médico-social et social ;
- améliorer la planification (mais ce chapitre a été largement réformé par la loi HPST).

La loi établit notamment un droit des usagers et de leur famille, et confère à l'usager une « pleine citoyenneté » au sein des établissements.

Elle définit d'abord les droits fondamentaux de l'usager :
- le respect de la dignité de la personne, de son intégrité, de sa vie privée, et de sa sécurité ;
- la mise en place du projet individuel de vie.

Afin de tenter de concrétiser ces concepts, des outils ont été prévus :
- pour atteindre le premier objectif : charte de la personne accueillie, livret d'accueil, règlement de fonctionnement de l'établissement, recours éventuel à un médiateur ;
- pour atteindre le second : projet d'établissement après consultation du conseil de vie sociale comprenant des représentants des usagers, contrat de séjour fixant les objectifs et la nature de la prise en charge.

La loi a également affiné les outils de pilotage des établissements, pour harmoniser leur fonctionnement et s'assurer qu'ils respectent les obligations précitées :

- modernisation du système d'autorisation de création ou d'extension des établissements (de nouveau réformé depuis, par la loi HPST) ;
- dispositif d'évaluation de la qualité prévoyant une évaluation interne et externe, par un organisme indépendant ;
- modernisation de la tarification et des procédures budgétaires et comptables.

L'efficacité de ces dispositions législatives ne dépend néanmoins pas seulement de leur édiction mais aussi de la volonté – ou la capacité (selon leur nombre, leur formation) – des personnels des ESSMS à mettre en œuvre ces principes... (La bientraitance peut-elle vraiment se décréter ?).

Des contrôles peuvent cependant être effectués par l'autorité administrative compétente (ARS, conseil départemental) et des sanctions, pouvant aller jusqu'à la fermeture de l'établissement, sont prévues par la loi en cas d'irrespect manifeste de ses exigences.

Le concept de « droits des usagers », très théorique, a fait l'objet de compléments législatifs à de nombreuses reprises.

2. Les ESSMS visés à l'article 312-1 du Code de l'action sociale et des familles ne peuvent être créés librement, sous peine de sanctions et de fermeture administrative de l'établissement.

Cette mesure vise notamment à s'assurer de la pertinence (le nouvel établissement répond-il aux besoins du territoire et l'argent public sera-t-il bien placé ?) et de la qualité des services rendus aux personnes accueillies, généralement fragiles et que la collectivité se doit de protéger.

La loi du 30 juin 1975 puis celle du 2 janvier 2002, qui fondaient le régime des autorisations de création sur la base d'une demande formulée par un porteur de projet, ont été réformées par la loi HPST du 21 juillet 2009.

Cette loi inverse l'initiative de création d'un établissement. La création doit en principe faire suite à un appel à projet, incluant un cahier des charges précis, lancé par l'autorité compétente et qui va financer totalement ou partiellement la structure via des fonds publics.

L'autorité compétente peut être l'agence régionale de santé, le conseil départemental, les deux ensemble, voire le préfet, selon la nature de l'établissement et leurs champs de compétence.

À l'issue d'un appel à projets, une commission de sélection, composée à parité de représentants des autorités et des usagers, départage les éventuels candidats. Son avis est consultatif.

L'autorité administrative compétente pour prendre la décision est libre de ne pas suivre cet avis.

L'autorisation est délivrée généralement pour 15 ans, après plusieurs formalités (visite de conformité notamment).

Seuls quelques cas font exception à la procédure d'appel à projet : les projets ne faisant pas appel à des fonds publics notamment. Dans ce cas, le promoteur demande l'autorisation d'ouverture à l'autorité compétente.

On peut s'interroger, dans ces cas, sur l'équité de traitement de l'usager : il est sûr de bénéficier d'un service étroitement contrôlé, en termes de qualité et de tarification, quand l'établissement est financé sur fonds publics. En revanche, la garantie d'un service d'un bon rapport qualité/prix est moins contrôlée dans les établissements purement privés.

3. Créé par la loi du 2 janvier 2002 rénovant l'action sociale et médico-sociale, et concrétisé par le décret du 25 mars 2004, le conseil de vie sociale permet de garantir les droits des usagers en imposant leur participation, ou celle de leurs représentants, au fonctionnement de l'établissement d'accueil. Il est obligatoire dans les établissements assurant un hébergement ou un accueil de jour continu.

Ses membres, élus pour 1 voire 3 ans, sont les suivants :
- deux représentants des personnes accueillies ;
- un représentant du personnel ;
- un représentant de l'organisme gestionnaire.

Le directeur de l'établissement siège avec voix consultative.

Le CVS est un lieu d'échange, il donne son avis au conseil d'administration de l'établissement et peut faire des propositions sur les sujets intéressant le fonctionnement de l'établissement : organisation quotidienne, animations, prix des services, projets d'extension, etc.

10. La protection sociale complémentaire

La protection sociale complémentaire peut être collective (organisée par une entreprise ou par une association pour ses membres) ou individuelle.

Elle inclut des organismes très nombreux et divers :
- mutuelles, institutions de prévoyance, assurances privées ;
- organismes de retraite complémentaire.

1. Une tradition française

Mutuelles, institutions de prévoyance, assureurs privés, se sont implantés, pour certains d'entre eux depuis le début du XXe siècle, sur un marché très porteur : la santé (soit 75 % des prestations versées par ces organismes, contre 24 % pour le domaine de la prévoyance vieillesse-survie).

En effet, les consommateurs sont prêts à payer la préservation de leur « capital santé » au prix fort, et leur « demande » en la matière n'est pas élastique par rapport au prix : ils sont souvent prêts à débourser plus – donc à souscrire une complémentaire santé par exemple – pour se voir garantir de meilleurs taux de remboursement des soins.

Ces structures ont souvent élargi leur offre à la prise en charge d'autres risques, mal couverts par le système de Sécurité sociale : la dépendance des personnes âgées par exemple, surtout à l'époque où l'allocation personnalisée d'autonomie (APA) n'existait pas encore, la téléassistance aux personnes âgées, etc.

Les assurances sont des sociétés anonymes à but lucratif régies par le Code des assurances, comme le sont aussi les sociétés d'assurances mutuelles qui ne sont pas, elles, à but lucratif. Ces dernières ne doivent néanmoins pas être confondues avec **les mutuelles, à but non lucratif, régies par le Code de la mutualité**, qui ne rémunèrent aucun actionnaire et ne pratiquent pas la sélection des clients « à l'entrée » selon leur niveau de « risque ».

Enfin, **les institutions de prévoyance sont régies par le Code de la Sécurité sociale** et fondées par accords entre les partenaires sociaux des branches professionnelles. Leur gestion est paritaire entre représentants des salariés et des employeurs. Comme les mutuelles, leur but est non lucratif et elles ne pratiquent pas la sélection des risques.

Ce secteur est soumis à une concurrence extrêmement rude, à la fois dans le cadre interne au marché français, mais plus encore depuis l'ouverture du marché à la concurrence européenne.

Les régimes de retraite complémentaires, quant à eux, sont alimentés par des cotisations obligatoires versées par le salarié et l'employeur. Ils versent en fin de carrière une retraite complémentaire qui, pour de nombreux retraités, peut être supérieure à la retraite de base.

Cette retraite est, comme pour la retraite de base, fondée sur la répartition (les cotisations versées par les actifs paient les retraites versées aux pensionnés), est calculée en fonction du nombre de points accumulés pendant la carrière, sur le compte ouvert pour chaque salarié. Chaque année est déterminée une valeur du point qui, multipliée par le nombre de points acquis, détermine le montant de la retraite complémentaire.

Ces régimes présentent aussi l'intérêt d'être paritaires, c'est-à-dire gérés à égalité par les représentants des salariés et employeurs, les partenaires sociaux.

Les nombreuses caisses de retraite complémentaires existantes, historiquement propres à chaque profession et détenant le monopole de cette activité, sont des personnes morales de droit privé à but non lucratif qui remplissent une mission d'intérêt général, régies par le Code de la Sécurité sociale.

Elles sont fédérées au sein de l'AGIRC, l'Association générale des institutions de retraite des cadres, créée en 1947, et de l'ARRCO, l'Association pour le régime de retraite complémentaire des salariés, créée en 1961.

Les deux fédérations partagent des moyens, comme les CICAS, centres d'information, de conseil et d'accueil des salariés.

L'ARRCO compte 18 millions de cotisants salariés et 12 millions de retraités, contre 4 millions de cotisants salariés cadres pour l'AGIRC et 2,9 millions de retraités.

Les professions indépendantes bénéficient plus récemment d'une retraite complémentaire obligatoire (RSI), qui peut être gérée par le régime de retraite de base pour d'autres (MSA).

Citons enfin une spécificité propre à l'Alsace et la Moselle. Trois départements français bénéficient d'un régime local d'assurance maladie complémentaire obligatoire, héritage de Bismarck et de l'époque à laquelle ces départements étaient annexés à l'Allemagne : le Bas-Rhin, le Haut-Rhin et la Moselle.

Cette couverture, couvrant les salariés uniquement, fonctionne comme une mutuelle, avec un taux de cotisation unique pour tous les cotisants, et des prestations maladie assez avantageuses, notamment pour la prise en charge des dépenses hospitalières.

■ 2. Un secteur contraint à une profonde remise en question

La loi du 14 janvier 2013 relative à la sécurisation de l'emploi et portant généralisation de la complémentaire santé à tous les salariés, applicable depuis le 1er janvier 2016, a accéléré la recomposition du paysage des structures assurant la complémentaire santé.

Pour emporter le marché des salariés, les prestataires se sont souvent livrés à une guerre des prix et ont considérablement réduit leurs marges. En conséquence, ne risquent-ils pas de les reporter sur les produits de complémentaire santé vendus aux Français non concernés par la loi de 2014 ?

Dans ce cas, les retraités, qui paient déjà très cher leur complémentaire puisque le prix augmente souvent avec la tranche d'âge, seraient doublement pénalisés, alors qu'ils sont les plus gros consommateurs de soins. Les retraités auront donc tout intérêt à se regrouper en associations loi 1901 et à négocier à leur tour des contrats-groupes, plus raisonnables en prix, puisque l'assureur pourra faire sa marge sur le volume.

Pour faire face à ces changements brutaux dans la structure de leurs marchés, de nombreuses structures ont dû se regrouper pour préserver leur compétitivité et leur pérennité. Aujourd'hui, 450 mutuelles coexistent ; elles étaient deux fois plus nombreuses en 2008 et cinq fois plus nombreuses il y a 20 ans.

L'Union européenne a d'ailleurs soumis le secteur à une réglementation stricte nommée « Solvabilité 2 » pour améliorer la protection des consommateurs : immatriculation dans un registre national, agrément administratif délivré par l'État pour les opérations d'assurance réalisées par les mutuelles, exigences fortes en matière de solidité financière.

Mais la construction européenne crée aussi de belles opportunités : assureurs, mutuelles et institutions de prévoyance investissent tous les champs libres de la protection sociale, et développent des activités transfrontalières. Ils sont aidés par l'unité de la monnaie dans presque toute l'Europe, par la législation uniformisée, et par les options prises par certains États. À titre d'exemples, la privatisation partielle de l'assurance maladie en Allemagne leur a ouvert un champ d'investigation, ou encore le développement des retraites par capitalisation.

Les organismes assurant la complémentaire retraite connaissent aussi de profondes restructurations : après plusieurs années déficitaires et des alertes issues notamment de la Cour des comptes sur leurs coûts de gestion jugés trop élevés et les déficits récurrents depuis 2009, l'AGIRC et l'ARRCO ont adopté par accord en 2013 un programme de travail visant à mutualiser des moyens pour assurer la pérennité des deux régimes, puis en 2015 un accord sur l'avenir des retraites complémentaires.

Ainsi, 12 groupes gèrent désormais la retraite complémentaire de tous les salariés du privé, contre 55 groupes en 2000, en attendant la fusion des deux fédérations AGIRC et ARRCO le 1er janvier 2019, prévue par l'accord du 17 novembre 2017.
L'objectif est de rétablir l'équilibre financier du régime complémentaire, par l'adoption de mesures incitant les salariés à travailler plus longtemps, l'augmentation du taux de cotisations, la mutualisation des réserves, la baisse des dépenses de gestion et d'action sociale du régime.

Testez vos connaissances !

QCM

Pour chaque QCM, une réponse au moins est exacte.

1. La retraite complémentaire obligatoire est en France un système :
- ❑ a. par capitalisation
- ❑ b. par répartition

2. La retraite complémentaire obligatoire est une retraite par points.
- ❑ a. Vrai
- ❑ b. Faux

3. La loi ANI du 14 janvier 2013 met en œuvre :
- ❑ a. une retraite complémentaire obligatoire pour les fonctionnaires
- ❑ b. une retraite complémentaire pour les artisans et commerçants
- ❑ c. une complémentaire santé obligatoire pour les salariés du privé

QROC

1. La complémentaire santé des salariés.
2. La retraite par capitalisation.

Corrigés

QCM

1. b. Comme pour la retraite de base, c'est un système de répartition.

2. a. Contrairement à la retraite de base, le calcul de la retraite complémentaire se fait non pas sur la base d'un nombre de trimestres cotisés, mais d'un nombre de points accumulés pendant la carrière.

3. c. Cette nouvelle mesure est entrée en application le 1er janvier 2016.

QROC

1. Jusqu'en 2015, les entreprises pouvaient, de façon facultative, prendre en charge tout ou partie d'une assurance maladie complémentaire pour leurs salariés, voire leurs ayants droit, après signature d'un accord d'entreprise ou sur décision unilatérale de l'employeur qui négociait un contrat-groupe avec une mutuelle ou une assurance.

Les salariés des grandes entreprises étaient plus souvent bénéficiaires de ce système.

La loi du 14 janvier 2013 entérine l'accord national interprofessionnel signé par les partenaires sociaux, visant à rendre obligatoire la complémentaire santé pour tous les salariés.

Ainsi, à compter du 1er janvier 2016, l'employeur doit signer un contrat-groupe comprenant un panier de soins minimum (mais certaines prestations sont aussi volontairement limitées par le législateur, pour éviter la dérive des dépenses), appelé « contrat responsable ». Le coût est partagé par l'employeur (50 % minimum) et le salarié.

La mise en œuvre de ce nouveau système a généré une forte concurrence entre les prestataires, tentés de réduire fortement leurs prix, et leur marge, pour gagner de nouveaux marchés.

Les entreprises peuvent choisir n'importe quel prestataire, même si leur branche professionnelle peut « recommander » un organisme en particulier, après avoir négocié avec lui.

2. La retraite par capitalisation consiste pour les actifs à se constituer un capital pendant leur carrière, en plaçant leurs revenus et en capitalisant les intérêts, dans la perspective d'assurer leurs ressources à l'âge de la retraite, sous forme de rente viagère.

Ce système de retraite est prééminent dans les pays anglo-saxons, par l'intermédiaire des fonds de pension, gérés par des assurances privées, et détenant un portefeuille d'actifs financiers (actions et obligations).

Il peut être risqué car les futurs retraités peuvent être victimes des pertes financières du fonds, voire de fraudes majeures comme dans l'affaire Maxwell, homme d'affaires britannique qui a détourné les capitaux des fonds de pension des salariés de ses sociétés.

En France, des outils de capitalisation existent : PERCO, PERP, PEE, assurance-vie. Ils sont néanmoins peu utilisés, les Français étant toujours confiants dans la pérennité de leur système de retraite par répartition.

Seuls 3 % des revenus des retraités sont composés de ressources issues de la capitalisation. Les pouvoirs publics annoncent en 2018 qu'ils souhaitent encourager l'épargne des Français sur des produits de capitalisation, qui renforceraient les fonds propres des entreprises françaises.

11. Les juges des contentieux de la protection sociale

Il n'existe pas un seul juge et un seul contentieux de la protection sociale. Ce chapitre décrit le monde complexe des contentieux relatifs aux questions sociales et médicales.

1. Le contentieux général de la Sécurité sociale et la compétence du tribunal des affaires de Sécurité sociale (TASS)

115 TASS exercent leur compétence sur le territoire français. Présidés par un magistrat assisté de deux assesseurs (un représentant des employeurs et un représentant des salariés), ils traitent les litiges énoncés dans l'article L. 142-3 du Code de Sécurité sociale, recouvrant les litiges relatifs au fonctionnement des organismes de Sécurité sociale, et tous les litiges relatifs aux rapports entre ces organismes et leurs assurés : affiliation, recouvrement, droit aux prestations.

La plupart des décisions du TASS sont susceptibles d'appel devant la cour d'appel, puis devant la Cour de cassation.

La loi du 18 novembre 2016 de modernisation de la justice du XXIe siècle prévoit, à compter de 2019, la fusion des TASS et des tribunaux du contentieux de l'incapacité au sein d'un pôle social dans les tribunaux de grande instance.

2. Les contentieux techniques de la Sécurité sociale

Certaines affaires plus techniques ont été confiées par le législateur à des juridictions plus spécialisées que le TASS.

21 **tribunaux du contentieux de l'incapacité** traitent les litiges relatifs à l'invalidité, aux décisions inhérentes à la reconnaissance d'un accident du travail. Un appel peut être interjeté devant la **Cour nationale de l'incapacité et de la tarification de l'assurance des accidents du travail (CNITAAT)**, puis devant la Cour de cassation.

Comme indiqué ci-dessus, les TCI devraient disparaître le 1er janvier 2019. La CNITAAT sera également supprimée.

3. Le tribunal de grande instance, seul compétent dès 2019

Le TGI se voit confier, par la loi du 18 novembre 2016 précitée :
- le contentieux général de la Sécurité sociale (à la place des TASS) ;
- le contentieux de l'incapacité au travail (à la place des TCI) ;
- le contentieux de l'aide sociale relatif à la CMU complémentaire et à l'aide complémentaire santé.

Des cours d'appel seront spécialisées en France sur ces contentieux. Cette réforme a pour but d'adapter les institutions judiciaires à la baisse de leurs effectifs et d'optimiser les procédures... À suivre !

4. Le contentieux de l'aide sociale

Les commissions départementales et centrale d'aide sociale sont des juridictions compétentes pour les litiges relatifs à l'aide sociale aux personnes âgées, handicapées, à l'obligation alimentaire et à l'aide médicale d'État. Les commissions départementales sont présidées par le président du tribunal de grande instance. La Commission centrale se prononce en deuxième instance. Le Conseil d'État est compétent en dernier ressort.

À noter : les commissions précitées, qui étaient compétentes pour les litiges inhérents au RMI, ne le sont plus pour le RSA, et ne le sont pas non plus pour l'aide sociale à l'enfance, ces deux contentieux relevant du tribunal administratif (avec appel possible devant la cour administrative d'appel, puis devant le Conseil d'État).

Au 1er janvier 2019, elles perdront aussi la compétence pour traiter des recours relatifs à la CMU-C et à l'ACS, au profit des TGI (voir ci-dessus). Leur périmètre d'intervention sera alors tellement restreint que leur pérennisation semble sujette à caution.

5. Le contentieux disciplinaire des professions de santé

Il vise à sanctionner les fautes, abus et fraudes intéressant l'exercice de leur profession par les médecins, dentistes ou sages-femmes : faute au regard de la déontologie, non respect de la nomenclature, surcotations d'actes, etc.

Ce contentieux relève, contrairement aux précédents, de l'ordre administratif. En effet, le conseil régional de discipline, potentiellement saisi par le **Conseil de l'ordre**, est présidé par un magistrat du tribunal administratif, assisté par deux représentants de la profession concernée et de deux représentants des organismes de Sécurité sociale, si le contentieux porte sur une question à laquelle la Sécurité sociale est partie prenante.

La décision peut faire l'objet d'un appel devant le Conseil national de l'ordre, présidé par un magistrat du Conseil d'État assisté des représentants précités, puis d'un recours en Conseil d'État.

6. Qu'est-ce que le « pré-contentieux » ?

Les organismes comme les assurés peuvent avoir intérêt à trouver un terrain d'entente afin de prévenir un contentieux plus long, même si le formalisme inhérent aux contentieux précités est souvent simple (recours par courrier en recommandé, ministère d'avocat facultatif).

La commission de recours amiable des organismes de Sécurité sociale doit être prioritairement saisie par l'assuré, et c'est seulement si elle refuse de faire droit à la demande que l'assuré peut saisir le TASS.
Elle peut remettre tout ou partie d'un indu de prestations, ou accorder un échéancier de paiement des cotisations par exemple (URSSAF).
Un assuré mécontent d'une décision de la CRA peut aussi saisir le médiateur, qui propose une sorte de conciliation. Cette fonction existe aussi au sein de Pôle emploi.

Dans le cas de l'aide sociale, un recours gracieux peut être fait, suivi d'un recours hiérarchique devant le président du conseil départemental.

7. Le contentieux de l'indemnisation du chômage

Les litiges sont soumis au directeur général de Pôle emploi puis au Médiateur. En cas de rejet, un recours peut être exercé devant le tribunal administratif, si le conflit porte sur la réduction ou la suppression de l'indemnité ou l'affiliation comme demandeur d'emploi. Si le conflit porte sur d'autres sujets, comme la détermination du montant de l'allocation, les décisions peuvent être contestées devant le juge judiciaire, le tribunal d'instance ou le tribunal de grande instance.

À noter : la convention nationale d'assurance chômage est, elle, susceptible d'un recours devant le Conseil d'État.

Cette incroyable complexité interroge et n'est pas un facteur facilitant pour qu'un allocataire fasse valoir ses droits.

8. La reconnaissance d'un « droit à l'erreur »

Une loi à paraître à l'automne 2018, « Pour un État au service d'une société de confiance », instaure un « droit à l'erreur » et l'extension de la procédure de rescrit qui sécurise le contribuable et le cotisant. Un conseil, suivez l'actualité !

Testez vos connaissances !

QCM

Pour chaque QCM, une réponse au moins est exacte.

1. La commission de recours amiable doit être systématiquement saisie avant le tribunal des affaires de Sécurité sociale.

❑ a. Vrai
❑ b. Faux

2. Le TCI disparaîtra au 1er janvier 2019 au profit du TGI.

❑ a. Vrai
❑ b. Faux

3. Le Conseil national de l'ordre des médecins juge les affaires en première instance.

❑ a. Vrai
❑ b. Faux

QROC

1. Le tribunal des affaires de Sécurité sociale.
2. Le rescrit social.

Corrigés

QCM

1. a. La commission de recours amiable est composée d'administeurs des caisses de Sécurité sociale. Le recours devant le TASS est nul si cette condition préalable n'est pas remplie.

2. a. Le TGI absorbera le TCI, le TASS et certaines prérogatives de la CDAS.

3. c. Il traite des recours en appel contre les décisions de la commission régionale de discipline.

QROC

1. Le TASS est saisi par un assuré social ou une entreprise cotisante pour contester une décision prise par la commission de recours amiable, sur l'affiliation, les cotisations sociales, les prestations de la compétence des caisses de Sécurité sociale (mais pas celles qu'elles versent pour le compte de l'État ou du conseil départemental).

Il est composé d'un magistrat professionnel et de deux assesseurs non professionnels désignés par le président de la cour d'appel.

Il comprend une section générale et une section agricole.

Il doit être saisi dans un délai de 2 mois à partir de la date de notification de la décision de la CRA.

Le TASS est saisi par simple demande à son secrétariat ou par courrier recommandé. La procédure est gratuite et le requérant n'est pas obligé de se faire représenter par un avocat.

La décision du TASS peut être contestée devant la cour d'appel, voire directement devant la Cour de cassation selon le montant du préjudice.

La loi du 18 novembre 2016 de modernisation de la justice du XXIe siècle prévoit son absorption par le TGI, au plus tard le 1er janvier 2019, pour optimiser son organisation et faire face à la baisse des effectifs, optimiser les procédures et réduire les délais de traitement des recours.

2. Le rescrit social est une procédure prévue depuis 2005 dans le Code de la Sécurité sociale, qui permet à un cotisant de saisir l'URSSAF ou la MSA afin d'obtenir une décision explicite sur sa situation ou sur une question particulière.

Cette décision lie l'organisme de recouvrement pour l'avenir, sauf changement de législation.

Le cotisant ne peut pas subir de redressement s'il peut se prévaloir de cet écrit de l'organisme de recouvrement.

Cette faculté étant peu sollicitée, un décret d'octobre 2016 a élargi les champs de la législation sociale pouvant faire l'objet d'un rescrit, notamment les exonérations de cotisations, les avantages en nature, les frais professionnels, les cotisations de retraite complémentaire et d'assurance chômage.

Cette faculté pourra aussi être utilisée face à l'AGEFIPH, à l'administration par la question de l'égalité professionnelle, à l'AGIRC-ARRCO (retraite complémentaire).

La saisine peut émaner du cotisant, d'un avocat, d'un expert comptable mandaté par le cotisant, voire d'une organisation représentative qui peut désormais exercer un « rescrit de branche ».

La future loi « Pour un État au service d'une société de confiance » devrait étendre encore les possibilités de rescrit et instaurer un « droit à l'erreur ».

12. Perspectives et regard international

Les acteurs intervenant dans le champ social et médico-social sont très nombreux. Leur sphère d'influence varie en fonction des époques et des stratégies économiques et politiques.

1. La tentation centralisatrice

Depuis 2010, l'État central français reprend indirectement la main sur :

- la Sécurité sociale (à travers la nomination des directeurs des caisses nationales issus des cabinets ministériels, ou encore par la négociation de conventions d'objectifs et de moyens très exigeantes, dans lesquelles l'État peut, lui, prendre relativement peu d'engagements) ;
- les collectivités territoriales, en leur imposant des réformes de fond sur leur structuration, et des coupes sombres dans leurs dotations ;
- les questions sanitaires et médico-sociales, à travers la toute puissance des agences régionales de santé. Souvent pénalisées par leur manque d'organisation et de méthodes d'action, elles n'en restent pas moins un instrument redoutable au service du « super préfet sanitaire » qu'est le directeur de l'ARS, lui-même soumis à l'étroite tutelle du ministère en charge des questions de santé ;
- l'assurance chômage avec l'édiction de strictes consignes aux partenaires sociaux négociant les modalités d'indemnisation et l'annonce d'une réforme courant 2018.

Cette centralisation n'est pas toujours un gage d'efficience. Ainsi, en 2008, l'État a imposé la fusion des caisses de Sécurité sociale des artisans et commerçants, et a confié le recouvrement de leurs cotisations à l'URSSAF, en créant l'interlocuteur social unique : aucun de ces organismes ne s'est relevé de cette décision mal préparée, prise sans tenir compte des contraintes technologiques, qui a suscité de telles erreurs techniques que de nombreux affiliés ont réclamé leur désaffiliation et obtenu la suppression de leur régime et leur intégration au régime général entre 2018 et 2020.

L'État justifie souvent son immixtion dans d'autres sphères que la sienne au motif qu'il veut réduire leurs coûts de gestion. Or, c'est un faux prétexte pour la Sécurité Sociale : ses coûts de gestion sont faibles (4 % des prestations versées) et ne sont pas responsables des déficits sociaux, dont la résolution nécessiterait une réforme totale des prestations par les pouvoirs publics.

Ce retour de balancier en faveur d'un centralisme jacobin peut néanmoins s'expliquer, à défaut de se justifier.

2. Les limites de la décentralisation

La décentralisation permet-elle vraiment une meilleure appréciation des besoins sociaux, et une adaptation des politiques au plus près des réalités de terrain ? Seule la mise en œuvre d'un dispositif d'évaluation performant aurait permis de le vérifier, mais la France est insuffisante en matière d'évaluation des politiques publiques.
Si les actions sociales étaient déterminées en toute autonomie par les collectivités territoriales, **comment éviter une rupture d'égalité entre les citoyens selon leur lieu de résidence ?** Jusqu'à présent, cet écueil a été contourné par l'édiction de normes nationales s'imposant à l'ensemble des collectivités (la loi sur l'APA par exemple), en sacrifiant leur autonomie. Le point d'équilibre paraît donc difficile à trouver.

- Quel est le « niveau » de décentralisation le plus efficace ? À l'image des autres pays d'Europe, la France a renforcé les pouvoirs des grandes régions (sur l'exemple des Länder allemands). À leur échelle, **nos départements font figure de minuscules territoires**. Or, ce sont les départements en France qui, à travers l'aide sociale des conseils départementaux, ont le plus de prérogatives sociales. Fruit du passé (les premières actions sociales départementales sont nées il y a un siècle et demi), cette organisation est-elle dépassée ?

Les expériences menées en Espagne, qui a régionalisé la politique de santé bien avant la France, présentent des bilans mitigés : l'allocation des ressources sanitaires n'est pas beaucoup plus équitable qu'auparavant ; la maîtrise des dépenses de santé n'est toujours pas acquise. Les ARS recréent des échelons départementaux !

De plus, un organisme est-il efficace lorsque son centre de décision s'éloigne des bassins de vie ? Les nouvelles grandes régions françaises devraient conserver voire recréer des échelons départementaux, pour ne pas perdre le lien avec le terrain, et notamment pour éviter que les territoires ruraux ne se sentent abandonnés, comme ils l'évoquent aujourd'hui dans les mouvements de protestations organisés par les élus locaux. Mais dans ce cas, l'économie de gestion théoriquement recherchée à travers la fusion des régions relève de l'utopie.

Si la France n'est pas toujours un modèle à suivre, son modèle de protection sociale n'est pas, comme certains partis voudraient le faire croire, un monde fermé et sclérosé. Les acteurs sociaux, publics et privés, doivent toujours se réformer pour adapter leur structure et leurs méthodes à l'évolution des besoins de la population.
Cette partie serait incomplète si l'on omettait de mentionner le rôle des **institutions européennes** – Conseil, Commission et Parlement européens – en matière sociale, si ténu soit-il encore eu égard à l'ambition initiale des « pères fondateurs » de l'Europe.

■ 3. Le rôle des institutions européennes

En tout état de cause, si le domaine social n'entre que « par effraction » dans les préoccupations de la Communauté européenne, il y entre de plus en plus souvent néanmoins : la politique sociale est encore trop rarement à l'ordre du jour des travaux du Parlement.

Pourtant, elle seule est garante de l'application d'un principe validé dans les traités fondateurs de l'Europe : **la libre circulation des travailleurs**. Sans une harmonisation minimale des conditions de travail et de la protection sociale en vigueur dans les États-membres, de nombreux travailleurs renonceront à la mobilité pour ne pas perdre leurs droits sociaux.

A contrario, ce principe peut, s'il n'est pas encadré dans sa concrétisation, ouvrir la voie à des excès inverses : ainsi, les institutions européennes ont été fermement invitées par les États-membres, comme la France, à prendre des mesures pour **encadrer les travailleurs détachés**, afin que des entreprises peu scrupuleuses ne fassent pas travailler, sur le territoire français, des intérimaires d'origine étrangère sous couvert de détachement, et sans qu'elles s'acquittent des mêmes cotisations sociales que les employeurs français.

L'objectif vise autant à préserver les entreprises françaises d'une concurrence faussée, qu'à protéger les salariés eux-mêmes de formes d'esclavagisme moderne, et accessoirement… à préserver les ressources (cotisations) de la Sécurité sociale française !

Par ailleurs, les textes européens visent à établir un socle minimal commun à tous les États ; or, le droit social français est souvent beaucoup plus avantageux, et n'est donc impacté que de façon marginale par le droit européen.

Enfin, les institutions européennes sont prises à parti par des États européens pour qu'elles les aident à contenir les crises : crise des réfugiés en Grèce ou aux portes de l'Europe, en Turquie, crises agricoles en France, etc. Peuvent-elles continuer à opposer aux États des règles d'ouverture des frontières ou de libre concurrence, au risque que leur application trop stricte exacerbe encore les problématiques locales ?

Les institutions aident ainsi les États à atteindre leurs objectifs fondamentaux par recours à des fonds tels que le fonds social européen, le fonds européen d'aide aux plus démunis, ou les programmes européens pour l'emploi, l'innovation sociale.

La Communauté européenne n'a rien d'une « Europe-providence » ; les institutions sociales nationales ont donc encore toute légitimité à œuvrer en faveur du progrès social. Néanmoins, l'intrication des économies européennes devrait conduire l'Europe à harmoniser progressivement son niveau de couverture sociale, pour éviter son implosion.

La protection sociale : une mosaïque d'actions et d'intervenants

	État	Secteur privé
Protection facultative	Aide et action sociales facultatives de l'État et des collectivités territoriales	- Associations, fondations, entreprises... à vocation sanitaire, sociale, humanitaire... - Régimes surcomplémentaires : mutuelles, assurances, institutions prévoyance - Action sociale de la Sécurité sociale
Protection complémentaire obligatoire		- Retraite complémentaire (AGIRC, ARRCO) - Complémentaire santé (mutuelles, assureurs, institutions de prévoyance)
Protection obligatoire de base	État et collectivités territoriales: aide sociale, santé publique...	- Sécurité sociale - UNEDIC (chômage)
	Établissements de santé	

Testez vos connaissances !

QCM

Pour chaque QCM, une réponse au moins est exacte.

1. Le droit européen fixe de nombreux objectifs aux États-membres de l'Union européenne en matière sanitaire.

❑ a. Vrai
❑ b. Faux

2. Les régions françaises ont :

❑ a. plus de pouvoirs que les Länder allemands
❑ b. moins de pouvoirs que les Länder allemands

3. Quel traité européen a affirmé le principe de libre circulation des travailleurs ?

❑ a. Le traité de Maastricht
❑ b. Le traité de Lisbonne
❑ c. Le traité de Rome

QROC

Les risques inhérents au détachement de travailleurs étrangers en France.

Corrigés

QCM

1. b. Le droit français est l'un de plus protecteurs d'Europe, et les rares recommandations des institutions européennes en matière sanitaire et sociale sont souvent déjà appliquées en France.

2. b. Les 16 Länder possèdent leur propre Constitution et un pouvoir législatif propre (éducation, culture, droit communal) ou partagé (aménagement du territoire, droit du travail…).

3. c. Le traité de Rome signé le 25 mars 1957 prévoit dans son article 39 que « la libre circulation des travailleurs est assurée à l'intérieur de la Communauté ».

QROC

La France est l'un des pays d'Europe qui a exigé des institutions européennes la révision, dans un sens plus restrictif, de la directive européenne de 1996 régissant le détachement des travailleurs. Cette révision est désormais annoncée depuis l'accord du 23/10/2017.

Si le détachement est l'une des conséquences logiques du principe fondateur de l'Union européenne de « libre circulation des travailleurs » en Europe, les abus sont tels qu'une réglementation plus stricte est désormais indispensable : les salariés détachés, souvent en provenance d'Europe de l'Est, et en progression, bénéficient rarement des mêmes conditions de travail et de rémunération que les salariés du pays d'accueil (salaire inférieur de parfois 50 % au salaire en vigueur dans le pays d'accueil), quand ils ne sont pas réellement exploités. Ils sont parfois employés sur des durées longues alors que le détachement devrait n'être que temporaire.

Cette situation, humainement inacceptable, génère également une distorsion de concurrence intolérable entre les entreprises qui recourent à cette main d'œuvre, et prive enfin la Sécurité sociale de recettes précieuses pour équilibrer ses comptes. Des mesures seront prises en 2018 par le gouvernement français pour renforcer les contrôles et les conditions de recours à ces emplois (loi « avenir professionnel »).

Les institutions européennes devraient imposer le principe d'un salaire égal pour un travail identique, incluant les primes, et devraient limiter le détachement à 12 mois, sauf à ce que l'entreprise attribue ensuite l'intégralité des avantages acquis des salariés du pays d'accueil aux salariés détachés (et notamment la même durée du travail). En revanche, cette directive ne s'appliquera pas au transport routier.

3 La politique de santé

La France dispose d'un système de santé développé, dont les résultats sont inégaux et dont le coût est en moyenne supérieur à celui des systèmes des autres pays développés. Le déficit prévisible de 2,2 milliards d'euros de l'assurance maladie invite les pouvoirs publics à une gestion très ferme des dépenses, sans néanmoins renoncer à l'un des principes fondateurs de notre Sécurité sociale : l'accès aux soins du plus grand nombre.

13. Trois réformes pour généraliser l'accès aux soins

Depuis sa création, l'assurance maladie couvre obligatoirement toutes les personnes qui d'une part exercent une activité professionnelle, et d'autre part justifient d'un montant minimum de cotisations sur salaire ou d'une durée minimale d'activité salariée.

Cette protection a été progressivement étendue à certaines autres catégories de population – ayant droit d'un assuré social, étudiants, titulaires de minima sociaux, retraités.

1. Une couverture complète en apparence

La nature de l'activité professionnelle détermine le régime de Sécurité sociale auquel la personne sera **assujettie**. Son lieu de résidence détermine son **affiliation** à une caisse départementale de Sécurité sociale. Cette caisse réalise alors l'**immatriculation** de l'assuré social, et lui délivre une **carte SESAM Vitale**, passeport indispensable qui doit être fourni par l'assuré aux professionnels de santé pour qu'ils vérifient l'existence de ses droits à la Sécurité sociale. Cette carte ouvre aussi aux professionnels de santé la possibilité de proposer le tiers payant à leurs patients : ce système permet à l'assuré de ne pas faire l'avance des frais médicaux, le professionnel de santé se faisant directement rembourser par la Sécurité sociale.

À l'issue de ces opérations administratives, le bénéficiaire peut donc prétendre aux **prestations en nature et en espèces des assurances maladie, maternité, invalidité, décès**, et de l'assurance couvrant les **accidents du travail**, s'il remplit les conditions exigées.

Les prestations en espèces compensent partiellement la perte de salaire occasionnée par la maladie, la maternité, l'invalidité, le décès ou l'accident de travail.

Elles sont souvent **appelées « indemnités journalières »** en cas de maladie ou maternité, pension d'invalidité en cas d'invalidité, ou rente d'incapacité à l'issue d'un accident du travail ayant laissé des séquelles durables. Leur versement s'arrête lorsque le « risque » générateur du droit cesse (reprise d'emploi), lorsque l'assuré atteint l'âge de la retraite (substitution de la pension de retraite), ou au-delà d'un délai maximal fixé par la loi (3 ans maximum pour la maladie).

Les prestations en nature sont des remboursements de dépenses de soins. Ces soins sont classés et codifiés en différents types, le tarif de remboursement variant selon la codification.
- Les soins hospitaliers sont fournis par un hôpital public ou une clinique.
- Les soins ambulatoires sont effectués par les professionnels de santé libéraux, et relèvent de la médecine dite « de ville ».

Le remboursement des soins par la Sécurité sociale n'est pas toujours intégral : il est établi en fonction du **ticket modérateur**, représentant la participation légale laissée à la charge de l'assuré. Par exemple, en fonction de la couleur de sa « vignette », un médicament peut n'être que partiellement remboursé par l'assurance maladie.

L'assuré doit alors se retourner, pour le remboursement de la part restant à sa charge, vers sa mutuelle le cas échéant. Il en est de même pour le **forfait hospitalier laissé à la charge de la personne hospitalisée**.

Ce système de protection comporte donc ses propres limites. En effet, en laissant une partie du coût des soins à la charge des assurés pour les responsabiliser dans leur consommation de soins, il exclut de fait les personnes les plus démunies, qui ne peuvent pas assumer le paiement du ticket modérateur.

De plus, certaines catégories sociales pouvaient, malgré l'extension de la couverture, subir des ruptures de droit, par exemple lorsqu'elles exerçaient successivement plusieurs métiers relevant de régimes différents de Sécurité sociale.

Enfin, la prise en charge de certains soins ou médicaments a reculé sous l'effet des décisions de l'État et de l'assurance maladie, visant à maîtriser les déficits de cette branche de Sécurité sociale. Seuls les assurés couverts par une assurance complémentaire privée pouvaient ainsi accéder à certains soins mal remboursés, dont certains sont pourtant cruciaux : soins dentaires, optique, etc.
Aussi la protection des Français contre les coûts liés à la maladie a-t-elle fait l'objet de plusieurs réformes ambitieuses.

■ 2. L'apport de la couverture maladie universelle

La loi du 27 juillet 1999 a créé la CMU. On dénombre actuellement plus de 5 millions de bénéficiaires.

Le **principe d'universalité** s'entend comme la possibilité d'accéder aux soins sur l'ensemble du territoire, avec des conditions et des formalités minimales : résidence stable et régulière, ressources inférieures à un seuil. Au-delà de ce seuil, la CMU complémentaire peut être attribuée moyennant le paiement d'une cotisation modulable en fonction des ressources.

Le dispositif se voulait complet, puisqu'il comportait deux étages :

- **La couverture de base** qui permettait aux personnes qui n'étaient pas couvertes par un régime d'assurance maladie et maternité d'y accéder, et de bénéficier des prestations en nature. Ce dispositif vient d'être remis en cause par une loi plus ambitieuse (voir point suivant).
- **La couverture complémentaire** permet toujours la prise en charge partielle ou totale des frais de soins non remboursés par la couverture de base.

Ce double système facilite partiellement l'accès aux soins optiques et dentaires. Auparavant, les dépassements tarifaires pratiqués par les professionnels de santé, et le faible taux de remboursement par l'assurance maladie, dissuadaient nombre de personnes défavorisées de recourir aux soins qui leur étaient pourtant nécessaires. La CMU offre de plus une **dispense d'avance des frais**, utile pour la même raison.

Pour autant, le dispositif présente des limites : tous les bénéficiaires potentiels ne demandent pas l'octroi de la CMU, faute d'informations (personnes SDF par exemple).

Les personnes dont les ressources dépassent le plafond sont exclues du bénéfice de l'aide : un dispositif supplémentaire – **l'aide complémentaire santé** – a donc été créé par les pouvoirs publics, et consiste à attribuer une réduction de cotisation pour l'acquisition d'une complémentaire santé

Enfin, les soins pris en charge sont limités à ceux inscrits dans **le « panier de soins »**, dont le contenu a été limitativement énuméré par la loi. La faiblesse des forfaits de remboursement des soins les plus coûteux (optiques et dentaires) est un frein à l'accès à ce type de soins.

Ce dispositif, qui n'est pas novateur (l'aide médicale a été « inventée » en 1898 !) mais qui est plus ambitieux que les précédents, devait être encore perfectionné pour pallier ses carences. Aussi la PUMA s'est-elle substituée à la CMU de base... Étudions ce que cache ce curieux acronyme !

3. Trois réformes novatrices

a. Une nouvelle avancée : la prestation universelle maladie

La loi de financement de la Sécurité sociale du 21 décembre 2015 pour 2016 a créé la PUMA, qui permet d'assurer la continuité de la prise en charge des frais de santé sans rupture de droits, en cas de changement ou de perte d'emploi, ou en cas d'évènements familiaux (divorce, etc.).

Les assurés sont couverts dès lors qu'ils exercent une activité professionnelle, ou qu'ils justifient d'une résidence stable et régulière de plus de 6 mois par an en France.

Dès lors, la PUMA se substitue à la CMU de base puisqu'elle est plus avantageuse, **mais pas à la CMU complémentaire, qui perdure**.

Ainsi, les travailleurs saisonniers qui changent souvent d'emploi et de régime de Sécurité sociale pourront demander le maintien de leurs droits maladie dans un seul régime.

De même, les conjoints sans activité professionnelle ne sont plus les « ayants droit » de leur époux, mais sont assurés à part entière. Ainsi, en cas de divorce, le conjoint sans emploi n'a pas à faire de démarche pour se faire ouvrir des droits à l'assurance maladie.

b. Le tiers payant généralisé

Mesure-phare de **la loi de modernisation de notre système de santé votée le 26 janvier 2016**, le tiers payant généralisé permettra aux patients, lorsque les pouvoirs publics le généraliseront, de ne plus faire l'avance des frais remboursés par l'assurance maladie lorsqu'ils se rendront chez leur médecin.

Ce dernier se fera directement rembourser par l'assurance maladie, après la télétransmission du flux informatique SESAM Vitale.

En revanche, suite à une décision du Conseil constitutionnel qui a restreint la portée de la loi, la part complémentaire (prise en charge par la mutuelle ou l'assurance) devra être réglée par le patient au médecin, sauf si ce dernier accepte de pratiquer le tiers payant intégral.

Cette mesure a été acquise de haute lutte après un fort mouvement de mobilisation des médecins, qui ont été invités par leurs syndicats à refuser ce qu'ils considèrent comme une charge de travail supplémentaire et comme un risque financier.

Pourtant, ce système fonctionne déjà avec succès au sein du régime d'assurance maladie de la Mutualité sociale agricole, qui a signé des conventions avec des mutuelles et assureurs et peut rembourser les parts obligatoire et complémentaire d'un soin en un paiement unique.

La Fédération nationale de la Mutualité française a également rétorqué aux médecins que le nouveau dispositif leur génèrerait un gain de temps en leur évitant la gestion des chèques.

c. La couverture complémentaire santé obligatoire pour les salariés

Autre mesure de ce récent tryptique en faveur de l'accès aux soins, **la « loi ANI », en réalité votée le 14 juin 2013 et relative à la sécurisation de l'emploi**, est entrée en vigueur au 1er janvier 2016.

Elle oblige chaque entreprise à proposer une couverture complémentaire santé à ses salariés, cofinancée à 50 % par l'employeur, et intégrant un panier de soins prévoyant :

- un minimum de prestations, pour garantir l'accès à certains soins fondamentaux ;
- mais aussi un maximum de prestations, pour raisonner la demande. Ainsi, la prise en charge relative aux lunettes ne peut excéder une certaine somme, pour inciter les assurés à ne pas abuser de leur couverture, et les opticiens à ne pas abuser des prix.

La portée de cette loi importante a été altérée par son manque de préparation :

- Comment attribuer cette prestation à des salariés ayant de très courts contrats de travail (emplois saisonniers en hôtellerie-restauration, en agriculture, etc.) alors que le salarié a déjà quitté son poste quand l'ouverture de droits devient effective ?
- Le dispositif exclut les retraités ou les professions libérales. Plus inquiétant encore, on peut craindre que les mutuelles et assureurs, poussés par la concurrence à baisser leurs tarifs pour obtenir des marchés d'entreprises, tentent de reconstituer leurs marges en augmentant les tarifs appelés aux personnes âgées. L'État devrait référencer des contrats complémentaires respectueux des intérêts des aînés, qui ont tout intérêt à se regrouper au sein d'associations pour négocier leur propre contrat-groupe.

Testez vos connaissances !

QCM

Pour chaque QCM, une réponse au moins est exacte.

1. La carte Vitale contient :

❑ a. le dossier médical du patient
❑ b. l'étendue de ses droits à l'assurance maladie
❑ c. un moyen de paiement des visites médicales

2. La couverture maladie universelle complémentaire permet d'attribuer à ses bénéficiaires :

❑ a. les prestations en nature de l'assurance maladie
❑ b. une couverture complémentaire santé

3. Les prestations en nature de l'assurance maladie compensent la perte de salaire liée à un arrêt de travail.

❑ a. Vrai ❑ b. Faux

4. Le ticket modérateur est la part du coût d'un soin qui reste à la charge de l'assuré social.

❑ a. Vrai ❑ b. Faux

5. Le tiers payant permet à l'assuré :

❑ a. de ne payer qu'un tiers du coût du soin, laissé à sa charge par l'assurance maladie
❑ b. de payer ses frais médicaux à des tiers – professionnels de santé – grâce à la carte Vitale
❑ c. de ne pas faire l'avance des frais médicaux, le professionnel de santé se faisant rembourser directement par la caisse d'assurance maladie

6. Le forfait hospitalier est :

❑ a. le coût estimé de chaque acte médical pratiqué en milieu hospitalier, et remboursé par l'assurance maladie
❑ b. le montant des dépenses hospitalières laissées à la charge du patient
❑ c. le coût d'hébergement estimé pour une journée d'hospitalisation

QROC

1. La PUMA.
2. Le tiers payant généralisé.

Corrigés

QCM

1. b. Elle ne contient pour l'instant que des informations sur les droits à l'assurance maladie, voire parfois à la complémentaire santé. Le « dossier médical personnel », qui permettra aux soignants de prendre connaissance des traitements déjà prescrits au patient par exemple, est un projet technique complexe qui a pris du retard et n'est qu'en cours de généralisation.

2. b. Voir ci-dessous.

3. b. Ce sont les prestations en espèces qui compensent une perte financière.

4. a. Il peut néanmoins être pris en charge par une assurance complémentaire santé. Pour les assurés qui ne sont pas dotés d'une complémentaire, le tiers-payant peut être un frein pour l'accès aux soins.

5. c. Il devait être généralisé en 2017, mais le nouveau gouvernement a préféré le statu quo.

6. b. Idem que pour le ticket modérateur.

QROC

1. La loi de financement de la Sécurité sociale du 21 décembre 2015 pour 2016 a créé la prestation universelle maladie, qui permet d'assurer la continuité de la prise en charge des frais de santé sans rupture de droits, en cas de changement ou de perte d'emploi, ou en cas d'évènements familiaux (divorce, etc.). Les assurés sont couverts dès lors qu'ils exercent une activité professionnelle, ou qu'ils justifient d'une résidence stable et régulière de plus de 6 mois par an en France. Dès lors, la PUMA se substitue à la CMU de base puisqu'elle est plus avantageuse, mais pas à la CMU complémentaire, qui perdure.

2. Entériné par la loi de modernisation du système de santé votée le 26 janvier 2016, le tiers payant généralisé permettra aux patients de ne plus faire l'avance des frais remboursés par l'assurance maladie lorsqu'ils se rendront chez leur médecin. Ce dernier se fera directement rembourser par l'assurance maladie, après la télétransmission du flux SESAM Vitale.

En revanche, suite à une décision du Conseil constitutionnel qui a restreint la portée de la loi, la part complémentaire (prise en charge par la mutuelle ou l'assurance) devra être réglée par le patient au médecin, sauf si ce dernier accepte de pratiquer le tiers payant intégral.

De plus, le nouveau gouvernement a reporté la date de sa généralisation, initialement prévue le 30/11/2017.

14. L'assurance maladie : généreuse mais perfectible et coûteuse

Les médias se font souvent les relais des insuffisances supposées de l'assurance maladie – alors que le système français est l'un des plus protecteurs au monde – et de ses difficultés financières – hélas, incontestables. Partons à la chasse aux idées reçues.

■ 1. Des indicateurs sanitaires en demi-teinte

D'après l'enquête menée en 2017 par l'Organisation de coopération et de développement économiques (OCDE), la France jouit d'une espérance de vie avantageuse : 82,4 ans contre 80,6 ans en moyenne dans les pays de l'OCDE.

Elle se classe en 3e position pour l'espérance de vie des femmes, mais seulement 15e sur 34 pour celle des hommes. Elle est mal classée sur la prévention des facteurs de risques comme le tabagisme et l'alcoolisme, ou l'utilisation (trop importante) des antibiotiques.

L'accès aux soins est excellent en France, les dépenses restant à la charge des ménages étant parmi les plus faibles de l'OCDE. En proportion de la consommation totale des Français, la part dévolue aux soins ne représente que 1,4 % contre 2,8 % en moyenne dans l'OCDE.

Les indicateurs sanitaires français sont donc corrects mais pas toujours aussi bons que ne le laisserait penser le montant total des dépenses consacrées à la santé, qui s'élève à 11 % du PIB en 2016, contre 9 % en moyenne dans l'OCDE.

Il continue à croître malgré la récession. Dans ce montant, la part des dépenses publiques est stable (79 %, au-dessus de la moyenne OCDE à 72 %) ; celle des ménages est faible (7 % contre une moyenne de 19 % dans l'OCDE !). Ce sont les régimes privés de complémentaire santé qui jouent un rôle de plus en plus important en finançant 14 % des dépenses totales de santé.

■ 2. Le problème de la maîtrise des dépenses

Au sein de l'ensemble des régimes de Sécurité sociale, la branche maladie présente toujours une situation préoccupante : ses dépenses augmentent d'environ 3 %

par an. Leur progression est constante. Elle représente le deuxième poste de dépenses de Sécurité sociale après l'assurance vieillesse.

Dans l'histoire de l'assurance maladie revient un élément récurrent : plus de 25 « plans » de maîtrise des dépenses ont été initiés depuis les années 60, pour tenter de réformer l'assurance maladie et de juguler ses **déficits chroniques**.

La problématique jusqu'à présent insoluble consiste, pour les caisses nationales d'assurance maladie comme pour le gouvernement, à trouver les moyens de maîtriser cette progression exponentielle grâce à deux leviers : la limitation de la demande de soins d'une part, la régulation de l'offre de soins d'autre part.

a. Raisonner la demande de soins

Pour raisonner la demande de soins, l'une des mesures les plus couramment utilisées consiste à accroître la participation financière des assurés au paiement des soins, par l'augmentation du ticket modérateur ou du forfait journalier hospitalier laissé à leur charge. Des participations forfaitaires et des franchises ont également été instaurées depuis 2004.

D'autres actions sur la demande de soins ont été testées : mise en œuvre du dispositif « médecin traitant », pour éviter que les patients pratiquent le « nomadisme médical » en consultant plusieurs médecins pour la même affection ; généralisation de la carte SESAM Vitale : prévue pour faciliter l'accès, en 2018, au dossier médical partagé du patient, elle évitera que des soins redondants lui soient prescrits. C'est en tout cas l'ambition de la loi du 26 janvier 2016 de modernisation de notre système de santé.

Mais force est de constater que ces actions n'ont pas fait la preuve de leur efficacité. La microéconomie nous éclaire sur les raisons de cet échec : la demande de soins n'est pas forcément élastique par rapport au coût. Les Français, soucieux de la préservation de leur « capital santé », préfèrent sacrifier d'autres postes de dépenses, pour faire face à l'augmentation de leurs dépenses de santé. Ils dépensent en moyenne 3 000 € par personne et par an pour leur santé.

La population française étant vieillissante, il sera difficile de limiter la consommation de soins, beaucoup plus importante aux âges extrêmes de la vie (petite enfance ; vieillesse). En outre, 4 % de la population – les personnes touchées par des maladies graves – consomment 50 % du total des dépenses. Peut-on humainement concevoir de réduire leur consommation de soins ?

Enfin, l'augmentation du ticket modérateur pourrait aller à l'encontre de l'objectif poursuivi avec la CMU, en instaurant une médecine à deux vitesses, accessible uniquement aux personnes les plus favorisées pour lesquelles la hausse du ticket modérateur est indolore puisque souvent « absorbée » par la mutuelle.

Les pouvoirs publics ont donc utilisé un autre levier d'action : **la régulation de l'offre de soins** dans plusieurs domaines.

b. Réguler l'offre de soins

Toutes les professions de santé ont vu leur offre de soins régulée par des conventions négociées entre leurs syndicats représentatifs et les caisses d'assurance maladie, voire l'État. Au centre d'enjeux politiques et financiers majeurs, souvent contradictoires, ces négociations sont souvent particulièrement âpres… et n'ont pas toujours l'efficacité escomptée.

Ainsi, la création du contrat d'accès aux soins entré un vigueur en 2013, en contrepartie d'allégements des cotisations et d'une rémunération plus intéressante de certains actes, n'a pas permis de réduire suffisamment les dépassements d'honoraires qui entravent l'accès aux soins.

Par ailleurs, **l'ONDAM – Objectif national d'évolution des dépenses d'assurance maladie**, voté par le Parlement dans la loi de financement de la Sécurité sociale – a été décliné au sein des conventions de nombreuses professions de santé, mais son dépassement ne fait pas l'objet de sanctions, les professionnels de santé étant farouchement opposés à ce qu'ils qualifient de « régulation comptable » des dépenses.

Les laboratoires pharmaceutiques sont dans la « ligne de mire » des gouvernements depuis plusieurs années, et de la Cour des comptes surtout : une « **politique du médicament** » est mise en œuvre, impliquant en particulier le développement des médicaments génériques, aussi efficaces et beaucoup moins coûteux que les médicaments phares des laboratoires (la molécule de base est la même, mais le générique n'est pas complété de produits « d'appoint » comme les vitamines, qui renchérissent souvent considérablement le coût des médicaments vantés par les laboratoires qui les commercialisent).

Cette politique doit également inclure l'évaluation du rapport efficience-prix des médicaments et l'information objective des prescripteurs, pour qu'ils prescrivent davantage de médicaments génériques. Enfin, les pharmaciens sont vivement incités à substituer un médicament générique à celui prescrit par le médecin.

Les caisses d'assurance maladie, épaulées par les agences régionales de la santé, ont développé des actions de **«gestion du risque» maladie**, et se coordonnent pour décupler leur efficacité.
L'objectif est de mener des études, à l'échelle d'un département, d'une région voire de l'ensemble du territoire, pour vérifier que les prescriptions des médecins sur des pathologies ciblées – diabète, antidépresseurs, etc. – sont conformes aux références médicales (normes de « bonne conduite » élaborées par les médecins-conseil de l'assurance maladie).

Dans la même logique de rationalisation de l'offre de soins, **la planification sanitaire**, essentiellement conduite par l'agence régionale de santé, doit permettre d'adapter les installations sanitaires – hôpitaux, établissements médico-sociaux, réseaux de soins, etc. – aux besoins mesurés de la population.

Des solutions alternatives à l'hospitalisation en établissement sont développées, par la généralisation de l'hospitalisation à domicile, ou des hôpitaux de jour. Autre exemple : la création des unités de gériatrie dans les hôpitaux, pour reconvertir des lits hospitaliers coûteux et jugés inutiles, et prendre en charge les pathologies de plus en plus prégnantes liées à la vieillesse.

Cependant, malgré la créativité dont ont fait preuve les pouvoirs publics ou les organismes d'assurance maladie, les multiples outils mis en œuvre n'ont eu qu'**une portée limitée**. En termes d'équipements sanitaires ou de démographie médicale, certaines régions sont saturées (le Sud notamment) quand d'autres ont un déficit marqué (régions très rurales ; Nord de la France).

Quant aux outils impliquant les professionnels de santé, ils sont contestés :

- s'ils ne sont pas contraignants, ils ne sont pas suivis d'effet par ces professions, qui sont dénommées « libérales » à bon escient : les médicaments génériques sont peu prescrits, les incitations à participer aux réseaux de soins font peu d'émules, etc.
- s'ils leur sont opposables et si des sanctions sont envisagées en cas d'irrespect, les professions de santé savent user de leur influence, sur le milieu politique comme sur la population en général, pour faire pression sur les décideurs et rendre inopérante la coercition.

Testez vos connaissances !

QCM

Pour chaque QCM, une réponse au moins est exacte.

1. La dépense moyenne en soins médicaux, par Français, est de :

❏ a. 1 000 euros
❏ b. 2 000 euros
❏ c. 3 000 euros

2. Les dépenses d'assurance maladie sont :

❏ a. en constante progression, supérieure à la progression du PIB
❏ b. stables
❏ c. en constante diminution, grâce aux efforts de maîtrise des dépenses consentis par les professionnels de santé et les caisses d'assurance maladie

3. Quelles catégories de la population consomment le plus de soins ?

❏ a. Les adolescents
❏ b. Les jeunes enfants
❏ c. Les personnes âgées
❏ d. Les actifs

QROC

1. L'ONDAM.
2. La Gestion du risque maladie.

Corrigés

QCM

1. c. Cette dépense augmente chaque année.

2. a. L'assurance maladie est d'ailleurs la branche la plus déficitaire de la Sécurité sociale

3. b et c. On consomme davantage de soins aux âges extrêmes de la vie.

QROC

1. Créé par l'ordonnance du 2 avril 1996, l'Objectif national d'évolution des dépenses d'assurance maladie est l'objectif prévisionnel d'évolution des dépenses d'assurance maladie, fixé dans la loi annuelle de financement de la Sécurité sociale.

Il est divisé en plusieurs catégories, qui ne recouvrent d'ailleurs pas l'intégralité des dépenses d'assurance maladie :
- dépenses de soins de ville ;
- dépenses hospitalières ;
- contribution aux dépenses des établissements et services pour personnes âgées ;
- idem pour les personnes handicapées ;
- dépenses relatives aux autres modes de prise en charge.

Un comité d'alerte sur l'évolution de ces dépenses a été créé par la loi du 13 août 2004 : placé auprès de la Commission des comptes de la Sécurité sociale, il alerte le Parlement, le gouvernement, les caisses nationales d'assurance maladie et l'Union nationale des organismes d'assurance maladie complémentaire en cas d'évolution des dépenses incompatibles avec le respect de l'ONDAM.

2. Selon l'IGAS, la GDR, qui a trouvé un cadre juridique dans la loi HPST de 2009, vise à maîtriser ou infléchir la dynamique et la structure des dépenses de soins couvertes par l'assurance maladie.

Elle se définit autour de trois finalités :
- une recherche d'efficience : optimiser les réponses du système de soins aux besoins de santé ;
- un souci de prévention : inciter la population à recourir à la prévention et aux soins de façon pertinente ;
- une finalité qualitative : amener les professionnels de santé et établissements à respecter les critères de qualité et de pertinence.

Les programmes de gestion du risque adaptés aux caractéristiques de santé des différentes régions sont établis conjointement entre l'ARS et les caisses d'assurance maladie.

Actuellement, ils comportent des actions : de contrôle des transports des patients, afin de traquer les abus ; de vérification que la chirurgie ambulatoire se développe dans les établissements de santé, car elle est moins coûteuse que les hospitalisations ; de développement des dispositifs PRADO, qui visent à faire sortir plus tôt certains patients de l'hôpital en contrepartie d'une prise en charge en théorie renforcée en milieu ambulatoire.

Des contrôleurs – services de contrôle médical et de GDR des CPAM et MSA, soit plus de 9000 ETP, services de l'ARS – vérifient alors que la législation ou les recommandations sur les pratiques médicales par exemple, sont bien respectées par les prescripteurs et prestataires de soins.

Néanmoins, l'IGAS relève des insuffisances dans la politique de GDR :
- difficultés à coordonner les acteurs ;
- multiplicité et instabilité des indicateurs mis en place par chaque réseau ;
- juxtaposition d'actions conduites séparément, ce qui nuit à leur efficacité ;
- inadaptation de certains programmes aux enjeux ;
- insuffisante évaluation des politiques de GDR.

15. Le système de soins, au cœur de jeux d'acteurs complexes

En matière d'assurance maladie, les prescripteurs sont nombreux – professionnels de santé libéraux, ou salariés des cliniques, hôpitaux, centres de santé, etc. L'assurance maladie et l'ARS disposent d'un droit de regard relatif sur leurs pratiques.

1. Les professionnels de santé libéraux

La France compte 215 000 médecins en activité. Ce nombre est plutôt croissant sous l'effet de la poursuite d'exercice d'un certain nombre de médecins à la retraite. Ce phénomène étonnant ne peut masquer le risque de pénurie de médecins généralistes dans les régions qui attirent le moins ces professionnels de santé. Cette diminution est principalement liée à deux facteurs :

- le nombre d'étudiants admis en médecine a été limité par un *numerus clausus* dans les universités. Mais ces dispositions dévoilent aujourd'hui leurs effets pervers : plusieurs spécialités médicales – pédiatrie, gynécologie, etc. – souffrent d'une pénurie de praticiens. Les établissements de soins doivent de plus en plus recruter leurs médecins et infirmières à l'étranger. L'assouplissement du *numerus clausus* depuis plusieurs années ne produit pas encore ses pleins effets, compte tenu de la durée des études médicales.
- la pyramide des âges des médecins en exercice est inquiétante : avec une moyenne d'âge de 52 ans, beaucoup devraient partir d'ici 2025. La profession se féminise, les jeunes médecins ne s'installent pas toujours là où les besoins sont les plus forts, ne choisissent pas les spécialités déficitaires, et souhaitent travailler moins que leurs aînés.

Dans ce contexte, les hôpitaux recrutent des médecins à l'étranger, dont le niveau de qualification n'est pas toujours égal à celui exigé des médecins français.
Combien de temps la France pourra-t-elle encore supporter de telles incohérences ?

Les infirmiers sont environ 640 000 en France dont plus de 100 000 exercent en libéral : un nombre en progression constante, qui s'explique par l'engouement pour cette profession, et par les besoins, qui devraient rester constants voire progresser encore sous l'effet du développement de l'hospitalisation à domicile.

Il est impossible de décrire la situation de toutes les professions de santé en France, mais les panoramas régulièrement établis par la DREES (Direction de la recherche, des études, de l'évaluation et des statistiques des ministères sociaux et de santé) renseignent sur la démographie de ces populations et leur répartition géographique.

Outre leur investissement au service des patients, elles présentent un point commun : elles négocient sur plusieurs thématiques cruciales avec l'assurance maladie. Introduction de nouveaux modes de rémunération des professionnels, s'ajoutant à la rémunération à l'acte, pour les responsabiliser dans leur pratique, (objectifs de santé publique), et gestion du risque et régulation de l'offre de soins, sont à l'ordre du jour depuis la réforme de la politique conventionnelle par la loi du 13 août 2004.

La difficulté pour les organisations syndicales est que leur concurrence nuit à leur pouvoir : divisés, les médecins, par exemple, sont en position fragile vis-à-vis des autres parties à la négociation. Faute de consensus, les syndicats concurrents sont alors amenés à adopter une position fréquente – pour ne pas dire systématique – de refus des propositions, ce qui réduit la portée du dispositif de négociation conventionnelle, et renforce l'État dans sa posture de décideur final.

2. Les établissements de santé

Il existe environ 3 089 établissements hospitaliers en France, dont 1 389 structures publiques et 1 700 établissements privés, qui comptent 450 000 lits et emploient près d'1,2 million de personnes (1 million d'emplois non médicaux, et 189 000 emplois médicaux : médecins, biologistes, pharmaciens, etc.).

a. Des statuts et modes de gestion différents selon les établissements

Dotés de la personnalité morale et d'une autonomie financière relative, les établissements publics sont administrés non plus par un conseil d'administration, mais par un conseil de surveillance qui valide la stratégie de l'établissement et veille aux équilibres financiers.

La loi Hôpital, Patients, Santé et Territoires du 21 juillet 2009 concentre une grande partie des pouvoirs dans les mains du directeur, désormais nommé par le directeur de l'ARS. Il doit néanmoins compter avec le président de la commission médicale d'établissement – un médecin, qui coordonnera la politique médicale de l'établissement avec le directeur, et non sous son autorité.

La loi précitée simplifie le statut et les catégories d'établissements : les hôpitaux locaux disparaissent, les centres hospitaliers régionaux et/ou universitaires

demeurent. Les CHR assurent les soins spécialisés à la population de la région, et les soins de premier niveau à la population la plus proche. Les autres centres hospitaliers assurent les prises en charge de court séjour en médecine, chirurgie et obstétrique, ainsi que les soins aux personnes âgées.
On compte également 88 centres hospitaliers spécialisés en psychiatrie, des hôpitaux militaires et des groupements de coopération sanitaire.

Parmi les établissements privés participant ou non au service public de santé, on distingue :

- les établissements de santé privés d'intérêt collectif, sans but lucratif (691), qui participent au service public hospitalier sur décision de l'agence régionale de santé. Ils peuvent être gérés par une association, une mutuelle, un organisme de Sécurité sociale ou une congrégation religieuse. Les 18 centres de lutte contre le cancer en font partie.
Ces établissements représentent 15 % des lits du secteur hospitalier total.
- Les établissements privés à but lucratif (1 009) détiennent 25 % des lits : le plus souvent constitués en société, ils sont soumis aux règles du droit civil et commercial et sont créés grâce à des capitaux privés (appartenant souvent à des médecins qui prennent ainsi la fonction de dirigeants de leur structure, contrairement aux hôpitaux publics dans lesquels la gestion est confiée à une équipe de direction non médicale).

b. Des évolutions structurelles en cours

Le nombre d'établissements privés s'est réduit ces dernières années, sous l'effet des restructurations et fusions.

Le nombre de lits dans le secteur hospitalier se réduit chaque année également, et concerne la plupart des disciplines médicales. Notamment, de nombreux hôpitaux locaux ont été supprimés dans leur vocation initiale, et transformés en maisons de retraite médicalisées. Les petites maternités ont toutes été fermées.

Dernière évolution en date, le développement de la chirurgie ambulatoire et de l'hospitalisation à domicile devrait permettre de poursuivre ce mouvement de réduction des lits, et de peser encore sur les coûts de gestion des établissements. Selon l'étude annuelle de la DREES sur les établissements de santé, la majorité des séjours à l'hôpital dure désormais moins de 1 jour.

La création, l'extension ou la transformation est soumise à une procédure rigoureuse sous l'égide de l'ARS, qui veille à réduire les disparités observées entre les régions, en application du schéma régional de l'organisation des soins. L'ARS doit aussi donner une autorisation pour toute installation d'un équipement matériel lourd, subordonnée au respect de plusieurs conditions : limitation des dépenses à la charge de l'assurance maladie, volume minimum d'activités, etc.

Il n'existe pas de règles uniformes de fonctionnement des établissements. Néanmoins, l'ARS contrôle leur fonctionnement, veille à ce que chaque établissement participe à la permanence des soins et à l'organisation des urgences, se conforme au respect des règles d'hygiène, et des orientations du projet régional de santé. Plus encore, l'ARS attribue aux établissements une partie de leurs ressources, dans le cadre d'un contrat pluriannuel d'objectifs et de moyens.

c. L'indispensable recherche de l'équilibre économique

Les ressources sont issues :
- d'une dotation finançant les engagements des établissements figurant dans le contrat pluriannuel précité ;
- mais surtout de la facturation des actes selon des tarifs fixés par les pouvoirs publics. C'est la « tarification à l'activité ». Les dépenses sont également encadrées par le Parlement au sein de l'objectif national d'évolution des dépenses d'assurance maladie (ONDAM).

Le secteur hospitalier génère plus de 90 milliards d'euros de dépenses, financées à 91 % par l'assurance maladie. Ces dépenses représentent 47 % de la consommation totale de soins des Français.

La rentabilité des cliniques diminue, et une proportion significative est déficitaire et réduit ses investissements.
Les hôpitaux publics voient aussi leurs comptes se dégrader. Leurs investissements baissent et les hôpitaux recourent plus souvent à l'emprunt.
Dans ce contexte, les établissements sont invités à coopérer pour mutualiser des moyens et gagner en performance, par exemple en créant des communautés hospitalières de territoires : ils mettent leurs compétences en commun en fonction de leurs spécialités, ce qui entraîne la fermeture des services de chirurgie ou de maternité qui n'offrent plus les garanties suffisantes de sécurité, compte tenu de leur faible activité.
L'État a dégagé des moyens pour accompagner ces restructurations, décloisonner les établissements et moderniser les bâtiments et équipements.

Les moyens ont aussi permis de moderniser les systèmes d'information hospitaliers, largement utilisés par l'ARS pour appliquer la tarification à l'activité.
Ce mode de financement est cependant très critiqué pour ses dérives puisqu'il incite les établissements à réaliser le plus d'actes possible, et évidemment les mieux rémunérés, pour accroître leur budget. Le candidat Macron s'est engagé à plafonner à 50 % la part de la T2A dans le financement des hôpitaux, en 2019.

■ 3. L'assurance maladie

Rappel : La structuration de l'assurance maladie est décrite dans la partie 2.

Les professionnels de santé sont inscrits et conventionnés avec l'assurance maladie. Les services administratifs et les services médicaux – contrôle médical et dentaire – de l'assurance maladie vérifient le respect de leurs engagements, et notamment leur application des protocoles de soins définis par **la Haute Autorité de santé, ou leur bonne application de la classification commune des actes médicaux (CCAM).**

Elle fixe les honoraires des actes techniques effectués pendant les consultations, les seuils d'exonération du ticket modérateur et la participation forfaitaire des patients pour les actes coûteux, les honoraires dans les cliniques ou la tarification des actes dans les hôpitaux, dans le cadre de la tarification à l'activité.

Au sein des CPAM, des délégués de l'assurance maladie vont à la rencontre des professionnels de santé, pour expliquer les nouveaux accords conventionnels et les thèmes prioritaires de maîtrise médicalisée des dépenses.

La gouvernance de l'assurance maladie a été réformée par la loi du 13 août 2004 : le directeur de la Caisse nationale d'assurance maladie s'est vu confier de très larges prérogatives, notamment pour piloter les relations conventionnelles avec les professions de santé.

Les pouvoirs publics s'immiscent néanmoins systématiquement dans les négociations, et attendent de l'application stricte des clauses conventionnelles un réel effet sur la maîtrise des dépenses de santé. Bruno Palier et Patrick Hassenteufel, dans la Revue française d'administration publique, soulignent la « technocratisation » progressive du système d'assurance maladie français.

■ 4. La tutelle : les agences régionales de santé

Créée par la loi Hôpital, Patients, Santé et Territoires du 22 juillet 2009, l'agence régionale de santé est un établissement public à caractère administratif.

Son directeur, nommé en Conseil des ministres, dispose de pouvoirs très étendus puisque, sur la base du schéma régional de santé, il accorde les autorisations de fonctionner pour les établissements et services de santé, et les établissements sociaux et médico-sociaux.

Dans chaque région, l'ARS met en œuvre la politique de santé publique, elle suit l'état sanitaire de la région, participe à la prévention du « capital santé » et à l'éducation à la santé des patients.

Elle supervise aussi les programmes régionaux de gestion du risque assurance maladie, qui impliquent les caisses primaires d'assurance maladie et les caisses de mutualité sociale agricole. Elle contrôle les établissements.

L'ARS signe une convention d'objectifs et de gestion avec eux. S'ils restent libres de définir leur organisation interne, ils doivent rendre des comptes à l'ARS sur tous les autres volets : territorialité, coopérations, performance.

L'ARS est donc souvent qualifié de « bras armé » du ministère en charge des questions de santé dans les régions.

Testez vos connaissances !

QCM

Pour chaque QCM, une réponse au moins est exacte.

1. Quel est l'objectif du *numerus clausus* ?

- ❑ a. Limiter le nombre de places dans les universités médicales
- ❑ b. Limiter le nombre de médicaments proposés à la vente pour une même pathologie
- ❑ c. Limiter le nombre de visites médicales remboursables par patient

2. Qu'est-ce que le « nomadisme médical » ?

- ❑ a. La tendance des consommateurs de soins à consulter de nombreux médecins pour une même pathologie, ou à changer souvent de médecin traitant
- ❑ b. La tendance des consommateurs de soins à se soigner eux-mêmes, sans recours au diagnostic d'un professionnel
- ❑ c. La tendance des médecins à quitter la médecine libérale, jugée trop contraignante

3. Qui sont les signataires des conventions médicales nationales ?

- ❑ a. Les syndicats représentatifs des médecins et le gouvernement
- ❑ b. Les syndicats représentatifs des médecins et les caisses nationales d'assurance maladie
- ❑ c. Le gouvernement et les caisses d'assurance maladie

QROC

1. La loi HPST.
2. Les pouvoirs du directeur d'hôpital.

Corrigés

QCM

1. a. Ce mode de régulation est un échec.

2. a.

3. b. Mais le gouvernement intervient de manière indirecte dans les négociations pour peser sur leur issue (il nomme le directeur général de la CNAMTS).

QROC

1. La loi portant réforme de l'hôpital et relative aux patients, à la santé et aux territoires dite HPST, a été promulguée le 21 juillet 2009.

Elle a plusieurs ambitions :
- mieux réguler la démographie médicale ;
- favoriser le retour à l'équilibre budgétaire des hôpitaux.

Elle contient les mesures suivantes :
- la création des ARS ;
- des modifications significatives dans la gouvernance des hôpitaux, avec le renforcement des pouvoirs du directeur, et des incitations pour que les établissements mutualisent des moyens en créant des « communautés hospitalières de territoire » ;
- des incitations pour l'installation des médecins en milieu rural et la création d'une permanence des soins dans chaque région, pour faciliter l'accès au médecin de garde. Leur efficacité est toutefois très limitée ;
- des modifications dans la procédure de création ou d'extension des établissements sociaux et médico-sociaux : les porteurs de projets doivent désormais répondre à un appel à projets de l'ARS, qui détermine les besoins en ESMS en fonction des réalités médicales et sociales du territoire.

2. Largement renforcés par la loi HPST précitée, les pouvoirs du directeur sont les suivants :

- il est responsable de la conduite générale de l'établissement et de la continuité du service, en cohérence avec la politique de santé du territoire, déterminée en particulier par l'agence régionale de santé ;

Corrigés

- il est responsable de la stratégie : il définit et fait vivre le projet d'établissement en lien avec l'ARS et en conformité avec le contrat pluriannuel d'objectifs et de moyens. Il initie les projets de restructuration et de coopération avec d'autres établissements, en concertation avec la président de la commission médicale de l'établissement (CME) ;
- il est responsable du management de l'ensemble des personnels, exerçant ainsi le pouvoir disciplinaire, s'assurant du respect des règles déontologiques s'imposant aux professionnels de santé. Il préside le directoire ;
- il est responsable de l'équilibre financier de l'établissement : il élabore le budget, en assure le suivi, suit les tableaux de bord et les indicateurs clés tels que les Groupes homogènes de patients, qui fondent la tarification à l'activité rémunérant l'hôpital ;
- c'est le représentant de l'établissement vis-à-vis des tiers, des usagers, de leur famille.

Il travaille sous le contrôle de l'ARS et du conseil de surveillance de l'hôpital.

16. La santé au travail

***La Constitution de l'Organisation mondiale de la santé (7 avril 1948) définit la santé** comme « un état de complet bien-être physique, mental et social et ne consiste pas seulement en une absence de maladie ou d'infirmité (...). La possession du meilleur état de santé qu'il est capable d'atteindre constitue l'un des droits fondamentaux de tout être humain, quelles que soient sa race, sa religion, ses opinions politiques, sa condition économique ou sociale ». La France a donné corps à cette exigence en créant notamment des services spécialisés dans la protection de la santé des travailleurs. Cependant, le manque de médecins du travail a conduit les pouvoirs publics à réformer la médecine du travail par la loi du 8 août 2016.*

■ 1. Les obligations de l'employeur

La loi précitée a modifié l'obligation d'une visite médicale d'embauche (visite d'information et de prévention) et a limité la délivrance d'un avis d'aptitude aux seuls travailleurs occupant des portes à risques. Auparavant, tous les salariés étaient obligatoirement suivis par un médecin du travail dès leur embauche. Ils étaient ensuite convoqués à échéances régulières par le médecin du travail ; les échéances étant variables selon le degré de risque du métier pour la santé. La nouvelle loi a espacé les visites obligatoires, sauf pour les salariés à risques. Les autres peuvent être vus par une infirmière du travail, et pas systématiquement par un médecin.

L'entreprise a donc l'obligation d'avoir un médecin du travail, ou d'adhérer à une association interentreprises de médecine du travail, sauf si elle est affiliée à la MSA, qui dispose de médecins du travail spécialisés sur les activités agricoles.

Si le médecin estime que la personne est inapte à son poste à l'embauche, elle ne peut être embauchée à ce poste. Si le salarié est devenu inapte à son poste, il doit obligatoirement être reclassé par l'employeur dans d'autres tâches ou, si c'est impossible, être licencié pour inaptitude, avec des indemnités supérieures aux indemnités habituelles.
L'inaptitude peut intervenir après la dégradation de l'état de santé du salarié, liée ou non à une maladie professionnelle, ou après un accident du travail.

Afin de réduire le risque de maladie professionnelle ou d'accident du travail, l'entreprise a plusieurs obligations :

- appliquer les règles de sécurité réglementaires, sous contrôle de l'inspection du travail;
- prendre toute autre mesure préventive qui pourrait contribuer à l'exonérer de responsabilité en cas d'accident. Elle peut être aidée dans cette analyse par le médecin du travail, ou par le conseiller en prévention de la CARSAT ou de la MSA.

Dans la même logique, les salariés travaillant dans des conditions pénibles peuvent accumuler des points sur leur compte personnel de prévention (remodelé par les ordonnances du 22 septembre 2017 réformant le Code du travail). Ces points leur permettent de partir plus tôt en retraite ou de se faire financer une formation en vue d'une reconversion ;

- s'acquitter d'une cotisation au titre du risque AT/MP auprès de l'URSSAF ou de la MSA. Le taux de cette cotisation peut varier selon le degré de risques des activités effectuées par l'entreprise, et selon le nombre d'accidents déjà relevés : il revient à la CARSAT de moduler ce taux.

En cas de réalisation du risque, le salarié est mieux pris en charge par l'assurance AT/MP qu'en cas de maladie par l'assurance maladie.
Les ordonnances précitées ont aussi instauré une visite médicale avant la retraite pour les salariés ayant bénéficié, pendant leur carrière, d'un suivi médical renforcé. Le médecin du travail peut faire le lien avec le médecin généraliste du salarié afin d'organiser son suivi médical post-professionnel et de vérifier que les risques auxquels il a été soumis pendant sa carrière n'altèrent pas sa santé future.

■ 2. Les conséquences de l'inaptitude

L'accident ou la maladie professionnelle devra avoir été préalablement déclarée par le salarié présentant un certificat d'un médecin. Dans le cas des maladies professionnelles, elles ne sont reconnues que si elles figurent sur des tableaux spécifiques annexés au Code de la Sécurité sociale.

Le salarié doit prouver son exposition au risque. La maladie doit être constatée cliniquement par un médecin. Après enquête diligentée par la CPAM, qui rencontre la victime et l'employeur, et éventuellement le médecin du travail et le service de prévention de la CARSAT, le médecin-conseil statue sur la reconnaissance de la maladie professionnelle ou de l'accident du travail.

Si la maladie ou l'accident altère significativement la capacité de travail du salarié, le salarié se voit attribuer une rente d'incapacité par le médecin conseil.

Si l'employeur a fait preuve de négligence jugée coupable, il s'expose à de lourdes sanctions : condamnation à rembourser la Sécurité sociale des montants dépensés pour indemniser la victime, hausse de son taux de cotisation AT/MP, éventuelle condamnation pénale.

Testez vos connaissances !

QCM

Pour chaque QCM, une réponse au moins est exacte.

1. Les accidents du travail figurent parmi les quatre « risques » couverts par la Sécurité sociale.

❑ a. Vrai
❑ b. Faux

2. Inaptitude et invalidité sont deux notions équivalentes.

❑ a. Vrai
❑ b. Faux

3. Le médecin généraliste peut effectuer la visite d'embauche.

❑ a. Vrai
❑ b. Faux

QROC

1. L'inaptitude.
2. La prévention des risques professionnels par les CARSAT.
3. L'accident du travail et la maladie professionnelle.

Corrigés

QCM

1. a. C'est une branche historiquement excédentaire.

2. b. Voir la question 1 des QROC suivantes.

3. b. Seul le médecin du travail est habilité.

QROC

1. L'inaptitude caractérise l'impossibilité, pour un salarié, d'exercer le travail qui lui était confié dans son entreprise, compte tenu à la fois de son état de santé et des caractéristiques du poste.

Elle est constatée uniquement par le médecin du travail, après deux visites minimum.

L'entreprise a l'obligation de chercher un reclassement dans un autre emploi, en son sein, pour le salarié concerné.

L'inspecteur du travail peut s'assurer que l'entreprise s'est bien acquittée de son obligation de rechercher un autre emploi.

Si leur reclassement s'avère impossible, le salarié peut être licencié.

Rien ne l'empêche de chercher un travail dans une autre entreprise, si un autre poste est adapté à son état de santé.

L'inaptitude se distingue de l'invalidité : cette dernière est demandée par l'assuré ou le médecin traitant, et acceptée ou refusée par le médecin-conseil de la CPAM ou de la MSA après convocation du salarié pour une visite médicale. Une pension d'invalidité peut alors être attribuée, elle est variable selon la réduction de la capacité de travail. Une invalidité dite « partielle » n'interdit pas d'exercer un emploi.

2. La Caisse de retraite et santé au travail, appartenant au régime général de Sécurité sociale, dispose, comme les caisses de Mutualité sociale agricole, d'un département de prévention des risques professionnels.

La CARSAT joue le rôle d'assureur des risques professionnels. Elle vise à réduire le nombre et la gravité des accidents du travail et des maladies professionnelles, et contribue à améliorer les conditions de travail dans les entreprises, grâce à :

- des interventions directes sur les lieux de travail, par des conseillers en prévention, ingénieurs, médecins du travail qui peuvent conseiller l'employeur ;
- des actions collectives auprès des branches professionnelles ;
- la conception de dispositifs d'évaluation et de prévention ;
- une offre de formation ;
- des incitations financières.

Notamment, elle fixe le taux de cotisations des accidents du travail et des maladies professionnelles appelé aux entreprises. Ce taux peut donc diminuer si l'entreprise fait des efforts en matière de prévention et limite ainsi le nombre d'accidents du travail. En effet, le calcul du taux tient compte des dépenses prises en charge par la CARSAT pour indemniser ces accidents et maladies et couvrir les risques encourus selon les secteurs d'activité.

Les cotisations payées par l'entreprise assurent les salariés contre les risques d'accident du travail, de trajet ou de maladie professionnelle.

3. L'accident du travail intervient par le fait ou à l'occasion du travail. Il touche un salarié ou une personne travaillant, à quelque titre ou en quelque lieu que ce soit, pour un ou plusieurs employeurs.

Plusieurs critères doivent être réunis pour autoriser la qualification d'accident du travail :
- le caractère soudain de l'événement (éblouissement, coupure, chute, etc.) ou l'apparition soudaine d'une lésion (douleur lombaire à l'occasion d'une manutention), critères qui distinguent l'accident de la maladie, laquelle apparaît de façon généralement progressive ;
- l'existence d'une lésion corporelle, quelle que soit son importance ;
- le caractère professionnel, c'est-à-dire la survenance de l'accident par le fait ou à l'occasion du travail. La victime doit être placée sous la subordination juridique d'un employeur (critère qui exclut par exemple le candidat à une offre d'emploi) et l'accident survient soit au cours de la réalisation de son travail, soit à l'occasion de celui-ci (comme un accident lors d'un déplacement professionnel).

La maladie professionnelle ne peut être reconnue par le médecin du travail que si elle est inscrite dans l'un des tableaux de maladies professionnelles (prévu à l'article R461.3 du Code de la Sécurité sociale).

Chaque tableau définit les maladies visées ainsi que les principaux travaux susceptibles de provoquer ces maladies, et fixe le délai de prise en charge.

Si une ou plusieurs conditions tenant au délai de prise en charge, à la durée d'exposition ou à la liste limitative des travaux ne sont pas remplies, la maladie peut tout de même être reconnue comme professionnelle s'il est établi qu'elle est directement causée par le travail habituel de la victime, après avis motivé d'un comité régional de reconnaissance des maladies professionnelles.

17. Perspectives et regard international

La France est l'un des pays les plus centralisateurs d'Europe. Pour tenter de contrôler davantage les dépenses sanitaires, l'État a repris la main, en 2004, sur l'assurance maladie, et a créé en 2009 des « préfets » sanitaires à compétence régionale : les directeurs des agences régionales de santé. Pour autant cette branche de Sécurité sociale est la plus déficitaire. Et malgré les fonds dépensés, notre système présente de sérieuses failles.

1. La France, atypique en matière sanitaire et d'assurance maladie

Les « agences régionales de santé » françaises ont été créées pour optimiser les coûts, mieux prendre en compte les besoins de la population, et favoriser une médecine de qualité et de proximité grâce au décloisonnement dans l'utilisation des équipements médicaux d'une part, et à la fongibilité des enveloppes financières d'autre part.

Cependant, elles n'ont pas réussi à bâtir une réelle politique de prévention. La loi de modernisation du système de santé du 26 janvier 2016 fait de la prévention une mesure phare, mais il ne suffit pas de décréter...

Plusieurs autres questions restent encore en suspens :

- Le niveau régional de l'ARS n'est-il pas trop éloigné des réalités de terrain ? Certaines ARS sont d'ailleurs en phase de réorganisation pour « départementaliser » leurs équipes. Les ARS sont toujours, depuis leur création, confrontées à des problèmes d'organisation, et n'ont pas su capitaliser les expériences acquises par les instances auxquelles elles se sont substituées.
- Comment garantir l'équité entre les régions, et éviter les inégalités de traitement flagrantes entre les administrés selon la région où ils habitent ?
- Les pouvoirs publics ont reculé face aux syndicats de médecins en renonçant à généraliser le tiers-payant. La centralisation n'a pas donné à l'État le pouvoir excompté...
- Les ARS ne parviennent pas à enrayer la désertification médicale dans de nombreuses régions rurales, malgré un arsenal de mesures anciennes et inefficaces : ne faudrait-il pas salarier des médecins dans ces régions en créant un service public médical ?
- Les pouvoirs publics ont des difficultés à concrétiser la promesse du candidat Macron de supprimer le « reste à charge » des patients en matière d'optique et de soins dentaires, ce qui ne facilite pas l'accès des populations démunies à ces soins.

- Les nombreuses réformes entamées n'ont pas permis à l'assurance maladie française d'équilibrer ses dépenses et recettes : notre modèle est-il définitivement défaillant ?

■ 2. Un modèle plus convaincant : celui de l'Allemagne

La Cour des comptes, dans son rapport de 2015 sur la Sécurité sociale, a comparé les systèmes d'assurance maladie allemand et français, dont le poids en pourcentage du PIB est similaire. Pourtant, le premier est excédentaire depuis 2000, tandis que l'assurance maladie française est structurellement déficitaire. La Cour des comptes liste les principales différences :

- en Allemagne, les soins pris en charge sont plus ciblés, mais mieux remboursés ;
- le poids des dépenses hospitalières est significativement plus important en France, là où l'Allemagne a pris de l'avance en matière de dépenses ambulatoires ;
- des franchises ont été instaurées, qui obligent les consommateurs à participer au coût des soins, et les responsabilisent. Cependant, les consommateurs sont protégés par un bouclier sanitaire : le montant de franchise par individu est plafonné, pour ne pas pénaliser l'accès aux soins ;
- en cas de déséquilibre financier, les caisses d'assurance maladie allemandes, qui sont gérées par les partenaires sociaux – représentants des employeurs et des salariés – n'ont pas d'autre alternative que d'accroître les cotisations sociales, quand la Sécurité sociale française confie facilement la gestion de ses déficits à la Caisse d'amortissement de la dette sociale ! Les pouvoirs publics français viennent cependant d'accroître, en 2018, le taux de CSG, qui amènera de nouvelles recettes à la branche maladie ;
- le gouvernement fédéral et les Länder n'interviennent pas dans la gouvernance des caisses, qui se sont regroupées pour gagner en performance économique ;
- comme les caisses allemandes sont en concurrence, puisque les Allemands ont le libre choix de leur caisse d'affiliation, elles ont intérêt à limiter les hausses de cotisations, pour ne pas perdre de clients ;
- en Allemagne, les enveloppes d'honoraires des médecins sont négociées et réparties par les unions de médecins. Les caisses peuvent conclure des contrats sélectifs avec des prestataires de soins.

La Cour relève donc que la bonne santé de l'assurance maladie allemande tient aux mécanismes de responsabilisation des prescripteurs et assurés sociaux.

■ 3. Vers une privatisation de l'assurance maladie ?

Plusieurs pays européens ont initié ce mouvement. En Allemagne, 11 % de la population a choisi de s'affilier à des assurances de santé purement privées.

Le Danemark, quant à lui, a instauré un système à trois niveaux : une assurance de base pour le « petit risque » maladie, une autre pour les risques lourds, et une assurance complémentaire, toutes trois ouvertes à la concurrence.

Ce système peut néanmoins présenter des risques : la forte concentration des opérateurs est susceptible de générer des positions dominantes sur le marché, et de freiner l'émulation à la baisse des coûts ; la **sélection des « bons risques »**, c'est-à-dire des clients dont l'état de santé présente le moins de risque de maladie (donc la garantie d'une faible consommation de soins) peut être tentante pour les organismes privés.
Les personnes ayant un état de santé dégradé risquent d'être exclues des assurances santé, ou de les payer excessivement cher. Les Pays-Bas ont institué des règles contraignantes pour éviter la sélection des risques et des clientèles par les assurances privées, sous peine que leur agrément leur soit retiré. Le gouvernement encadre donc fortement le système, ce qui a aussi un coût !

■ 4. Une réforme de l'assurance maladie obtenue de haute lutte : le cas des États-Unis

Le président Obama avait réussi son pari, là où ses prédécesseurs avaient échoué, face au lobbying des puissantes compagnies d'assurance : réformer l'accès aux soins pour lutter contre les inégalités.

Le coût des soins est en effet très élevé aux États-Unis (plusieurs milliers d'euros pour une hospitalisation simple ou un accouchement) et de nombreuses personnes ont connu la faillite personnelle pour n'avoir pas pu s'acquitter du coût de leurs soins.

Sur les 50 millions d'Américains qui n'étaient pas couverts sous l'ère George Busch, 17 millions d'Américains ont souscrit une couverture santé depuis l'adoption de la réforme « Obamacare » en 2010, témoignant de la réussite du dispositif : la proportion des personnes non assurées est passée de 20 % à 13 %. Les personnes âgées et les minorités plus défavorisées ont significativement bénéficié de ce nouveau système.

Les Américains doivent s'affilier à une couverture santé sous peine d'amende, mais bénéficient d'aides, selon leurs moyens, pour en atténuer le coût. Les assurances privées ne peuvent pas refuser de couvrir une personne en raison de ses antécédents médicaux.

Cependant le président Trump, n'ayant pas réussi à abroger la loi instaurant l'Obamacare, a signé un décret en octobre 2017 autorisant les compagnies d'assurance à proposer des garanties n'incluant pas certains risques médicaux majeurs.
Les progrès sanitaires et sociaux ne sont donc jamais définitivement acquis.

Testez vos connaissances !

QCM

Pour chaque QCM, une réponse au moins est exacte.

1. En Allemagne, l'assurance maladie :

❑ a. prend en charge de nombreux soins mais laisse un gros ticket modérateur à la charge du patient

❑ b. prend en charge moins de soins qu'en France mais les rembourse mieux

2. Le poids des dépenses hospitalières françaises est :

❑ a. significativement plus important qu'en Allemagne

❑ b. significativement moins important qu'en Allemagne

3. Qu'est-ce que la sélection des risques ?

❑ a. C'est le choix de l'hôpital de sélectionner les patients aux urgences et de renvoyer vers les généralistes les patients présentant des pathologies bénignes.

❑ b. C'est le choix effectué par des organismes complémentaires santé de n'assurer que les patients susceptibles d'être les moins malades.

❑ c. C'est le choix effectué par l'assurance maladie de rembourser certains types de dépenses de santé.

QROC

Les mesures pour réguler la demande de soins.

Corrigés

QCM

1. b. Les soins en général, les dépenses d'hospitalisation et les soins dentaires notamment sont mieux pris en charge qu'en France.

2. a. Le gouvernement français a fait prendre aux hôpitaux le « virage ambulatoire » pour maîtriser les dépenses : un maximum d'opérations et de soins hospitaliers sont réalisés sur une seule journée, sans hébergement à l'hôpital.

3. b. C'est tout particulièrement le « travers » des assurances privées.

QROC

La France a mis en œuvre de nombreuses mesures pour réguler la demande de soins :
- déremboursement de certains médicaments pour renchérir le coût à la charge du patient ;
- instauration du ticket modérateur, du forfait journalier et de franchises (reste à charge de 50 cts par boîte de médicament, jusqu'à 2 € par transport) et participations (reste à charge de 1 € sur les consultations) ;
- création du parcours de soins coordonnés, prévoyant le choix d'un médecin traitant, qui oriente ensuite si besoin le patient vers un spécialiste. Un patient qui ne respecterait pas le parcours est pénalisé par un moindre remboursement des soins.

L'Allemagne a aussi instauré des franchises qui imposent le paiement d'une partie du médicament ou du soin par les consommateurs, qui sont néanmoins protégés par un bouclier sanitaire : le montant de franchise par individu est plafonné, pour ne pas pénaliser l'accès aux soins.

4 La politique en faveur des personnes handicapées

La politique en faveur des personnes handicapées progresse à petits pas depuis 2005.
Si la compensation financière du handicap s'est améliorée, la disponibilité des services dédiés aux personnes handicapées n'est pas toujours suffisante.

18. La prise en charge de l'adulte handicapé

Les personnes handicapées sont au nombre de 12 millions en France. Ce chiffre diffère selon les estimations, qui varient de 1,5 à 12 millions ! Une telle dispersion s'explique par plusieurs facteurs : certaines personnes ne souhaitent pas fait reconnaître leur handicap et ne figurent pas dans les statistiques. D'autres peuvent présenter plusieurs handicaps et leur intégration peut poser question aux statisticiens. Le chiffre de 12 millions intègre aussi les handicaps mentaux, parfois difficiles à cerner et à quantifier.

■ 1. Le handicap : quelle définition ?

La définition du handicap elle-même pose autant question que le dénombrement des personnes handicapés... C'est dire si le sujet est complexe. Essayons de le cerner davantage.

La loi du 11 février 2005 pour l'égalité des droits et des chances, la participation et la citoyenneté des personnes handicapées, dans son article 2, en donne une acception très large. Il constitue :

> Toute limitation d'activité ou restriction de participation à la vie en société en raison d'une altération substantielle, durable ou définitive, d'une ou plusieurs fonctions physiques, sensorielles, mentales, cognitives ou psychiques, d'un polyhandicap ou d'un trouble de santé invalidant.

Elle se veut beaucoup plus ambitieuse que la loi fondatrice du 30 juin 1975 d'orientation en faveur des personnes handicapées, qu'elle réforme.

On peut distinguer différentes manifestations du handicap :

- **le handicap physique**, soit l'ensemble des troubles affectant la motricité des personnes ;
- **le handicap sensoriel**, notamment visuel ou auditif ;
- **le handicap mental ou intellectuel**, qui recouvre les difficultés inhérentes à la compréhension, à l'acquisition de connaissances ;
- **le handicap psychique**, résultant d'une maladie (névrose, dépression, etc.) qui suscite des troubles de la personnalité, sans forcément altérer les facultés intellectuelles ;

- **les maladies invalidantes**, qui peuvent générer un handicap ponctuel ou permanent, être stabilisées ou évolutives : sclérose en plaques, diabète, etc.

On peut aussi distinguer différentes origines du handicap, qui peut survenir avant ou pendant la vie :

- environ 30 % des handicaps sont d'origine prénatale, intervenant avant la naissance, souvent à cause d'anomalies chromosomiques, génétiques, ou d'infections contractées par la mère enceinte ;
- environ 50 % des handicaps naissent pendant la période périnatale, du fait des complications liées à une naissance prématurée : hémorragie cérébrale, etc.
- environ 10 % des handicaps apparaissent tout au long de la vie, et ont des causes traumatiques (accident avec séquelles), infectieuses ou tumorales.

■ 2. Une politique réformée

La politique en faveur des personnes handicapées a été profondément remaniée **par la loi du 11 février 2005 pour l'égalité des droits et des chances**, la participation et la citoyenneté des personnes handicapées.

S'inspirant d'initiatives conduites dans les pays nordiques, elle a instauré un droit à compensation du handicap. Son objectif ambitieux est donc de mettre en œuvre les mesures qui doivent permettre aux personnes handicapées de pallier les conséquences de leur handicap.

La loi a donc réformé les prestations sociales liées au handicap et les structures chargées de l'évaluation et de la prise en charge des besoins des personnes handicapées. Elle a aussi renforcé l'obligation d'emploi des entreprises et des administrations, à l'égard de ces personnes.

La section « Adultes » de **la commission des droits et de l'autonomie**, constituée au sein de la **maison départementale des personnes handicapées**, et composée de membres du conseil départemental, des services déconcentrés de l'État, des organismes de Sécurité sociale, des organismes gestionnaires des centres de rééducation professionnelle, des structures spécialisées employant des personnes handicapées, et de représentants des associations de travailleurs handicapés et de plusieurs médecins, a deux missions principales :

- attribuer la qualité de travailleur handicapé et orienter celui-ci vers un milieu de travail adapté ;
- attribuer la carte d'invalidité, se prononcer sur l'opportunité d'attribuer des allocations, et sur l'orientation en établissement spécialisé.

3. Des aides financières jugées suffisantes par les personnes handicapées

L'allocation pour adulte handicapé (AAH) est versée à plus d'1 million de personnes, et représente un montant de plus de 8 milliards d'euros. Cette aide a été significativement revalorisée depuis 5 ans, et l'Inspection générale des affaires sanitaire et sociale de novembre 2014 estime que les bénéficiaires de l'AAH ont un niveau de vie supérieur à celui des bénéficiaires des autres minima sociaux.

Le bénéficiaire doit remplir les conditions suivantes :

- être de nationalité française ou d'un pays ayant passé une convention d'aide sociale ;
- avoir dépassé l'âge d'attribution de l'allocation d'éducation pour l'enfant handicapé ;
- avoir une incapacité permanente égale à 80 % ou être dans l'incapacité (due au handicap) de trouver un emploi ;
- avoir des ressources inférieures à un plafond.

Elle est attribuée par la commission des droits et de l'autonomie et versée par la Caisse d'allocations familiales.
Sous certaines conditions, elle peut être cumulée avec des revenus du travail.

La prestation de compensation du handicap (PCH) est attribuée aux personnes (177 000), nécessitant l'aide effective d'une tierce personne. Elle est destinée à prendre en charge le coût de cette tierce personne et à compenser les effets collatéraux du handicap.

Elle peut être complétée par une majoration à la vie autonome, ou par une aide plus ponctuelle du Fonds de compensation du handicap, afin de couvrir des dépenses d'aide humaine, et d'aides techniques (aménagement du logement, du véhicule, matériels divers, aide animalière).

Les besoins de la personne handicapée sont évalués par une équipe pluridisciplinaire (travailleur social, médecin, ergothérapeute si nécessaire), rattachée à la maison départementale des personnes handicapées. Cette équipe doit respecter le projet de vie de la personne handicapée et élaborer un plan personnalisé de compensation.

Enfin, les personnes handicapées peuvent prétendre à l'allocation de logement à caractère social.

Cependant, la compensation financière du handicap ne suffit pas en elle-même à garantir l'intégration économique, scolaire et sociale des personnes handicapées. D'autres dispositifs ont donc été prévus.

■ 4. Une insuffisante disponibilité des services et structures d'accueil

a. La priorité : le maintien à domicile

L'hébergement est une problématique ardue pour les personnes ayant un handicap physique : le maintien en milieu ordinaire de vie est un des objectifs majeurs de la politique en faveur des personnes handicapées, mais aussi l'un des plus difficilement réalisables. Il se heurte notamment aux difficultés liées à l'accessibilité de l'habitat.

De nombreuses aides sont mobilisables (MDPH, ANAH) mais ne suffisent pas toujours à couvrir l'intégralité du coût des travaux à réaliser. En outre, beaucoup de logements locatifs ne sont pas aménagés pour accueillir des personnes handicapées.

Les services d'aide à domicile des personnes handicapées permettent aux personnes les plus autonomes de rester à leur domicile.

Lorsque la perte d'autonomie oblige la personne à être hébergée dans sa famille, **l'allocation de logement à caractère familial** peut être attribuée aux personnes qui accueillent et ont à leur charge un parent atteint d'une incapacité d'au moins 80 % ou qui est reconnu inapte au travail par la CDAPH.

Lorsque la prise en charge par la famille n'est pas possible, une formule **de placement familial** est parfois offerte à la personne handicapée. Les familles d'accueil, rigoureusement sélectionnées par le conseil départemental, sont rémunérées pour le service rendu. La personne handicapée participe au paiement de son hébergement, en fonction de son niveau de ressources. Le nombre de places disponibles dans ce mode d'hébergement est cependant très restreint.

b. Des structures spécifiques en cas de nécessité

Enfin, pour les handicaps les plus lourds nécessitant **un placement en institution**, est prévue la prise en charge par l'aide sociale des frais d'hébergement dans les divers foyers pouvant accueillir des personnes handicapées. Il existe plusieurs types de structures :
- les foyers logements ou foyers d'hébergement reçoivent en fin de journée ou durant le week-end des personnes handicapées, qui travaillent en centre d'aide pour le travail, en atelier protégé, ou en milieu ordinaire de production (40000 places) ;
- les foyers de vie occupationnels accueillent une population plus dépendante qui n'est pas en mesure de travailler, tout en disposant d'une certaine autonomie intellectuelle et sociale. Le nombre de places disponibles est faible (environ 35000) ;

- le nombre de places en foyers d'accueil médicalisés est encore plus restreint : à peine 24 000. Ces maisons accueillent des personnes gravement handicapées n'ayant pas acquis un minimum d'autonomie. En raison de leur médicalisation, ces établissements sont financés par l'assurance maladie. Les autorisations de création sont de la compétence de l'État.

L'accès aux services est une autre problématique cruciale pour les personnes handicapées : leur intégration sociale suppose que les services, tant publics que commerciaux ou culturels, leur soient accessibles.

Plusieurs textes fixent les règles d'accessibilité aux handicapés des locaux d'habitation, des lieux de travail et des installations recevant du public. Un contrôle *a priori* du permis de construire est instauré pour les établissements recevant du public. Cependant, le Parlement a constaté en 2015 l'incapacité d'un grand nombre d'établissements à se mettre aux normes compte tenu de l'ampleur et du coût des travaux à réaliser, et a reporté la mise aux normes à 2018 voire 2024, suscitant la colère des associations engagées dans l'accompagnement des personnes handicapées.

L'insertion dans le milieu professionnel est la dernière étape dans le parcours du combattant auquel se livrent les personnes handicapées pour leur intégration : l'objectif est, là encore, de favoriser l'emploi en milieu ordinaire.

La loi précitée de 2005 a alourdi les sanctions financières pesant sur les entreprises ne respectant pas leur obligation d'emploi de travailleurs handicapés. Les employeurs ont néanmoins la faculté de satisfaire partiellement leur obligation d'emploi en passant des contrats de fournitures, de sous-traitance ou de prestations de services avec des établissements de travailleurs protégés.

S'ils ne s'acquittent pas de leurs obligations, ils doivent verser une contribution à l'AGEFIPH (Association de gestion du fonds pour l'insertion professionnelle des personnes handicapées).

L'État incite par ailleurs les personnes handicapées à travailler, en leur assurant une garantie de ressources et en prévoyant des possibilités de cumul de leur emploi et de leurs salaires.

Les personnes handicapées désirant travailler, mais ne pouvant être accueillies en entreprises, peuvent être prises en charge dans plusieurs types de structures :

- les centres de rééducation, réadaptation et formation professionnelles, sont dotés de moyens techniques d'apprentissage et de formation générale visant à amener progressivement les personnes handicapées à l'exercice d'une profession.
- les entreprises adaptées sont des unités économiques de production où sont embauchés des travailleurs handicapés (environ 33 000) capables d'un certain rendement ;

- les établissements ou services d'aide par le travail (ESAT) accueillent environ 117 000 personnes gravement handicapées, qui exercent une activité et bénéficient d'un soutien médico-social et éducatif. Ces structures permettent à leurs salariés d'exercer les gestes et d'acquérir le rythme d'une activité professionnelle, éventuellement en vue d'un reclassement ultérieur.

c. Une protection spécifique pour les personnes vulnérables

Lorsque le handicap ou la maladie altèrent les capacités d'une personne à gérer sa vie personnelle, le juge des tutelles (tribunal d'instance) peut décider **d'une mesure de protection : tutelle, curatelle, sauvegarde de justice**.

Il désigne un tiers qui va protéger les intérêts de la personne et prendre un certain nombre de décisions avec elle, voire à sa place. Le juge désigne prioritairement la famille, mais peut aussi, dans certains cas, désigner un tiers, inscrit sur une liste départementale élaborée par le préfet.

La sauvegarde de justice est la moins contraignante des mesure et est toujours de courte durée (en cas d'incapacité transitoire, par exemple suite à un accident).

Lorsque la sauvegarde de justice ne suffit pas, le juge prononce une curatelle simple (la personne gère seule les actes de sa vie courante mais est assistée par un curateur pour les actes plus engageants : emprunt, vente du patrimoine, etc.), ou une curatelle renforcée (le curateur perçoit les ressources de la personne sous tutelle et règle ses dépenses).

Lorsque le juge prononce la mise sous tutelle, le tuteur représente la personne dans tous les actes de la vie civile. La mesure est donc plus contraignante que les mesures précitées.

Il existe également une forme d'accompagnement de personnes dont les facultés ne sont pas altérées, mais qui sont en grande difficulté et bénéficient de prestations sociales : le conseil départemental, et parfois les CAF, peuvent sous certaines réserves conditionner le versement de certaines aides à la signature d'un contrat d'accompagnement social personnalisé, assuré par un travailleur social du conseil départemental ou d'une association agréée.

La personne concernée peut refuser la mesure ou ne pas aller au terme de son engagement.

Dans les situations les plus préoccupantes, c'est le juge qui prononce une mesure similaire dénommée « d'accompagnement judiciaire », plus contraignante : le mandataire judiciaire désigné perçoit les prestations sur un compte ouvert au nom de la personne et gère les fonds à sa place.

■ 5. Zoom sur le handicap psychique

La psychiatrie est une discipline disposant d'hôpitaux qui lui sont spécifiquement dédiés en France, fondée par une circulaire ministérielle du 15 mars 1960, et réformée par plusieurs lois (loi du 31 décembre 1985 sur la sectorisation psychiatrique, loi HPST du 21 juillet 2009 qui élargit la taille des territoires psychiatriques couverts par les soins hospitaliers spécialisés, loi du 5 juillet 2011 et loi du 27 septembre 2013 qui réforment la prise en charge des patients, loi de modernisation de notre système de santé du 26 janvier 2016).

La France dispose d'un maillage de **400 établissements et structures**, dont la plupart sont publics :

- les centres médico-psychiatriques (CMP), qui sont situés en dehors de l'hôpital et accueillent et coordonnent les soins autour de la personne ;
- l'hospitalisation à temps partiel en hôpital de jour ;
- l'hôpital de nuit ;
- le centre d'accueil thérapeutique à temps partiel (CATTP) proposant des actions de thérapie en groupe ;
- l'unité d'hospitalisation à temps complet, avec un personnel essentiellement infirmier ;
- l'appartement thérapeutique visant à réinsérer le malade dans la vie courante après un passage en structure.

Ajoutons que de **nombreuses associations**, souvent créées par des familles elles-mêmes confrontées au handicap, accompagnent d'autres familles, et parfois gèrent elles-mêmes des structures spécialisées, comme les appartements thérapeutiques précités, en partenariat avec les établissements spécialisés.

Les métiers du domaine psychiatrique ont parfois une mauvaise image, confrontés à la difficulté des tâches et dotés d'un **statut qui n'est pas toujours jugé à la hauteur de l'investissement personnel** consenti par le salarié.

Par ailleurs, la politique psychiatrique est confrontée à différents **aléas économiques et politiques** : comme dans l'ensemble du secteur hospitalier, les hôpitaux perdent des lits, dans le cadre de la maîtrise des dépenses de santé, même si d'aucuns y voient l'autre objectif vertueux de réinsérer les personnes handicapées en milieu ordinaire de vie.

Néanmoins, les pouvoirs publics, soumis à la pression populaire après différents faits divers (agressions commises par des personnes ayant des troubles mentaux et relayées par les médias) sont régulièrement tentés par des modalités plus coercitives de suivi des personnes présentant ces troubles.

En témoigne la loi du 5 juillet 2011 qui pose le principe du consentement aux soins des personnes atteintes de troubles mentaux, tout en énumérant les cas d'exception au consentement aux soins, afin de protéger la personne d'elle-même autant que de protéger la société de la personne si elle est susceptible de troubler l'ordre public. La loi santé du 26 janvier 2016 a cependant ré-encadré cette pratique.

La France compte une **proportion de psychiatres plus importante** que dans la plupart des autres pays européens (1 pour 5000 habitants), mais les départs à la retraite prévus ces prochaines années créent un risque de pénurie.

De plus, le personnel soignant est de plus en plus sollicité pour **la prise en charge de pathologies multiples** : maladie, dépression ponctuelle liée à un accident de la vie, enfants dont le comportement est jugé déroutant à l'école, interventions lors des catastrophes, dépistage, prévention, etc.

Aux trois disciplines psychiatriques traditionnelles – pédopsychiatrie, psychiatrie de l'adulte, psychogériatrie pour la personne âgée – s'ajoutent donc des disciplines qui démontrent leurs spécificités : psychiatrie de l'adolescent, addictologie, psychiatrie d'urgence (cf. les affections post-traumatiques des victimes d'attentats).

Pour coordonner ces acteurs, la loi santé de 2016 a missionné les agences régionales de santé pour élaborer un projet territorial de santé mentale associant les acteurs sanitaires et sociaux, les usagers, les collectivités territoriales et les conseils locaux de santé mentale. L'objectif est d'identifier plus finement les besoins, de pointer les insuffisances de ressources et de tenter d'y remédier. Les engagements des acteurs sont scellés dans un contrat territorial de santé mentale.

■ 6. Le rôle clé de la prévention

Le handicap peut intervenir à l'âge adulte, après un accident ou une maladie. La politique de prévention routière, dont les moyens ont été renforcés depuis 2002, est l'une des réponses gouvernementales.

L'obligation pour les employeurs de cotiser auprès d'un organisme de médecine du travail en est une autre : outre la visite médicale (d'information et de prévention) obligatoire pour chaque salarié, le médecin du travail peut également conseiller l'employeur sur les mesures de sécurité à mettre en place (voir partie consacrée à ce sujet).
Si sa responsabilité est mise en cause dans un accident du travail, l'employeur peut être sévèrement sanctionné tant sur le plan pénal que sur celui des assurances sociales : la caisse d'assurance maladie peut se retourner contre l'employeur fautif, et le taux de cotisations peut être accru en fonction des risques encourus par les salariés.

Enfin, le droit du travail est protecteur du salarié puisqu'il l'autorise à exercer un droit de retrait s'il estime être en situation dangereuse.

Testez vos connaissances !

QCM

Pour chaque QCM, une réponse au moins est exacte.

1. La tutelle aux majeurs est décidée par :

❑ a. le conseil départemental
❑ b. le juge des tutelles
❑ c. le préfet

2. L'ESAT est :

❑ a. l'établissement ou service d'aide par le travail
❑ b. l'établissement ou service des accidentés du travail

3. Les médecins spécialisés en psychiatrie sont plus nombreux en France que dans les autres pays d'Europe.

❑ a. Vrai
❑ b. Faux

4. L'orientation des travailleurs handicapés vers un milieu de travail adapté est prononcée par :

❑ a. la médecine du travail
❑ b. l'AGEFIPH
❑ c. la CDAPH

5. Combien y a-t-il de personnes handicapées en France ?

❑ a. 500 000
❑ b. 1,5 million
❑ c. 12 millions

QROC

1. Les différentes formes de handicap.
2. La maison départementale des personnes handicapées.

Corrigés

QCM

1. b. Seul le tribunal d'instance peut décider d'une mesure de tutelle.

2. a. 117 000 personnes handicapées exercent une activité dans les ESAT et bénéficient d'un soutien médico-social et éducatif.

3. a. Mais leur nombre va se réduire sous l'effet des départs en retraite.

4. c. La CDAPH est une composante de la MDPH.

5. c. Cependant ce chiffre n'est qu'estimatif.

QROC

1. Les différentes formes de handicap :

- le handicap physique ;
- le handicap sensoriel ;
- le handicap mental ou intellectuel ;
- le handicap psychique ;
- les maladies invalidantes.

2. Créée par la loi du 11 février 2005, la MDPH est chargée de l'accueil et de l'accompagnement des personnes handicapées et de leur famille.

Présente dans chaque département sous l'égide du conseil départemental, elle fonctionne comme un guichet unique. Une équipe pluridisciplinaire évalue les besoins de la personne – médecin, ergothérapeute, assistant social – et les aides idoines sont attribuées par la commission des droits et de l'autonomie.

Plusieurs départements ont rapproché leur MDPH et leur service dédié aux personnes âgées en créant une « maison départementale de l'autonomie » (loi du 28 décembre 2015 relative à l'adaptation de la société au vieillissement).

19. La prise en charge de l'enfant handicapé

La loi du 11 février 2005 fixe plusieurs objectifs :
- maintenir l'enfant dans un cadre ordinaire de vie, ce qui implique l'attribution d'une aide à la famille pour faire face aux contraintes matérielles et financières liées au handicap ;

- soumettre les enfants à « l'obligation éducative » en leur permettant de recevoir la même éducation que les autres, ou à défaut, en leur offrant une éducation spéciale gratuite déterminée en fonction des besoins particuliers de chacun ;

- mener une politique active de prévention contre les handicaps de l'enfance.

1. L'assistance aux familles

La commission des droits et de l'autonomie, qui se réunit dans le cadre de la maison départementale des personnes handicapées présidée par le conseil départemental, joue un rôle clé dans l'assistance aux familles qui supportent la charge d'un enfant handicapé.

Sa section « Enfance », composée de conseillers départementaux, de représentants de l'inspection d'académie, des organismes de Sécurité sociale, d'établissements s'occupant d'enfants handicapés et des associations de parents, agit sur deux plans :
- elle oriente l'enfant vers le parcours éducatif le plus approprié, et le cas échéant vers l'établissement le plus adapté à son handicap, en essayant d'instaurer un dialogue avec la famille ;
- elle porte une appréciation technique pour l'octroi des aides financières.

Ces aides sont de deux types :
- **en espèces** : l'allocation d'éducation de l'enfant handicapé (AEEH) est versée aux familles qui assument la charge d'un enfant de moins de 20 ans (255 000 bénéficiaires – plus de 800 millions d'euros), dont le taux d'incapacité est d'au moins 80 %, ou situé entre 50 et 80 % dans certains cas.
Versée sans condition de ressources, elle peut être augmentée en fonction de l'importance du recours à une tierce personne pour aider la famille. Ses compléments – au nombre de 6 – ont été réformés en 2002 dans un sens favorable aux bénéficiaires, pour mieux prendre en compte les différents degrés de handicap et les besoins afférents de la famille.

En 2008 a été mise en œuvre la « prestation de compensation » du handicap au profit des enfants : elle complète l'AEEH si la famille opte pour cette prestation, plutôt que pour les compléments décrits ci-dessus. Elle permet de financer tout ou partie d'une aide humaine, technique, d'un aménagement du logement ou du véhicule rendu nécessaire par le handicap, des dépenses spécifiques ou exceptionnelles, voire une aide animalière.

- **en nature** : les caisses de Sécurité sociale sur leurs fonds d'action sociale, ou le fonds de compensation de la MDPH, peuvent verser des prestations pour aider les familles à faire face aux frais non pris en charge par ailleurs (aménagement du domicile, etc.).

■ 2. Les mesures éducatives

On dénombre environ 350 000 enfants handicapés scolarisés. L'intégration peut être individuelle ou collective, à temps partiel ou à temps plein. En l'absence de difficultés réelles, un refus de principe ne saurait être opposé à l'intégration scolaire d'un élève handicapé dans le système scolaire classique.

La mise en œuvre de ce principe exige la sensibilisation des milieux enseignants, l'appréciation correcte des besoins en soutien spécialisé (qualification du personnel, temps nécessaire et lieux d'intervention), le développement des services de soins en milieu scolaire, et l'adaptation matérielle de l'établissement (accès, équipements, etc.).

Lorsque l'intégration scolaire classique est rendue impossible par la gravité du handicap, des **structures spécialisées** prennent les enfants en charge sur le plan éducatif, ainsi que pour leur prodiguer des soins : les centres d'action médico-sociale précoce pour les 0-6 ans, les instituts médico-éducatifs pour les handicapés mentaux, les établissements pour polyhandicapés, handicapés moteurs et sensoriels.

■ 3. Le rôle capital de la prévention, et les défaillances dans la détection précoce du handicap

Plusieurs acteurs interviennent dans la prévention des handicaps, en particulier avant la naissance et pendant la petite enfance :

- **La protection maternelle et infantile** (conseil départemental) accompagne les futures mamans pendant leur maternité : des examens sont obligatoires à différents stades de la grossesse, des mesures de précaution et de dépistage sont proposées.
Après la naissance, la PMI intervient encore dans le suivi des jeunes enfants : des visites chez le médecin sont obligatoires jusqu'aux 3 ans de l'enfant, pour évaluer son développement. Un médecin de la PMI intervient également dans les écoles maternelles.

Dès la scolarisation en classe primaire, la médecine scolaire est censée prendre le relais. En pratique, son manque de moyens nuit souvent à son efficacité.

- **Les centres d'action médico-sociale précoce** jouent également un rôle de prévention et de dépistage des handicaps pour les 0-6 ans. Mais les familles confrontées à un handicap peu visible à l'origine, sont souvent mal informées de l'existence de ces structures ; elles sont orientées tardivement vers elles, ce qui retarde d'autant la mise en œuvre de l'accompagnement et de la prise en charge du handicap de l'enfant.

Les médecins généralistes ne sont pas toujours bien formés à la détection des handicaps. Les familles sont parfois mieux aidées par les associations familiales spécialisées, gérées par des personnes ayant déjà éprouvé le handicap de leur enfant.

Testez vos connaissances !

QCM

Pour chaque QCM, une réponse au moins est exacte.

1. La maison départementale des personnes handicapées est une instance relevant du conseil départemental.

❏ a. Vrai
❏ b. Faux

2. La CNSA est :

❏ a. la Caisse nationale de soutien aux accidentés du travail
❏ b. la Caisse nationale de solidarité pour l'autonomie

3. La PMI dépend :

❏ a. de la MDPH
❏ b. de la CNSA
❏ c. du conseil départemental

QROC

1. La CNSA.
2. Les CAMPS.

Corrigés

QCM

1. a. C'est un groupement d'intérêt public placé sous la responsabilité du président de conseil départemental.

2. b. Voir ci-dessous.

3. c. Le rôle de la protection maternelle et infantile est précisé dans la partie 6 sur la politique familiale.

QROC

1. La Caisse nationale de solidarité pour l'autonomie a été créée par la loi du 30 juin 2004, pour structurer une politique nationale d'accompagnement des personnes âgées et handicapées.

Ses missions ont été complétées par la loi 11 février 2005 et la loi du 28 décembre 2015.

La CNSA participe au financement de l'aide à l'autonomie pour les personnes âgées, de la prestation de compensation du handicap, des MDPH, des nouvelles conférences des financeurs et des résidences-autonomie, en versant des fonds aux conseils départementaux. Elle favorise aussi l'aide à domicile et l'aide aux aidants.

Elle contribue, en versant des fonds aux ARS, au financement de services sur l'ensemble du territoire pour garantir l'égalité de traitement des citoyens

Elle facilite l'accès aux actions de prévention et aux aides techniques.

Elle contribue à l'information du grand public.

Elle gère un budget de 25 milliards d'euros, notamment financé par le produit de la cotisation relative à la journée de solidarité, des crédits de l'assurance maladie, de la CSG et de la CASA.

2. Les centres d'action médico-sociale précoce sont des établissements médico-sociaux placés sous la tutelle conjointe de l'ARS et du conseil départemental, et chargés de la prise en charge précoce des handicaps chez les enfants de moins de 6 ans : retard psychomoteur, troubles sensoriels, neuromoteurs ou intellectuels, troubles du comportement.

Ils dispensent également des prestations à vocation thérapeutique, éducative, sociale, de rééducation ou de prévention.

Ils peuvent être implantés en ville, dans un hôpital ou au sein du service de protection maternelle et infantile du conseil départemental.

20. Perspectives et regard international

Les réformes initiées par la France depuis 2005 la rapprochent de la politique sociale très développée des pays nordiques ou du Japon en faveur de leur population handicapée. Dans ces pays en effet, la philosophie qui guide la politique sociale est la suivante : la société doit tenter de s'adapter aux personnes handicapées, et non l'inverse.

■ 1. De réels progrès depuis 2005

La loi du 11 février 2005 est une réelle avancée pour la prise en charge des conséquences du handicap.
Les personnes handicapées s'adressent désormais à un « guichet unique » – la maison départementale des personnes handicapées – et non plus à une multitude d'acteurs. Les nombreux retards accumulés auparavant par les services de l'État ont été progressivement résorbés.
Les instances dirigeantes des MDPH ont largement associé les partenaires du conseil départemental et ont initié de nombreuses actions expérimentales.

Les efforts portent actuellement sur :
- l'amélioration de la prise en charge des handicaps rares ;
- le plan relatif aux maladies neurodégénératives ;
- l'autisme, avec l'objectif de mieux cerner les besoins et d'améliorer les prises en charge ;
- la création de places dans les établissements accueillant des personnes handicapées : près de 5 000 places sont créées chaque année, financées par la Caisse nationale de solidarité pour l'autonomie (CNSA), et réparties par les agences régionales de santé (ARS). Pour la période 2015-2018, les places pour l'accueil des enfants sont prioritaires. Pour les adultes, ce sont les places d'accueil des handicapés psychiques qui seront le plus développées ;
- le développement des places d'accueil des personnes âgées, confrontées au handicap du fait du vieillissement (voir partie suivante) ;
- le développement de l'accueil de jour des personnes handicapées, et des structures de répit, au bénéfice des aidants, dans le cadre du « plan Alzheimer » : en effet, les familles des personnes handicapées sont souvent épuisées par la prise en charge du handicap ;
- la simplification de l'AAH et la réforme de la PCH ;
- le gouvernement s'est engagé à accroître l'AAH en 2018 et 2019, après son augmentation conséquente entre 2008 et 2012.

2. L'efficacité des dispositifs reste néanmoins contestée

Les besoins des adultes et enfants handicapés ne sont pas prioritairement financiers : les prestations existantes sont suffisantes pour leur offrir des conditions de vie supérieures à celles des autres bénéficiaires de minima sociaux.

Il faut chercher ailleurs les carences de la politique publique en faveur du handicap, qui compliquent significativement les conditions de vie des personnes handicapées.

a. Une politique difficile à structurer

Les maisons départementales des personnes handicapées, déjà réformées à plusieurs reprises, n'ont pas toutes l'efficacité escomptée. **Les moyens alloués par les conseils départementaux et complétés par la Caisse nationale de solidarité pour l'autonomie (CNSA) sont variables d'un département à l'autre**, ce qui ne garantit pas l'égalité de traitement des personnes handicapées sur tout le territoire. La coordination entre les MDPH et le conseil départemental d'un côté, et les ARS de l'autre, peut être améliorée.

Les maisons départementales des personnes handicapées hésitent aussi sur **la limite à fixer au public accueilli** : les personnes âgées, dont le handicap est lié au vieillissement, doivent-elles être prises en charge par la MDPH ?

Ces structures peuvent se transformer en maisons départementales de l'autonomie, et prendre également en charge les personnes âgées, handicapées du fait de l'âge, dans le cadre du « cinquième risque » de protection sociale (le risque dépendance). Une seule méthode d'évaluation « multidimensionnelle » des besoins pourrait ainsi être expérimentée, et les moyens dédiés aux personnes handicapés et âgées seraient jaugés et prévus dans un même schéma départemental de l'autonomie.

Cette piste de réforme a cependant ses détracteurs, qui considèrent que les MDPH se voient régulièrement confier de nouvelles missions, ce qui nuirait à leur capacité d'expertise et diluerait les moyens.

b. Le manque de places d'hébergement

La Cour des comptes souligne régulièrement les **carences de l'hébergement collectif** (manque de moyens des organismes financeurs, système complexe de tarification des établissements) comme de l'hébergement à domicile.

Ainsi, plusieurs régions sont dépourvues de centres de rééducation professionnelle de jeunes adultes, et ces derniers sont maintenus par défaut dans des établissements pour enfants. 20 000 enfants sont en liste d'attente pour accéder à un établissement spécialisé. Des familles sont forcées de placer leur parent handicapé dans des pays frontaliers comme la Belgique.

L'amendement Creton est une disposition législative prise en 1989 qui garantit le maintien temporaire des jeunes adultes handicapés, ayant atteint l'âge de 20 ans, dans leur établissement pour enfants et adolescents, en attendant d'obtenir une place pour adulte. Près de 6 000 jeunes bénéficient de ce dispositif, mais des établissements se refusent parfois à l'appliquer, considérant que des adultes de plus de 20 ans ne tirent plus profit d'une place en établissement pour enfants, et qu'ils bloquent une place susceptible de faire évoluer positivement un plus jeune en liste d'attente.

À l'autre extrême de la vie, les personnes handicapées vieillissantes sont également mal prises en charge. Elles perdent leur place en foyer d'hébergement dès 55 ans, âge à laquelle elles bénéficient de la retraite d'office et quittent également leur ESAT.

Cette double rupture est difficile à vivre pour ces personnes qui ont besoin de conserver un maximum de repères. Intégrées dans des maisons de retraite classiques, elles ne sont pas toujours accompagnées à la hauteur de leurs besoins. Des associations tentent de développer des maisons de retraite spécifiques aux personnes handicapées, à l'issue de leur carrière professionnelle en ESAT.

c. D'autres progrès à réaliser

Par ailleurs, la difficulté d'intégration des personnes handicapées dans le milieu ordinaire du travail est telle que beaucoup d'entreprises préfèrent payer la contribution à l'AGEFIPH. Ainsi, plus de 250 000 personnes handicapées, déclarées aptes à travailler, ne trouvent pas d'emploi.

Le président de la République envisagerait d'étendre l'obligation d'emploi de 6 % de travailleurs handicapés aux entreprises de moins de 20 salariés, ce qui suscite de l'inquiétude parmi les plus petites entreprises, une telle mesure semblant difficilement applicable.

De plus, l'accès à de nombreux services reste encore problématique pour les personnes handicapées (transports urbains, bureaux de vote, etc.).

Enfin, les enfants handicapés sont rarement intégrés dans le système scolaire classique, qui estime ne pas disposer des moyens nécessaires pour leur apporter les services et la disponibilité dont ces enfants ont besoin.

La volonté de favoriser l'intégration complète des personnes handicapées est en soi une bonne raison de réformer la loi pour rendre la politique du handicap plus efficiente. Il en est une autre : la France consacre chaque année 46 milliards d'euros à cette politique.

Or, la clé du succès réside peut-être moins dans l'ampleur des moyens financiers consentis, que dans une meilleure coordination des acteurs pour favoriser un accompagnement social et professionnel plus efficace des personnes handicapées.

Faudra-t-il un jour décréter, puisque le concept est à la mode dans les politiques sociales française actuellement, un « droit universel » à l'autonomie ? Mais l'on sait bien que « décréter » ne suffit pas toujours à régler un problème, en témoigne l'incapacité des services publics français à faire respecter la réglementation sur la mise aux normes en matière d'accessibilité depuis 2015 !

Testez vos connaissances !

QCM

Pour chaque QCM, une réponse au moins est exacte.

1. Les places en établissements spécialisés pour personnes handicapées sont :

❑ a. en nombre insuffisant par rapport aux besoins
❑ b. en nombre supérieur par rapport aux besoins, après un développement exponentiel ces dernières années

2. La majorité des entreprises :

❑ a. respecte l'obligation d'emploi de personnes handicapées
❑ b. ne respecte pas l'obligation d'emploi de personnes handicapées

3. L'amendement Creton :

❑ a. permet à des adultes handicapés d'intégrer une maison de retraite à l'issue de leur carrière en ESAT et foyer d'hébergement
❑ b. permet à de jeunes adultes handicapés d'intégrer un appartement thérapeutique
❑ c. permet à de jeunes adultes de plus de 20 ans de conserver leur place dans leur établissement initial pour adolescent, tant qu'une autre place n'a pas été trouvée par la MDPH dans un structure pour adultes

QROC

1. Les aides financières en faveur des personnes handicapées.
2. L'AGEFIPH.

Corrigés

QCM

1. a. 337 000 places sont pourtant consacrées aux adultes handicapés et 157 000 aux enfants.

2. b. Elles préfèrent payer une pénalité à l'AGEFIPH plutôt que d'employer des personnes handicapées dans une proportion de 6 % de leur effectif.

3. c. Près de 6000 jeunes bénéficient de ce dispositif.

QROC

1. Il existe des aides spécifiques aux adultes, aux enfants en situation de handicap, et aux personnes âgées handicapées du fait de l'âge.

Sur décision de la commission des droits et de l'autonomie des personnes handicapées (CDAPH) émanant de la MDPH, l'adulte peut bénéficier de : l'allocation pour adulte handicapé, la majoration pour la vie autonome, le complément de ressources, la prestation de compensation.

L'enfant peut bénéficier de : l'allocation de l'éducation de l'enfant handicapé (AEEH), le complément d'AEEH prenant en compte les frais liés au handicap de l'enfant ou la prestation de compensation du handicap.

Ces aides sont versées, selon leur nature, par la CAF ou la MDPH.

La personne âgée peut bénéficier de l'allocation pour l'autonomie, afin de se faire aider pour compenser la survenue de handicaps liés à l'âge. Elle est versée par le conseil départemental.

2. L'Association de gestion du fonds pour l'insertion professionnelle des personnes handicapées, a été créée suite à la loi du 10 juillet 1987 qui oblige toutes les entreprises privées et publiques de 20 salariés et plus, à embaucher au moins 6 % de personnes handicapées dans leur effectif, sous peine d'une pénalité qui prend la forme d'une contribution financière au fonds géré par l'AGEFIPH.

La loi du 11 février 2005 a étendu cette obligation au secteur public.

Elle a pour objet de faciliter l'insertion professionnelle et le maintien dans l'emploi des personnes handicapées.

Le gouvernement réfléchit actuellement à l'extension de cette obligation d'emploi aux PME.

Doté d'un fonds alimenté par la contribution précitée, l'AGEFIPH apporte des aides financières et des services mis en œuvre par des partenaires professionnels qu'elle sélectionne et fait travailler en réseau (Cap Emploi, SAMETH) : aides à l'aménagement de postes dans les entreprises, formations qualifiantes pour les travailleurs handicapés, contrôle du respect par les entreprises des règles d'embauche des personnes handicapées.

5 La politique en faveur des aînés

Notre société doit prendre en compte les conséquences économiques et sociales majeures du vieillissement : sur le plan social, le vieillissement engendre des besoins nouveaux en termes de services à la personne et d'hébergement adapté, pour faire face à la dépendance et aux handicaps générés par le grand âge ; sur le plan économique, cette évolution démographique remet en cause l'équilibre des régimes de retraite.
Pourtant, les personnes retraitées ont un niveau de vie supérieur à celui des actifs : cette situation peut-elle devenir explosive au point de remettre en cause l'équilibre intergénérationnel, fondement de notre système de protection sociale ?

21. Assumer la dépendance : un enjeu sociétal, à quel prix ?

Le vieillissement de la population française est une donnée démographique préoccupante : les personnes de plus de 60 ans représentaient 13 % de la population en 1900, 25,7 % aujourd'hui.

L'âge moyen de la perte d'autonomie se situe à 83 ans en moyenne. Dans le passé, les personnes les plus âgées étaient prises en charge dans le cadre de la solidarité familiale. Aujourd'hui, 55 % des femmes âgées de plus de 80 ans vivent seules, contre 20 % des hommes.

Le lien intergénérationnel s'effrite : 41 % des personnes âgées ont peu voire pas de contact avec leurs enfants. Les médecins s'inquiètent des conséquences sur leur santé psychologique, d'autant que 28 % des suicides en France concernent des personnes de 65 ans et plus.

Le législateur a confié la prise en charge de la dépendance à l'aide sociale gérée par le conseil départemental, par la loi du 21 juillet 2001. La loi du 13 août 2004 fait du conseil départemental le pivot de l'action sociale en faveur des personnes âgées.

Le législateur a donné une définition de la personne dépendante, « dans l'incapacité d'assumer les conséquences du manque ou de la perte d'autonomie liés à son état physique ou mental ». On estime le nombre de personnes âgées dépendantes à 1,4 million environ.

1. Un hébergement adapté à l'état de santé : la France rattrape son retard

a. L'accompagnement public pour le maintien à domicile

Le maintien de la personne âgée à son domicile est une priorité affichée depuis longtemps par les pouvoirs publics : en effet, elle correspond le plus souvent au projet de vie de la personne âgée. Le maintien à domicile est également moins coûteux pour la collectivité que l'intégration de la personne en établissement.

Les conseils départementaux sur leurs fonds d'aide sociale, et les caisses de Sécurité sociale sur leurs fonds d'action sanitaire et sociale, financent donc des services d'aide ménagère, de portage de repas, de soins à domicile, qui sont devenus des alternatives crédibles à l'hospitalisation.

Ces aides ne résolvent cependant pas toutes les difficultés rencontrées par la personne âgée souhaitant vivre à son domicile : il reste souvent un ticket modérateur à sa charge, qu'elle n'est pas toujours en mesure d'honorer.

Des études récentes démontrent ainsi que le coût complet du maintien à domicile, incluant le paiement des services, les charges liées à la maison mais également le temps passé par les proches aux côtés de leur aîné, est plus coûteux que l'intégration en établissement.

Les aidants familiaux, au nombre de 4,3 millions, sont souvent la condition de réussite du maintien à domicile, en coordonnant les services autour de leur proche âgé et en réalisant eux-mêmes une partie du plan d'aide, mais au prix d'efforts personnels intenses qui mettent parfois leur santé en danger.

La Caisse nationale de solidarité pour l'autonomie finance des initiatives visant à accorder des temps de répit aux aidants (« baluchonnage » sur le modèle du Québec, séjours de vacances et de répit, etc.). La loi relative à l'adaptation de la société au vieillissement du 29 décembre 2015 leur reconnaît ainsi ce droit au répit.

Depuis 2001, le gouvernement a initié une politique ambitieuse, pour lever les obstacles au maintien à domicile :

- Des réseaux gérontologiques ou des MAIA (méthodes d'action pour l'intégration des services d'aide et de soins) visent à coordonner les soins dispensés par les hôpitaux, médecins, infirmières, kinésithérapeutes, pour améliorer leur efficience et pour éviter des hospitalisations uniquement justifiées par le grand âge de la personne (plus que par des problèmes de santé aigus). Les agences régionales de santé et la CNSA s'impliquent dans le financement de ces initiatives, qui offrent aux personnes âgées une alternative à l'hospitalisation et sont moins coûteuses pour la collectivité.
- La loi du 20 juillet 2001 a créé les centres locaux d'information et de coordination, qui ont vocation à coordonner les interventions de tous les acteurs gravitant autour de la personne âgée, et à mieux informer les familles sur leurs

droits et les aides proposées. Depuis 2004, ils sont placés sous la responsabilité du conseil départemental.

- En 2006 a été créé un congé de soutien familial, pour soulager les aidants familiaux s'occupant de personnes âgées ou handicapées.
- La loi d'adaptation de la société au vieillissement, précitée, prévoit d'allouer 73 millions d'euros à la concrétisation du droit au répit pour les aidants.
- Des aides financières permettent aux personnes âgées de financer les services à domicile, voire des travaux visant à adapter la configuration du domicile au handicap.

b. Plusieurs formes d'hébergement adaptées à l'état de dépendance

Lorsque le maintien à domicile n'est plus envisageable, deux autres modes d'hébergement peuvent prendre le relais. Les trois quarts du budget d'aide sociale consacré par le conseil départemental aux personnes âgées concernent l'hébergement en établissement, ou dans une famille d'accueil :

- Le président du conseil départemental agrée les familles d'accueil, les contrôle et organise leur formation. La loi de modernisation sociale du 17 janvier 2002 a revalorisé le statut de l'accueillant.
- L'hébergement temporaire ou permanent en établissement médicalisé permet à plus de 10 000 structures d'accueillir plus de 770 000 résidents. Cependant, les difficultés d'accès à ce mode d'hébergement sont nombreuses :
    - malgré le versement de l'allocation personnalisée à l'autonomie et sa revalorisation suite à la loi ASV précitée, le séjour en établissement est très coûteux ;
    - la prise en charge de la dépendance accroît les coûts du séjour en établissement. La tarification appliquée dans ces résidences a été réformée dans un souci de transparence, mais est encore perfectible ;
    - les listes d'attente pour accéder à ces établissements sont parfois longues.

La détermination des zones prioritaires pour créer des places relève de la responsabilité du président du conseil départemental, qui arrête **un schéma départemental de l'autonomie**.

Ce schéma a deux objectifs : le repérage des besoins et la coordination des actions, pour une approche globale du vieillissement intégrant l'adaptation de l'habitat, l'accès aux soins, l'accès aux services permettant le maintien à domicile, le soutien à la famille quand elle est très impliquée dans la prise en charge d'un parent âgé, etc.

L'agence régionale de santé joue aussi un rôle important, notamment en convertissant un certain nombre d'hôpitaux locaux en EHPAD.

Ainsi, certains départements ont atteint leur objectif-cible en nombre de lits dédiées aux personnes dépendantes, et s'attellent désormais au déploiement des unités spécialisées pour les malades d'Alzheimer. D'autres accusent toujours un retard important.

La plupart tente de gérer les files d'attentes, par exemple en organisant une liste d'attente unique pour plusieurs EHPAD, de façon à éviter les inscriptions multiples d'une même personne en attente d'une place, qui nuisent à la visibilité sur les besoins réels.

Ce chapitre serait incomplet si l'on n'évoquait pas la contribution de l'hôpital qui intervient souvent en dernier ressort, bien que ce ne soit pas son rôle : il accueille les personnes les plus dépendantes ou celles qui ne peuvent, faute de moyens, être hébergées en établissement pour personnes âgées. La loi du 26 janvier 2016 de modernisation de notre système de santé crée des plates-formes territoriales d'appui à la coordination des parcours de santé pour prévenir les hospitalisations inutiles.

Les schémas régionaux de santé ont inscrit dans les priorités sanitaires des régions, le développement des spécialités relatives au grand âge dans les hôpitaux (gériatrie, gérontologie).

■ 2. La nécessité de déployer des actions ambitieuses de prévention de la perte d'autonomie

La loi précitée d'adaptation de la société au vieillissement attribue des crédits conséquents aux actions de prévention du vieillissement. Ils sont financés par la caisse nationale de solidarité à l'autonomie (CNSA) grâce à une cotisation créée en 2013 et applicable aux retraités : la cotisation CASA (contribution additionnelle de solidarité pour l'autonomie). Leur distribution est assurée par la conférence des financeurs de la perte d'autonomie de personnes âgées, créée par la loi ASV et placée sous l'autorité des conseils départementaux. Vice-présidée par le directeur de l'ARS, elle associe les caisses d'assurance retraite et des représentants des seniors.

L'objectif est d'inciter les personnes âgées et leur environnement à :

- détecter les premiers signes de la perte d'autonomie ;
- trouver des parades pour la retarder.

Les proches ont un rôle à jouer car la personne âgée elle-même n'est pas toujours consciente de la perte de ses capacités.

Ainsi, la CNSA, les régimes de retraite, les conseils départementaux et les agences régionales de santé sélectionnent et financent des actions de prévention :

- de la perte de mémoire, précédées de tests visant à détecter une dégénérescence sévère ;
- de la perte d'équilibre, les chutes pouvant s'avérer fatales aux personnes âgées ;
- du vieillissement, avec des conseils sur la nutrition, le bon usage des médicaments, la prévention de l'ostéoporose, l'aménagement du logement, etc.

■ 3. La solvabilisation des personnes âgées, pour leur permettre de réaliser leur projet de (fin de) vie

Constatant que les retraites ne suffisent pas toujours aux personnes âgées pour faire face aux dépenses générées par leur état de dépendance, la loi du 21 juillet 2001 a initié une réforme d'envergure : la création de **l'allocation personnalisée à l'autonomie (APA)**.

Le texte ne s'est pas contenté de solvabiliser les personnes âgées pour leur permettre d'accéder aux services de leur choix. Il a souhaité favoriser une prise en charge globale des problématiques qu'elles rencontrent.

Ainsi, la perte d'autonomie est évaluée à partir d'une grille nationale comprenant 6 **groupes iso-ressources (GIR)**, qui permet de classer les personnes en fonction de leur degré de dépendance. De ce classement dépend ensuite la nature des aides apportées à chaque personne en fonction de ses besoins particuliers.

Une équipe médico-sociale associant travailleur social et médecin est ainsi chargée de définir le « GIR » le plus adapté pour chaque demandeur.

L'APA est une prestation en nature. Le bénéficiaire doit justifier de l'utilisation de la prestation (emploi direct d'une aide à domicile, ou paiement de services). Il ne peut « thésauriser », sous peine de voir cesser le versement de l'allocation.

Cette prestation est d'autant plus intéressante qu'elle parvient enfin à concilier deux notions autrefois contradictoires en droit social : égalité et équité. En effet, elle est versée selon les mêmes modalités sur l'ensemble du territoire français. Elle bénéficie aux personnes âgées quel que soit leur choix de vie : à domicile ou en maison de retraite. En outre, les conditions d'accès ont été élargies par la loi ASV du 29/12/2015 et n'excluent qu'un nombre limité de personnes ayant des revenus élevés. Cependant, son montant est modulé en fonction des ressources (un ticket modérateur est laissé à la charge des bénéficiaires les plus aisés), ce qui préserve l'équité.

L'APA est donc une avancée sociale significative, mais qui devra évoluer pour surmonter ses limites :

- L'aide sociale aux personnes âgées représente le troisième poste de dépenses dans le budget social des conseils départementaux, et certains n'ont pas les moyens de faire face à cette dépense, malgré le financement complémentaire apporté par la Caisse nationale de solidarité pour l'autonomie.

- L'APA permet de financer les services de travailleurs à domicile (ou de pourvoir des postes supplémentaires dans les maisons de retraite). Or, la demande de services risque à court terme d'être plus importante que l'offre.

Les associations intervenant en faveur des personnes âgées attirent l'attention des pouvoirs publics sur le fait que la main d'œuvre qualifiée n'est pas illimitée. Deux plans de développements des services ont été initiés par les pouvoirs publics depuis 2006 (création du chèque emploi service universel, formation des salariés pour assurer leur professionnalisation, etc.).

- La coordination des acteurs est toujours le point faible du dispositif, transformant la mise en œuvre des mesures d'aides en véritable parcours du combattant pour les personnes âgées et surtout pour leur famille : la nouvelle « **conférence des financeurs** » de la perte d'auonomie des personnes âgées créée par la loi d'adaptation de la société au vieillissement du 29 décembre 2015, doit répondre à cette problématique.

Certains conseils départementaux ont également cherché à faire évoluer leurs structures en créant des maisons départementales pour l'autonomie, fusion des maisons départementales des personnes handicapées et des dispositifs d'information auparavant dédiés aux seules personnes âgées. L'objectif, soutenu financièrement par la Caisse nationale de solidarité pour l'autonomie, serait de favoriser le partage d'expériences. Sont aussi créés des schémas régionaux de l'autonomie pour identifier les besoins et déployer les moyens utiles.

- Cette même loi a revalorisé les plafonds des plans d'aide et du barème de participation des personnes âgées, pour celles dont le plan d'aide est supérieur à 350 € par mois.

À signaler : si ce chapitre est centré sur l'APA, aide centrale dans le soutien financier aux personnes âgées, il existe d'autres types d'aides : les personnes âgées les plus démunies peuvent bénéficier des autres formes d'aide sociale du conseil départemental, ou de leur caisse de retraite selon leur degré de dépendance.

Ces aides peuvent permettre la prise en charge d'équipements coûteux (appareils auditifs, etc.), de dépenses courantes mais seulement à titre ponctuel, et également d'aménagements du logement indispensables au maintien à domicile (rampe d'accès, barres de douche, transformation de la baignoire en douche, etc.).

■ 4. La préservation du rôle social des personnes âgées

Par leur nombre comme par leur poids économique, les personnes âgées représentent une catégorie de la population – et un électorat – que les pouvoirs publics ne peuvent négliger.

Aussi des structures particulières représentent-elles leurs intérêts, comme le CDCA (conseil départemental de la citoyenneté et de l'autonomie). Composé de membres du conseil départemental, de l'ARS, des caisses de Sécurité sociale et de représentants des personnes handicapées et des personnes âgées, il a un rôle consultatif : il assure notamment la participation des personnes âgées et des personnes handicapées à l'élaboration des programmes sociaux et médico-sociaux qui les concernent, et notamment le schéma départemental de l'autonomie.

Les CDCA travailleront sous l'égide du Haut Conseil de la famille, de l'enfance et de l'âge (HCFEA), placé directement auprès du Premier ministre pour faire entendre la voix des retraités, et rendre des avis sur les futures lois qui continueront à travailler à l'adaptation de la société au vieillissement.

Le droit social français est donc extrêmement complet en faveur des personnes âgées, et a su s'adapter pour faire face aux conséquences sanitaires et sociales des évolutions démographiques, et en particulier celles du vieillissement de la population.

Cependant, la part des aides aux personnes âgées dans les dépenses de protection sociale est déjà très élevée – 45 % – et la mise en œuvre d'aides supplémentaires risquerait de se heurter à l'incompréhension des autres catégories de population : les actifs notamment, qui contribuent déjà grandement au financement de la retraite de leurs aînés, alors que la leur n'est pas garantie à long terme.

Enfin, le bien-être des aînés ne dépend pas seulement du bon vouloir des pouvoirs publics, et des aides financières qui peuvent être proposées. En témoignent les données sur la **maltraitance des personnes âgées**, dans leur propre famille comme dans certains établissements. Les récents mouvements sociaux qui touchent le personnel des EHPAD pointent le manque de temps disponible pour les soins aux résidants, ce qui est une forme de maltraitance.

Testez vos connaissances !

QCM

Pour chaque QCM, une réponse au moins est exacte.

1. Aujourd'hui, les personnes de plus de 60 ans représentent :
- ❑ a. 20,8 % de la population
- ❑ b. 25,7 % de la population
- ❑ c. 31,8 % de la population

2. Le nombre de personnes âgées dépendantes en France est estimé à :
- ❑ a. 600 000
- ❑ b. 1,4 million
- ❑ c. 2,2 millions

3. L'attribution de l'aide personnalisée à l'autonomie est décidée par :
- ❑ a. le conseil départemental
- ❑ b. la Caisse nationale d'assurance vieillesse
- ❑ c. la Caisse nationale de solidarité pour l'autonomie
- ❑ d. le CODERPA

4. En France, combien de personnes âgées résident en établissement ?
- ❑ a. 170 000
- ❑ b. 770 000
- ❑ c. 1,7 million

5. Le schéma départemental de l'autonomie :
- ❑ a. place les personnes âgées dans les établissements d'accueil, en fonction des places disponibles et de l'état de santé de la personne
- ❑ b. recense les besoins des personnes âgées et handicapées à l'échelle du département, et coordonne les actions pour appréhender le vieillissement et le handicap de façon globale et apporter des services aux personnes

QROC

1. L'allocation personnalisée à l'autonomie.
2. La Caisse nationale de solidarité pour l'autonomie.

Corrigés

QCM

1. b. Cette proportion continue de croître, faisant du vieillissement de la population française un problème de société.

2. b. Même remarque que ci-dessus.

3. a. L'APA est attribuée après évaluation des besoins de la personne âgée par un travailleur social du conseil départemental, qui va déterminer le « GIR », c'est-à-dire le niveau de dépendance de la personne.

4. b. Elles sont accueillies dans 10 000 structures.

5. b.

QROC

1. Créée par la loi du 21 juillet 2001, l'APA permet de financer une partie des dépenses nécessaires au maintien à domicile d'une personne dépendante, ou une partie des dépenses liées à la dépendance pour une personne hébergée en EHPAD. La personne doit être âgée de 60 ans minimum et être évaluée en GIR 1 à 4 par l'évaluateur du conseil départemental, organisme qui finance l'APA, avec l'aide de la Caisse nationale de solidarité pour l'autonomie.

La loi précitée d'adaptation de la société au vieillissement réforme l'APA et notamment son montant, pour limiter le « reste à charge » de la personne âgée.

2. Créée par la loi du 30 juin 2004, la CNSA est chargée de financer les aides en faveur des personnes âgées en perte d'autonomie et des personnes handicapées, de garantir l'égalité de traitement sur le territoire, d'assurer un rôle d'information, d'expertise et de recherche.

Elle dispose d'un budget de plus de 25 milliards d'euros, issu principalement de contributions de l'assurance maladie, de l'assurance vieillesse, des produits de la Journée nationale de solidarité-Contribution de solidarité pour l'autonomie, et des produits de la Contribution additionnelle de solidarité pour l'autonomie (CASA), ainsi qu'une fraction de la CSG et de la Contribution sur les tabacs.

Pour la réalisation de ses missions, elle attribue des crédits, sur objectifs, essentiellement aux agences régionales de santé et aux conseils départementaux.

22. L'assurance retraite : un système protecteur mais coûteux

Le poids des retraites devrait passer de 11,6 % du PIB en 2000, à 13 % (hypothèse basse) en 2040. À l'heure où les générations du « baby-boom » arrivent en masse à l'âge de la retraite, les aléas de la croissance économique, dont dépend étroitement le financement des retraites, ont pu faire craindre la remise en cause du système français des retraites, de base comme complémentaires. Or, la retraite est une composante majeure du revenu des personnes de plus de 60 ans. Les pouvoirs publics ont engagé plusieurs réformes pour pérenniser notre système de retraite, protecteur et performant.

1. Une mosaïque de régimes de retraite

Dès les années 30, quelques professions se sont organisées pour créer leur régime de retraite. À l'issue de la seconde guerre mondiale, le «régime général» a été mis en place au profit des salariés de l'industrie et du commerce, pour pallier les dérives du système précédent. En effet, ce dernier reposait exclusivement sur les économies réalisées par les personnes tout au long de leur vie active ; or, une guerre ou une crise économique majeure suffisaient, par le jeu de l'inflation, à réduire à néant et en peu de temps les revenus accumulés pendant une vie de labeur.

Le système assurantiel des **retraites par répartition**, créé en 1946 et toujours en vigueur, présente plusieurs avantages majeurs :

- il repose sur une solidarité entre les générations, les personnes actives finançant les retraites servies au même moment aux personnes retraitées ;
- il résiste à l'inflation, grâce à ce mécanisme de financement-reversement en temps réel ;
- il est beaucoup moins risqué que les systèmes de retraite par capitalisation, en vigueur dans les pays anglo-saxons par exemple : dans ces pays, ce sont les économies réalisées par les actifs au cours de leur vie qui, après avoir été placées, financent leur propre retraite. La fragilité du système par capitalisation tient donc à sa sensibilité à l'inflation, et aux évolutions de la Bourse qui régissent les bons ou mauvais résultats des produits de placement. En Grande-Bretagne comme aux États-Unis, plusieurs scandales financiers ont conduit à la ruine de milliers de petits épargnants, ainsi privés des capitaux économisés en vue de leur retraite.

Le système français n'est cependant pas uniforme. Il n'a de « général » que le nom, puisque les régimes français de retraites se caractérisent par leur multiplicité et la diversité des règles qui leur sont propres, tant pour les conditions d'ouverture des droits que pour le niveau des pensions.

On dénombre ainsi de nombreux régimes de base, et plusieurs centaines de caisses de retraite complémentaire, même si elles tendent à fusionner :

- **le régime général** auquel cotisent 71 % des actifs ;
- **des régimes spéciaux** (offrant une couverture totale) **ou particuliers** (offrant une couverture partielle, et dépendant d'autres régimes pour certains risques) pour certaines catégories de salariés : les fonctionnaires civils et militaires, les agents des collectivités territoriales, de la SNCF, des mines, etc., auxquels cotisent 19 % des actifs ;
- **des régimes autonomes**, pour les professions non salariées, exploitants agricoles, professions industrielles et commerciales, artisans, professions libérales, soit 10 % des cotisants.

Pour appréhender la complexité du système, il faut encore connaître les caractéristiques suivantes :

- ces régimes ne proposent pas toujours les mêmes garanties, pour des raisons souvent historiques. Certaines catégories socio-professionnelles ont souhaité limiter le niveau de leurs cotisations, comptant sur d'autres sources de revenus pour assurer leur retraite (vente du fonds de commerce, ou de l'exploitation agricole). Leurs pensions de retraite sont donc plus faibles que dans le régime général ;
- une même personne peut prétendre à la retraite auprès de plusieurs régimes, si elle a exercé plusieurs activités professionnelles ;
- les **régimes de base** sont complétés par des **régimes complémentaires** de retraite souvent obligatoires, qui versent une pension complémentaire dont le montant varie selon la profession exercée, les cotisations versées et la durée de versement.

La plupart de ces systèmes a entamé une réforme des structures et des prestations, afin de faire face aux difficultés financières.

■ 2. La situation contrastée des régimes de retraite

Plusieurs évolutions concomitantes contribuent à la dégradation du rapport démographique entre cotisants et retraités :

- La population active, qui cotise pour que soient servies les pensions des actuels retraités, augmente faiblement. De plus, le chômage exclut des actifs du marché du travail. Ce sont autant de cotisations, donc de recettes, qui ne rentrent plus dans les caisses des régimes de retraite.

- Parallèlement, le nombre des retraités continue à augmenter dans certains régimes, puisque la génération du « baby-boom » fait actuellement valoir ses droits à la retraite. (Un retournement est cependant déjà constaté dans les régimes plus vieillissants, comme dans celui des exploitants agricoles, où le nombre annuel de nouveaux retraités est désormais inférieur au nombre annuel de décès des exploitants retraités).

Comment des actifs, dont le nombre progresse peu, vont-ils pouvoir financer les pensions de retraités de plus en plus nombreux, et qui ont en outre une espérance de vie de plus en plus longue ?

Dans ces conditions, presque tous les régimes doivent faire face à des difficultés financières qui ont nécessité leur réforme, surtout lorsqu'ils subissent un rapport démographique particulièrement défavorable comme le régime des mines par exemple, ou celui des agriculteurs.

a. Une succession de réformes d'abord insuffisantes

Une première réforme a été conduite pour le régime général, par la loi du 22 juillet 1993. Les conditions d'obtention de la retraite à taux plein ont été durcies pour obliger les actifs à reculer l'âge de leur départ en retraite au-delà de 60 ans. Les effets de cette réforme n'ont cependant pas apporté les résultats escomptés. D'une part, le marché du travail a tendance à exclure de l'emploi les salariés les plus âgés : un quart des personnes qui liquident aujourd'hui leur retraite n'est déjà plus en activité. D'autre part, les régimes de retraite qui connaissent les plus grandes difficultés financières n'avaient pas été réformés en 1993. Or, **le rapport démographique entre actifs et retraités** à la SNCF n'est que de 0,67 par exemple.

Celui du régime des fonctionnaires de l'État subit également une forte dégradation : on compte actuellement 0,90 cotisant pour un retraité. Ce régime est en outre relativement généreux, car il est censé compenser le faible niveau de rémunération des fonctionnaires pendant leur vie active : il attribue une pension égale à 75 % du dernier salaire pour une durée d'assurance complète. La cotisation retraite payée par les fonctionnaires est assez faible et ne couvre que 20 % des prestations versées, le solde étant financé par des cotisations fictives de l'État, qui est ici son propre assureur.

De nombreux rapports (du Conseil d'orientation des retraites notamment) soulignent **la nécessité d'accroître le taux et la durée d'activité des actifs**.

Le mouvement réformateur, seulement ébauché en 1993, a donc été progressivement complété.

La loi de financement de la Sécurité sociale pour 1999, complétée par celle du 17 juillet 2001, a certes créé un **fonds de réserve** pour prévenir les difficultés de financement des régimes de retraite. Mais les ressources qui lui sont affectées ne garantissent pas la pérennité des régimes.

En outre, le fonds traite un symptôme – le manque de ressources des régimes de retraite – mais ne traite pas les causes du problème – le déséquilibre rédhibitoire entre dépenses et recettes.

Les institutions de retraite complémentaire – AGIRC, ARRCO – ont montré l'exemple en commençant à réformer leurs structures dès 1999, et leur financement en 2001.

Aussi, la réforme du 21 août 2003 s'imposait-elle, mais s'est avérée encore insuffisante. La loi a progressivement accru la durée d'assurance exigée pour obtenir une retraite à taux plein, dans tous les régimes de base. En revanche, les assurés ayant travaillé très jeunes (entre 14 et 16 ans) et totalisant déjà le nombre de trimestres requis peuvent partir avant 60 ans, à titre dérogatoire, dans le cadre du dispositif « carrières longues ».

La loi du 18 décembre 2013 a apporté sa pierre aux réformes :

- la durée d'assurance est de nouveau progressivement allongée jusqu'à 172 trimestres pour les assurés nés en 1973 ;
- les taux de cotisations à la charge des salariés et employeurs ont augmenté plusieurs années consécutives, jusqu'en 2017.

Pour permettre aux professions à risques ou pénibles de bénéficier d'une retraite plus précoce, le gouvernement a souhaité créer un compte « pénibilité » (loi du 20 janvier 2014), qui permet au salarié exerçant une activité professionnelle difficile de capitaliser des points pour partir plus tôt à la retraite. Mais ce dispositif s'avère très complexe à mettre en place et a braqué de nombreux employeurs, qui dénoncent une tracasserie administrative supplémentaire, de nature à pénaliser l'embauche. Il vient d'être simplifié et rebaptisé « compte professionnel de prévention ».

Malgré ces réformes, les projections du COR – Comité d'orientation des retraites – ne prédisent pas le retour à l'équilibre des principaux régimes de retraite de base à court terme. Le retour à l'équilibre serait plutôt envisageable en 2037... à condition que la croissance reparte durablement et que le chômage baisse. Sauf à laisser filer la dette publique, ce qui aurait compromis encore plus gravement l'avenir des actuelles générations d'actifs, une nouvelle réforme était donc nécessaire.

b. La nécessité de mettre en œuvre des réformes courageuses

Une fois encore, les régimes complémentaires de retraite – gérés de façon responsable par les partenaires sociaux – donnent l'exemple : après de très ardues et longues négociations en 2015, des mesures drastiques ont été décidées et sont progressivement mise en place suite à l'accord du 30 octobre 2015 :

- moindre revalorisation des pensions – une mesure politiquement très courageuse car terriblement impopulaire ! Elles seront indexées sur l'inflation et non plus sur les salaires ;
- hausse du prix d'acquisition des points de retraite ;
- mise en place d'un bonus-malus incitant les actifs à retarder leur départ à la retraite, à compter de 2019 : les salariés partant avec une retraite de base à taux plein avant 67 ans seront temporairement pénalisés, les autres bénéficieront au contraire d'un bonus en fonction du nombre de trimestres supplémentaires travaillés ;
- fusion de l'AGIRC et de l'ARRCO en 2019, concomitante à une hausse du taux de cotisations affectées au fonctionnement du régime mais n'ouvrant pas droit à des points retraite.

Les retraités devront donc faire de plus en plus de choix stratégiques avant la retraite, afin de la préparer au mieux : s'ils la prennent au plus tôt, avec un malus sur la retraite complémentaire, il leur faudra avoir pris la précaution de se constituer une épargne pour combler le manque à gagner.

C'est dans ce contexte que peut entrer en jeu la retraite par capitalisation, que l'actuel gouvernement voudrait encourager, en orientant l'épargne vers les entreprises françaises.

À cet effet, la loi a créé quelques outils comme les PERP – plan d'épargne retraite populaire. Même si la préservation d'un régime de retraite par répartition est indispensable – en témoignent les pertes accusées par de nombreux épargnants anglo-saxons lors des affaires Maxwell, Madoff, ou simplement lors des crises boursières –, d'autres systèmes de retraite peuvent venir en complément : retraite par capitalisation (PERP, autres), épargne salariale en vue de la retraite, sur le modèle des dispositifs existants aux États-Unis, Grande-Bretagne, Allemagne, etc.

Ces systèmes par capitalisation doivent cependant faire l'objet d'une surveillance active, pour éviter les malversations précitées, qui ont ruiné des millions de petits épargnants.

Enfin le président Macron annonce une ultime réforme des retraites visant à plus d'équité entre les régimes (voir le chapitre sur les perspectives ci-après).

■ 3. Les revenus des retraités

La pension de retraite composant l'essentiel du revenu des retraités salariés, même si des revenus complémentaires – rentes immobilières notamment – la complètent dans certains cas, c'est celle-ci qui sera détaillée dans les lignes suivantes. Il existe des règles très différentes propres aux autres régimes.

Les lois précitées du 22 juillet 1993 et 21 août 2003 ont en effet durci les conditions pour bénéficier d'une retraite à taux plein : la durée de cotisation nécessaire n'est plus de 150 trimestres (37,5 ans) mais de **167 trimestres, c'est-à-dire 41 ans et 3 trimestres** pour les assurés nés entre 1958 et 1960. Comme on l'a vu ci-dessus, cette exigence augmentera avec l'âge jusqu'à la génération née en 1973.

La réforme a également fixé le salaire de référence, servant de base au calcul du montant de la retraite, aux vingt-cinq meilleures années de cotisation et non plus aux dix meilleures.

Les pensions ne sont plus indexées sur le salaire moyen brut, mais sur les prix (ce qui est moins intéressant, en période de faible inflation).

La formule de calcul des pensions est restée inchangée :

$$\text{pension} = \frac{\text{salaire annuel}}{\text{moyen brut}} \times \frac{\text{taux de}}{\text{la pension}} \times \frac{\text{durée d'assurance au régime}}{\text{167 (variable selon l'année de naissance)}}$$

Le montant de la pension représente un taux maximum de 50 % du montant du salaire de référence, et ne peut excéder 50 % du plafond de Sécurité sociale (donc la moitié de 3311 euros en 2018).

Le taux varie en fonction du nombre de trimestres acquis. Certaines périodes non travaillées peuvent cependant être validées : périodes de chômage ou de maladie, service militaire, dans certaines limites.

La durée d'assurance peut être majorée en fonction du nombre d'enfants.

L'assurance vieillesse a aussi prévu la réalisation et l'indemnisation de certains risques : au décès d'un assuré social, le conjoint survivant peut bénéficier sous conditions de ressources, d'une **pension de réversion** à l'âge de 55 ans. Son montant est égal à 54 % de la pension perçue par l'assuré décédé.
Lorsque le système assurantiel ne suffit pas à assurer un revenu décent aux personnes de plus de 65 ans, elles peuvent solliciter le bénéfice de prestations à caractère alimentaire.

De la solidarité nationale relèvent en effet les prestations non contributives, financées par l'impôt à travers le Fonds de solidarité vieillesse, et qui ne sont pas conditionnées par une durée ou un niveau minimum de cotisations. Elles sont versées par les caisses de retraite, pour le compte de l'État.

Ainsi, l'allocation de solidarité aux personnes âgées (ASPA) bénéficie à plus de 400000 personnes, en majorité des femmes n'ayant pas travaillé assez longtemps pour obtenir une retraite suffisante ou des personnes dont la carrière a été entrecoupée de périodes de chômage, du fait de la précarisation de l'emploi.

Ces prestations peuvent être récupérées sur la succession de l'allocataire lorsque l'actif successoral le permet.

Enfin, le vieillissement des personnes âgées accroît leurs besoins en services. Or, certains retraités bénéficiant pourtant d'une pension à taux plein sont parfois obligés de solliciter des aides pour parvenir à financer ces services : âgés de plus de 65ans, ils sont admis au bénéfice de l'aide personnalisée à l'autonomie, voire des autres prestations de **l'aide sociale aux personnes âgées**, octroyées par le conseil départemental pour favoriser le maintien à domicile – aide-ménagère, aide-soignante, portage de repas au domicile – ou permettre un placement dans un établissement.

La constitution de la retraite (salariés de l'industrie et du commerce)

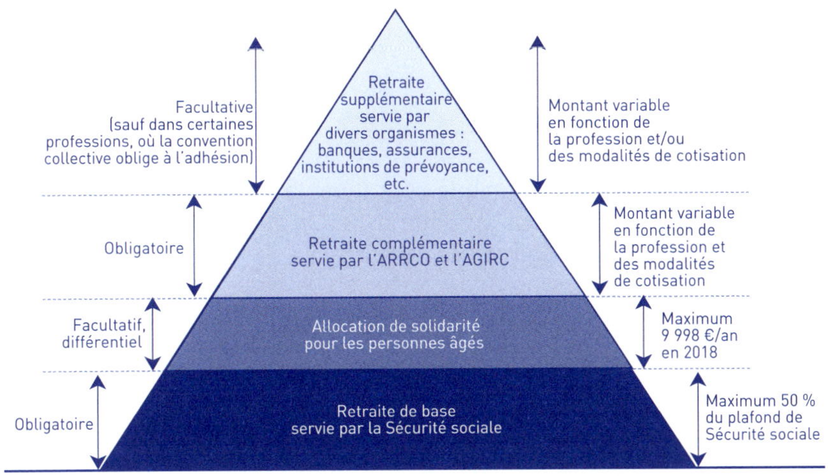

Testez vos connaissances !

QCM

Pour chaque QCM, une réponse au moins est exacte.

1. Dans un système de retraite par répartition :

❑ a. Les retraites sont financées grâce aux économies réalisées par les retraités pendant leur vie active.
❑ b. Les retraites sont financées par l'impôt.
❑ c. Les retraites sont financées par les cotisations payées au même moment par les actifs.

2. Pour bénéficier d'une retraite à taux plein, un salarié de l'industrie et du commerce doit avoir cotisé pendant :

❑ a. 37,5 ans
❑ b. 41 ans et 3 trimestres
❑ c. 45 ans

3. Plusieurs régimes spéciaux sont en difficulté car :

❑ a. leurs pensionnés sont plus nombreux que leurs cotisants
❑ b. ils sont trop généreux dans le montant des pensions servies
❑ c. la population couverte est trop peu nombreuse

4. L'AGIRC et l'ARRCO vont fusionner en :

❑ a. 2017
❑ b. 2018
❑ c. 2019

5. En France, il existe :

❑ a. un régime de retraite unique pour toute la population
❑ b. un régime unique pour les salariés, et un autre pour les non-salariés
❑ c. une multitude de régimes de retraite

QROC

1. Existe-t-il un minimum vieillesse ?
2. L'ARRCO.

Corrigés

QCM

1. c. C'est le système de retraite le plus sûr, indépendant des aléas boursiers, contrairement au système par capitalisation.

2. b. Cette durée minimum augmente régulièrement jusqu'à la génération née en 1973.

3. a. Leur rapport démographique est déséquilibré.

4. c. Les partenaires sociaux ont acté cette décision courageuse dans les accords du 30 octobre 2015 et 17 novembre 2017.

5. c. Après la guerre, de nombreuses catégories professionnelles ont exigé et obtenu un régime spécifique de retraite.

QROC

1. Le minimum vieillesse n'existe plus en propre depuis 2006 mais a été remplacé par un dispositif qui a la même finalité : l'allocation de solidarité aux personnes âgées. Le minimum vieillesse perdure cependant pour ses anciens bénéficiaires qui n'auraient pas opté pour l'ASPA.

Cette allocation est versée par la CARSAT ou la MSA, sous condition de ressources à partir de 65 ans, pour compléter une petite retraite par exemple.

Son montant varie selon les ressources et la composition familiale (en 2018, 833 €/mois pour une personne seule). Les montants versés sont récupérables sur succession, sur la partie de l'actif net successoral dépassant 39 000 €.

2. L'Association pour le régime de retraite complémentaire des salariés est comme sa dénomination l'indique, un organisme de droit privé, remplissant une mission d'intérêt général, régie par le Code de la Sécurité sociale. Elle est gérée paritairement par des représentants des employeurs et des salariés, qui cofinancent la retraite complémentaire.

1,6 million d'entreprises et plus de 18 millions de salariés cotisent à l'ARRCO et recevront en contrepartie, à l'âge de la retraite, une pension directe ou de réversion.

Son conseil est notamment en charge de la fixation de la valeur du point de retraite et du salaire de référence utilisés pour le calcul de la retraite complémentaire.

Corrigés

À l'issue d'un processus de regroupement, elle fédère actuellement 20 caisses de retraite. De nouvelles fusions sont programmées, au terme d'une restructuration qui prévoit aussi des hausses de cotisations et une réduction des pensions, pour ramener le régime complémentaire à l'équilibre financier.

L'ARRCO fusionnera avec l'AGIRC en 2019.

23. Perspectives et regard international

Le risque vieillesse représente une part importante des dépenses de Sécurité sociale (35 %) et concerne 16 millions de retraités. Il devrait représenter plus de 247 milliards d'euros en 2019.

Structurellement déficitaires, les régimes de base et complémentaires doivent se réformer en profondeur pour revenir à l'équilibre et éviter de faire supporter aux générations futures une situation insoutenable

Le Japon, la Grande-Bretagne et de nombreux autres pays industrialisés ont d'ores et déjà repoussé l'âge minimum de la retraite à 65 ans. En Allemagne, Belgique, et dans bien d'autres pays, la durée de cotisation nécessaire est de 45 ans pour prétendre à la retraite. Les réformes en France sont plus timides. Peuvent-elles garantir la pérennité de notre généreux système ?

■ 1. La nécessaire maîtrise des dépenses, pour préserver la jeunesse française

Sur le long terme, on note une augmentation régulière des dépenses de retraite en France, liée à l'évolution démographique et à l'augmentation du nombre de futurs retraités : près de 700 000 par an pour le seul régime général. D'autant que de nombreux retraités profitent du dispositif de retraite anticipée quand ils ont commencé à travailler jeunes.

La problématique est la même pour les régimes de retraite complémentaire. L'ARRCO et l'AGIRC ont assaini leur situation financière grâce à des réformes de leurs structures, qui devraient néanmoins se poursuivre.

En sus, la dépense publique totale consacrée à l'autonomie, et essentiellement à la charge des conseils départementaux et de l'assurance maladie, est estimée à 25 milliards d'euros. Ainsi, le vieillissement de la population met en péril les finances publiques dans toutes leurs composantes !

Comme pour les dépenses de santé, aucune réforme d'envergure n'est envisageable sans prise de conscience, par la population bénéficiaire, de la nécessité de modérer ses exigences – **voire de sacrifier certains droits longtemps considérés comme acquis** –, pour préserver la pérennité du système.

Longtemps arc-boutés contre le principe d'une réforme des retraites, les Français semblent avoir pris conscience de l'impérieuse nécessité d'enrayer la spirale de la dette et de ne pas faire supporter le paiement des retraites actuelles à une génération d'actifs déjà en grande difficulté. Les échanges, heureusement, ne sont pas unilatéraux, et de nombreux retraités aident financièrement leurs enfants.

La grave problématique de l'équilibre financier des régimes de retraite **n'est donc que l'épicentre d'un phénomène plus général encore**, qui inclura des problèmes périphériques comme l'augmentation des dépenses de santé inhérente au vieillissement de la population : **ce sont l'ensemble des « fondamentaux » de l'économie qui pourraient être bouleversés**.

À titre d'exemple, **le montant moyen des prélèvements sociaux** sur les salaires nets était de 23 % en 1990 ; il est actuellement de plus de 28 %. Les actifs supporteront-ils longtemps une telle charge au profit de leurs aînés ?

■ 2. Les évolutions possibles

L'Allemagne ouvre une voie d'expérimentation originale avec sa politique d'immigration massive, qui, grâce à un faible taux de chômage, va permette de répartir cette charge sur un plus grand nombre d'actifs. Mais ces actifs accepteront-ils que leurs cotisations financent des prestations profitant avant tout aux populations âgées, au détriment des populations plus jeunes ?

À moins que ne soit promue une politique de « vieillissement actif » où la vie active se poursuivrait au-delà de l'âge légal actuel... ou que le financement de la protection sociale soit totalement réformé, de façon à répartir plus équitablement sa charge sur l'ensemble de la population.

La France, dont le contexte économique est moins porteur que celui de l'Allemagne, doit faire le choix courageux de poursuivre ses réformes pour conserver son régime social protecteur afin d'éviter ce qui nous paraît choquant quand nous visitons d'autres pays, même développés : le travail de seniors très âgés, dont la retraite n'est pas suffisante pour vivre. C'est le cas aux États-Unis ou au Japon par exemple.

Le gouvernement actuel a donc instauré deux réformes importantes :
– L'accroissement des prélèvements sociaux sur les retraités, dont le niveau de vie est en moyenne supérieur à celui des actifs. Il est donc normal qu'ils contribuent davantage au financement de la Sécurité sociale à travers une hausse de la CSG. Les actifs supportent aussi cette hausse, mais elle est plus que compensée par la baisse de leurs cotisations sociales maladie et chômage.
– Le rapprochement des régimes de retraite pour plus d'équité : la réflexion est en cours sur ce sujet très technique, pour que « un euro cotisé » ouvre les mêmes

droits à la retraite quel que soit le régime d'affiliation. Cette réflexion pourrait s'inspirer **du système des comptes notionnels** (Italie, Suède, Pologne, Lettonie), souvent comparé aux régimes par points existant en retraite complémentaire, dans la mesure où les prestations de retraite servies par ces régimes reflètent l'effort contributif de chaque assuré durant toute sa vie active.

Dans ces deux types de régimes à cotisations définies, chaque assuré dispose d'un compte individuel dans lequel sont comptabilisées les cotisations versées par l'employeur et lui-même. Le niveau des pensions est donc lié à celui des cotisations versées et à l'espérance de vie moyenne de la génération à laquelle l'assuré appartient, ce qui assure globalement l'équilibre financier du régime à long terme.

En revanche, il faut introduire un minimum de solidarité et de redistribution, pour que les salariés qui n'ont pas eu une vie active linéaire (périodes de chômage, de congé parental, etc.) ne soient pas privés de retraite.

Le COR prône aussi depuis longtemps **une « troisième voie », associant répartition et capitalisation**, qui semble être une solution d'avenir à condition que les produits financiers, sur lesquels la capitalisation est fondée, soient sécurisés pour que les cotisants ne voient pas leurs placements fondre lors des crises boursières.

Enfin, il s'intéresse aux « retraites à la carte », système qui permettrait à chaque retraité de choisir sa durée d'assurance en fonction du niveau de retraite qu'il estime nécessaire.

Néanmoins, le système actuel permet déjà de partir par anticipation (avec pénalités) ou en prolongeant le plus longtemps possible son activité (et en bénéficiant d'une surcôte). Et le futur retraité reçoit désormais à échéances régulières une « estimation indicative globale » de sa retraite, en fonction de la durée d'assurance déjà cotisée. Il peut ainsi faire son choix en toute connaissance de cause.

■ 3. La dépendance : vers un cinquième risque ?

Le vieillissement de la population, et son cortège de conséquences économiques et sociales, est une problématique à laquelle tous les pays industrialisés sont confrontés.

La France a longtemps envié l'Allemagne, qui a créé un cinquième risque de Sécurité sociale, dans les années 90, pour gérer cette problématique.

Initialement, les pouvoirs publics français n'avaient pas retenu cette option, coûteuse pour les finances publiques, et avaient préféré s'appuyer sur les conseils départementaux et la Caisse de solidarité pour l'autonomie pour initier la réforme.

Celle-ci est cependant restée au milieu du gué : les besoins augmentent naturellement ; les moyens des conseils départementaux et de la CNSA ne leur permettent plus de faire face aux dépenses générées par l'allocation personnalisée pour l'autonomie ; les associations d'aide ménagère sont nombreuses à avoir des difficultés financières, les heures travaillées n'étant pas rémunérées à hauteur du coût de revient ; les EHPAD souffrent d'un manque de moyens et d'effectifs.

Les assureurs privés sont à l'affût et proposent le développement d'une couverture privée, qui serait accompagnée fiscalement et socialement pour être suffisamment attractive : un pas que les pouvoirs publics n'ont pas souhaité franchir jusqu'à présent, d'autant que cette couverture ne serait sans doute accessible qu'aux personnes les plus aisées.

Le président de la République a annoncé, en avril 2018, la création éventuelle d'un cinquième risque de Sécurité sociale dédié à la prise en charge de la dépendance. Il aurait l'avantage de clarifier les financements et de réduire le nombre d'acteurs publics en charge de la dépendance, véritable labyrinthe pour les personnes âgées et leur famille. Un conseil, suivez l'actualité !

Testez vos connaissances !

QCM

Pour chaque QCM, une réponse au moins est exacte.

1. La CASA est :

❑ a. la Caisse nationale de solidarité pour l'autonomie
❑ b. la Caisse d'amortissement de la dette sociale des salariés
❑ c. la contribution additionnelle de solidarité pour l'autonomie

2. Dans les dépenses de Sécurité sociale, le risque vieillesse représente :

❑ a. 22 milliards d'euros
❑ b. 125 milliards d'euros
❑ c. 1 130 milliards d'euros

3. Dans les dépenses de Sécurité sociale, celles consacrées à l'assurance vieillesse sont :

❑ a. plus importantes que celles consacrées à l'assurance maladie
❑ b. moins importantes que celles consacrées à l'assurance maladie

QROC

1. La loi d'adaptation de la société au vieillissement.
2. La CASA.

Corrigés

QCM

1. c. Elle a été instituée par la loi de financement de la Sécurité sociale pour 2013 et est prélevée sur les retraites de base et retraites complémentaires.

2. b. C'est le 2e poste de dépenses de la Sécurité sociale, en accroissement constant.

3. a. Les dépenses de vieillesse représentent le 2e poste dans les dépenses de la Sécurité sociale, après les dépenses d'assurance maladie.

QROC

1. Publié le 29 décembre 2015, ce texte vise à anticiper les conséquences du vieillissement de la population en facilitant davantage l'accompagnement à domicile (réforme de l'APA et revalorisation des plans d'aide), en reconnaissant des droits aux proches dits « aidants », notamment un droit au répit, en créant une conférence des financeurs de la prévention de la perte d'autonomie dans chaque département, en modernisant les foyers-logements rebaptisés résidences-autonomie, en renforçant la transparence sur les prix pratiqués dans les EHPAD.

Les dépenses afférentes sont financées par la CASA – contribution additionnelle de solidarité pour l'autonomie – créée en 2013, pour environ 700 millions d'euros par an.

2. La contribution additionnelle de solidarité pour l'autonomie a été créée par la loi de financement de la Sécurité sociale pour 2013. Son taux est de 0,3 %, elle est perçue sur les avantages de retraite, de préretraite et d'invalidité.

Elle est le pendant, pour les retraités, de la contribution solidarité autonomie (CSA) prélevée sur les salariés actifs dans le cadre de la Journée de Solidarité.

Les personnes non imposables sont exonérées de la CASA.

Elle est recouvrée par les organismes de Sécurité sociale chargés du recouvrement (URSSAF, MSA) et elle abonde les fonds de la Caisse nationale de solidarité à l'autonomie (CNSA).

6 La politique en faveur de la famille et de l'enfance

En matière de démographie, la France fait figure d'exception au sein de l'Union européenne. Forte de ses 67,2 millions d'habitants et avec un taux de fécondité de 1,88 enfant par femme, la France est un moteur de la croissance démographique dans l'Union européenne.
Elle est le deuxième pays le plus peuplé après l'Allemagne (82,8 millions d'habitants).
Cependant, depuis 2015, le solde naturel se réduit en France, du fait d'une diminution des naissances (s'établissant à 767 000) et d'une augmentation des décès (603 000) liée au vieillissement de la population. Sans être le seul facteur d'explication, la politique familiale ambitieuse menée par les pouvoirs publics depuis 1945 contribue sans doute à encourager la natalité en France. Pourtant, cet objectif, qui fut le tout premier assigné à la politique familiale, n'est plus prioritaire.

24. La compensation de la charge financière que représente l'enfant

Longtemps ancrée au principe fondateur d'égalité des familles face à la charge que représente l'enfant, la politique familiale « louvoie » aujourd'hui entre les objectifs d'égalité et d'équité. En effet, les prestations sont de plus en plus différenciées selon la situation sociale de la famille, et leur montant est souvent variable en fonction du revenu des ménages.

La politique familiale opère ***une redistribution du revenu national*** *en faveur des familles démunies. Elle permet ainsi à environ 10 % d'entre elles de ne pas tomber sous le seuil de pauvreté absolue.*

Pour autant, la philosophie de la politique familiale a été plusieurs fois modifiée, et l'objectif originel – la compensation de la charge financière des enfants – n'est plus l'objectif prioritaire aujourd'hui.

1. À l'origine, une philosophie « égalitariste » : des allocations familiales uniformes pour tous

Les premières allocations familiales ont vu le jour par la loi du 11 mars 1932 : l'État tentait ainsi de généraliser l'attribution d'aides distribuées par de grandes entreprises paternalistes (Michelin) à leurs salariés. Le Code de la famille a été créé en 1939 et contenait des mesures à visée nataliste. Les premières allocations prénatales voient ainsi le jour en 1940, suivies du quotient familial en 1945.

À l'issue de la Seconde Guerre mondiale est créée la protection maternelle et infantile. Par ailleurs, le plan instaurant la Sécurité sociale comprend une branche famille, attribuant des prestations familiales uniformes aux familles de salariés. Au sortir d'un conflit mondial meurtrier, l'objectif premier d'une telle politique était essentiellement nataliste et visait avant tout au redressement démographique de la Nation.

Le bénéfice des prestations familiales a ensuite été progressivement étendu à l'ensemble de la population. Depuis 1978, elles étaient attribuées sur le seul critère de résidence. L'objectif de cette redistribution du revenu national était de

compenser de façon égalitaire une partie de la charge financière que représente l'enfant.

En effet, les « allocations familiales » – la plus universelle de nos prestations familiales – sont versées en espèces à la famille, qui en dispose donc librement. Leur attribution n'était pas conditionnée par un plafond de ressources jusqu'au 1er juillet 2015.

Les Français semblaient très attachés à ce système égalitariste : l'article de la loi de financement de la Sécurité sociale qui prévoyait, en 1998, la mise sous condition de ressources des allocations, a été finalement abandonné suite aux réactions virulentes de la « société civile ».

Cette solution a néanmoins été adoptée par la loi de financement de la Sécurité sociale pour 2015, ainsi qu'une autre mesure visant le même objectif : la révision à la baisse de l'avantage procuré par le quotient familial, utilisé pour le calcul de l'impôt sur le revenu.

Ces mesures ont cette fois été acceptées par l'opinion publique sans contestation majeure : les Français ont-ils pris conscience des limites du financement de la protection sociale ?

■ 2. L'adaptation de la politique familiale aux évolutions sociales

Les prestations familiales se sont rapidement enrichies de nouveaux types d'aides, adaptées aux situations familiales. La politique familiale a été confrontée à deux gageures :

- la prise en charge de risques touchant certaines familles : handicap de l'enfant notamment ;
- la prise en compte de grandes tendances sociales, comme l'allongement de la durée des études : en 1999, le bénéfice des allocations familiales a été prolongé jusqu'aux 20 ans de l'enfant scolarisé.

En 2000, le complément familial et les aides au logement ont été prolongés jusqu'aux 21 ans de l'enfant à charge.

En 2002, le congé de paternité a pris en compte le souhait des jeunes pères de profiter de leur nouveau-né. Depuis 2004, la mise en œuvre de la Prestation d'accueil du jeune enfant (PAJE) vise à aider les jeunes parents à mieux concilier vie familiale et vie professionnelle.

En 2006 a été créé un nouveau congé parental, plus court et mieux rémunéré, pour les familles ayant 3 enfants et plus. Par ailleurs, le congé et l'allocation de présence parentale, pour les parents d'un enfant malade, ont été améliorés.

Depuis 2009, les prestations familiales peuvent désormais être partagées entre les parents séparés, s'ils en sont d'accord et en cas de résidence alternée des enfants.

En 2016 a été généralisée à toute la France l'expérimentation de la Garantie des impayés de pension alimentaire (GIPA), créée par la loi du 4 août 2014 pour l'égalité entre les femmes et les hommes. La CAF soutient financièrement le parent pénalisé par la défaillance de l'ex-conjoint et peut engager des poursuites à l'encontre de ce dernier.

Depuis les années 70 et jusqu'à ce jour, les gouvernements ont donc plutôt promu le principe de « discrimination positive », en créant des aides adaptées aux besoins spécifiques de certaines familles, comme les familles monoparentales.

En conséquence, il existe une multitude d'aides destinées à la famille : cet ensemble est dénommé « prestations familiales », à ne pas confondre avec les allocations familiales, qui ne sont qu'une prestation familiale parmi tant d'autres.
Caractéristiques communes à toutes les prestations :

- les bénéficiaires doivent résider en France ;
- les prestations familiales peuvent être attribuées à des personnes étrangères si elles remplissent les conditions de droit au séjour ;
- l'enfant ouvrant droit aux prestations doit être « à charge » : ses proches (qui ne sont pas systématiquement ses parents mais peuvent être un frère, un oncle, un grand-parent) doivent assumer son entretien (nourriture, logement, habillement) de façon effective et permanente.

Tableau récapitulatif : Les prestations familiales légales

Prestations légales	Bénéficiaires	Sous condition de ressources
Les prestations liées à la naissance et à la charge d'un enfant de moins de 3 ans		
La prestation d'accueil du jeune enfant	Prime à la naissance, prime d'adoption, allocation de base.	Oui
Le congé de paternité	Jeune père en activité professionnelle. Attention, cette prestation est financée par la branche famille mais servie, comme les indemnités de maternité, par la CPAM.	Non
Les prestations liées à « l'entretien » des enfants		
Les allocations familiales	Familles ayant 2 enfants au moins.	Oui, modulées selon les ressources
Le complément familial	Famille ayant 3 enfants et plus, de plus de 3 ans.	Oui
L'allocation de soutien familial, et l'aide au recouvrement des pensions alimentaires	Parent seul supportant la charge d'un enfant orphelin, ou dont l'affiliation n'est établie qu'à l'égard de l'un des parents, ou dont l'un des parents se soustrait à son obligation d'entretien ou de versement d'une pension alimentaire.	Non
L'allocation de rentrée scolaire	Famille ayant un enfant scolarisé de 6 à 18 ans.	Oui
Les prestations permettant la conciliation de la vie familiale et de la vie professionnelle		
La prestation d'accueil du jeune enfant	- Prestation partagée d'éducation de l'enfant (PreParE) qui depuis le 1er janvier 2015 remplace le complément de libre choix d'activité, ouvert dès le premier enfant pour 6 mois par parent (ou 12 mois pour un parent isolé), ou jusqu'aux 3 ans du plus jeune enfant dans les familles de 2 enfants et plus, quand l'un des parents cesse ou réduit son activité. - Famille ayant au moins 2 enfants, dont le dernier a moins de 3 ans, et dont l'un des parents cesse ou réduit son activité, à hauteur de 24 mois par parent dans la limite de ses 3 ans. - Complément de libre choix de mode de garde pour les familles embauchant une personne à domicile ou une assistante maternelle agréée.	Ouvertes à toutes les familles mais modulées selon les ressources
La prestation de service unique	Aide au fonctionnement versée par les CAF aux structures de garde de jeunes enfants conventionnées. En contrepartie, ces structures doivent moduler leur tarif en fonction du revenu des parents.	Oui indirectement

Les prestations garantissant un revenu familial minimum		
Le revenu de solidarité active-socle (bien que non considéré comme PF, car il est servi par la CAF sur décision du président du conseil départemental)	Personne de plus de 25 ans (ou plus jeune, sous conditions d'emploi préalable) en situation précaire. Parent seul assumant une grossesse ou la charge d'un enfant de moins de 3 ans.	Oui
La prime d'activité (financée sur fonds d'État)	Salarié ou travailleur indépendant de 18 ans ou plus, apprentis et étudiants salariés, ayant des ressources inférieures à 1 500 € pour une personne seule.	Oui
Les prestations spécifiques répondant à une situation particulière (versées par les CAF même si ce ne sont pas toujours des prestations « familiales »)		
L'allocation journalière de présence parentale	Famille ayant un enfant gravement malade, handicapé ou accidenté, nécessitant des soins continus ou la présence d'un parent, qui doit alors interrompre ou réduire son activité professionnelle.	Non
L'allocation d'éducation de l'enfant handicapé	Famille ayant un enfant handicapé de moins de 20 ans à charge.	Non
L'allocation pour adultes handicapés	Personne handicapée de plus de 20 ans ayant un taux d'incapacité supérieur à 50 %.	Oui
L'allocation de logement	Locataire ou personne achetant, construisant ou améliorant son logement.	Oui
L'aide personnalisée au logement	Locataire dont le logement est conventionné ou personne remboursant certains types de prêts.	Oui
La prime de déménagement	Si déménagement avant les deux ans du 3e enfant.	Oui
Le prêt à l'amélioration de l'habitat	Locataire ou propriétaire souhaitant entreprendre des travaux déjà bénéficiaires d'une prestation familiale.	Oui

Testez vos connaissances !

QCM

Pour chaque QCM, une réponse au moins est exacte.

1. La France est le 2e pays le plus peuplé de l'Union européenne, après la Grande-Bretagne.

- ❑ a. Vrai
- ❑ b. Faux

2. Les allocations familiales sont attribuées sous condition de ressources.

- ❑ a. Vrai
- ❑ b. Faux

3. Le quotient familial a été réformé en 2015.

- ❑ a. Vrai
- ❑ b. Faux

QROC

1. Les objectifs de la politique familiale en France.
2. Les allocations familiales.

Corrigés

QCM

1. b. La France est certes le 2e pays le plus peuplé de l'Union, mais après l'Allemagne et non la Grande-Bretagne.

2. a. Depuis le 1er juillet 2015 elles sont plus précisément modulées en fonction des ressources.

3. a. Il a été réformé dans un sens défavorable aux familles aisées avec enfant.

QROC

1. Objectifs principaux de la politique familiale en France

- Historiques :

- la compensation de la charge financière que représente l'enfant pour la famille, notamment en vue de favoriser la natalité ;
- l'accompagnement des familles confrontées à différents évènements dans leur parcours de vie.

- Plus récents :

- la lutte contre la pauvreté, notamment des familles monoparentales ;
- la concrétisation de l'égalité hommes-femmes.

2. Créées par certaines grandes entreprises françaises comme Michelin dès le début du XXe siècle, les allocations familiales ont trouvé une base légale en 1932.

Elles constituent un sous-ensemble des prestations familiales.

Visant à compenser la charge financière que représente l'enfant pour sa famille, elles ont longtemps été attribuées égalitairement à toutes les familles à partir du 2e enfant, sans condition de ressources.

Depuis le 1er juillet 2015, elles sont toujours attribuées à toutes les familles, mais sont significativement modulées en fonction du niveau des ressources.

25. Politique familiale et discrimination positive

Le nombre de familles monoparentales ne cesse d'augmenter pour atteindre 1,8 million de familles. Dans 84 % des cas, c'est la mère qui est seule avec ses enfants (1,6 enfant par famille monoparentale en moyenne).

40 % des pensions alimentaires sont totalement ou partiellement impayées, alors qu'elles représentent un cinquième du revenu des familles monoparentales les plus pauvres.

Plus généralement, les prestations familiales permettent à près de 10 % de la population de ne pas passer sous le seuil de pauvreté (la France utilise comme outil de mesure le seuil de pauvreté relative, tenant compte du niveau de vie du pays, et estime que le seuil de pauvreté s'établit à 60 % du revenu français médian).

1. Les conséquences des crises économiques sur la politique familiale

Dès le début des années 70, la Sécurité sociale dans son ensemble est confrontée aux conséquences de la crise économique, de deux natures différentes :

- L'amoindrissement des recettes, qui proviennent essentiellement de cotisations appelées sur la masse salariale. La rétractation de celle-ci pendant les périodes de crise économique limite directement les recettes de la Sécurité sociale.
- Dans le même temps, la crise génère de nouveaux besoins au sein de la population. Les ressources des familles touchées par le chômage sont amputées, enclenchant le cercle vicieux qui mène, non plus seulement à la pauvreté, mais à l'exclusion sociale : les causes peuvent être la prolongation de la situation de chômage, une dégradation de l'état de santé faute de moyens pour accéder aux soins, etc.

Ces évolutions se sont amplifiées au fil des décennies : malgré l'avis défavorable de la CNAF, inquiète pour le financement de la branche famille, le gouvernement a réduit les cotisations familiales à la charge des employeurs à compter de 2015, pour restaurer la compétitivité des entreprises françaises en limitant leurs charges sociales.

En contrepartie, outre la mise sous condition de ressources des allocations familiales et la baisse de l'allocation logement, les revalorisations des prestations ont été limitées pour contribuer à la réalisation d'économies. La branche famille devrait être légèrement excédentaire en 2018.

Face à ces évolutions, les gouvernements successifs ont tenté de réviser progressivement la philosophie qui inspirait la politique familiale : des prestations spécifiques ont été créées pour faire face aux risques réalisés pour certaines familles, en particulier les plus démunies. **Aujourd'hui, la majorité des prestations familiales est attribuée sous condition de ressources.**

Les CAF deviennent-elles prioritairement des organismes d'aide sociale, à l'image des conseils départementaux ?

■ 2. La politique familiale, et le droit de la Sécurité sociale qui en est la traduction légale, ont évolué pour privilégier l'équité plus que l'égalité

La politique familiale perd son universalité et tend à devenir sélective, en concentrant les aides sur les publics qui n'ont pas accès à certains droits jugés fondamentaux, et qui ne sont plus forcément... des familles !

Parmi ces droits figurent, entre autres, le revenu de solidarité active ou le droit opposable au logement.
Le droit à un revenu minimum : cet objectif a été largement débattu lors des travaux parlementaires préalables au vote de la loi du 1er décembre 1988 sur le RMI, depuis remplacé par le revenu de solidarité active (loi du 1er décembre 2008). Le RSA présente la particularité d'être servi à ses bénéficiaires par la CAF (caisse d'allocations familiales) ou la MSA, mais sur décision du président du conseil départemental, contrairement aux autres prestations versées par la Sécurité sociale. Le RSA est donc une prestation de solidarité plus qu'une prestation familiale.
À noter : le RSA activité est remplacé depuis le 1er janvier 2016 par la nouvelle prime d'activité. En revanche, le RSA socle est maintenu en l'état.

Le RSA a aussi succédé à l'API (allocation de parent isolé) en 2009, et vise à apporter un revenu minimum au parent élevant seul ses enfants. **La monoparentalité et ses conséquences sociales** les plus douloureuses sont reconnues comme un risque social, que la solidarité nationale doit prendre en charge : 1,8 million de familles monoparentales (3,4 millions d'enfants) reçoivent des prestations familiales.

La concrétisation du droit au logement pour tous, déjà affiché dans la loi du 31 mai 1990 mais réactualisé par la loi DALO du 5 mars 2007, a conduit les pouvoirs publics à créer et à généraliser les aides au logement, puis à créer un droit opposable au logement (voir partie 8 sur la ville et le logement). Plus de 13 millions de personnes sont concernées par une aide au logement, soit 16 milliards d'euros.

L'équité en elle-même ne peut-elle être considérée comme un droit ? La société a le devoir d'épauler les familles touchées par des évènements non maîtrisables, qui ont un impact direct sur leurs ressources ou leurs conditions de vie. L'allocation d'éducation pour l'enfant handicapé et l'allocation pour adultes handicapés compensent la charge financière que représente la personne handicapée pour sa famille, et lui offrent des moyens convenables d'existence. De même, la création de l'allocation de présence parentale en 2002 visait à aider les familles à faire face à la maladie de leur enfant.

Dans la même logique, les familles ne sont-elles pas en droit d'exiger des **aides adaptées aux différentes périodes de la vie** ? Les besoins d'un jeune ménage qui s'installe n'étant pas les mêmes que ceux d'une famille installée, des prestations spécifiques, comme l'aide financière au déménagement, ont été créées pour aider les familles.

La volonté des gouvernements successifs d'adapter la politique familiale à l'évolution de la société n'a jamais fléchi : les CAF gagnent toujours des allocataires.

Par ailleurs, en développant leurs **prestations extra-légales**, les CAF elles-mêmes ont joué le jeu de l'équité, la plupart des prestations extra-légales étant attribuées sous condition de ressources. Elles complètent en cela les prestations attribuées dans le cadre de l'aide sociale, par la commune et plus encore par le conseil départemental : aides d'urgence relatives à l'alimentation, aux soins ou à l'équipement ménager de base, mais aussi prestations visant à favoriser l'épanouissement des enfants vivant au sein de familles défavorisées : bons vacances, classes vertes, équipements de jeux, etc.

En effet, la politique familiale revêt plusieurs formes : le versement des prestations en espèces est la forme la plus connue ; mais la vie familiale quotidienne est également facilitée par d'autres types d'actions relevant de la politique familiale, qui s'apparentent davantage à des prestations « en nature » ou de services.

Testez vos connaissances !

QCM

Pour chaque QCM, une réponse au moins est exacte.

1. Aujourd'hui, plus de la moitié des prestations familiales sont attribuées sous condition de ressources.

- ❑ a. Vrai
- ❑ b. Faux

2. Le nombre d'allocataires des CAF :

- ❑ a. diminue
- ❑ b. augmente

3. Les jeunes de moins de 25 ans n'ont pas droit au RSA.

- ❑ a. Vrai
- ❑ b. Faux

4. Les prestations extra-légales versées par les CAF et MSA :

- ❑ a. sont hors la loi et susceptibles d'être annulées par l'autorité de tutelle des CAF et MSA
- ❑ b. complètent les prestations définies par la loi et sont décidées par le conseil d'administration de chaque CAF ou MSA

5. Le revenu de solidarité active a succédé :

- ❑ a. à l'allocation de parent isolé (API)
- ❑ b. aux allocations de chômage
- ❑ c. au revenu minimum d'insertion

6. La prime d'activité a succédé :

- ❑ a. au RSA socle
- ❑ b. au RSA activité
- ❑ c. à la prime pour l'emploi

QROC

1. La PPA.
2. La Caisse nationale des allocations familiales.

Corrigés

QCM

1. a. Cette tendance née dans les années 70 tend à s'amplifier.

2. b. Il a récemment augmenté sous l'effet de la création de la prime d'activité.

3. b. Ils peuvent avoir droit, sous certaines conditions, au RSA-socle.

4. b. Elles sont donc bien légales et permettent d'adapter les aides aux besoins des populations locales.

5. a. et c.

6. b. et c. Depuis le 1er janvier 2016.

QROC

1. La prime pour l'activité, créée par la loi du 17 août 2015 et en application depuis le 1er janvier 2016, remplace le RSA activité et la prime pour l'emploi.

Elle est destinée aux salariés ou indépendants tirant un revenu jugé insuffisant de leur activité. Le seuil de ressources est de 1 500 € par mois pour une personne seule.

Elle ne peut être demandée que par internet. La demande est ensuite instruite par la CAF ou la MSA. Elle devrait être financée sur fonds d'État.

Ses conditions d'attribution sont plus ouvertes que celles du RSA activité, notamment pour les jeunes travailleurs, puisqu'elle est ouverte à partir de 18 ans, voire même sous conditions aux stagiaires et apprentis.

4,4 millions de personnes en ont bénéficié au moins une fois depuis sa création.

2. La CNAF est un établissement public national à caractère administratif qui gère un réseau de 102 organismes départementaux, les CAF.

Elle est administrée par un conseil d'administration composé de 35 membres, désignés pour 5 ans sur proposition des organisations patronales et syndicales représentatives, représentant les assurés sociaux, les employeurs et travailleurs indépendants, les associations familiales. Siègent également des personnalités qualifiées.

Son directeur est nommé en Conseil des ministres, sur proposition du ministre en charge des Affaires sociales.

La CNAF définit les orientations de la branche sous le contrôle de ses ministères de tutelle – affaires sociales, budget –, négocie notamment la convention d'objectifs et de gestion avec l'État, et décline les objectifs afférents dans les contrats pluriannuels de gestion avec chaque CAF.

26. Les actions pour améliorer l'environnement familial

L'âge moyen des mères lors de la naissance du premier enfant est de 30 ans. Plus de la moitié des nouveau-nés a des parents âgés d'au moins 30 ans. Les parents sont donc bien installés dans leur vie professionnelle lors de l'arrivée du premier enfant, et envisagent les différentes façons de concilier leur vie familiale et leur vie professionnelle :

- l'entraide familiale, et en particulier la garde par les grands-parents, concernerait 4 % des enfants de moins de 3 ans, et jusqu'à 9 % quand les deux parents travaillent à temps complet ;
- un quart des parents souhaiterait disposer d'une place en crèche alors que seuls 18 % en bénéficient ;
- les assistantes maternelles gardent près d'1 million d'enfants de moins de 3 ans, soit 19 % d'entre eux.

■ 1. Un service public de la petite enfance ?

En la matière, la politique familiale vise un double objectif : elle crée des conditions de vie plus faciles et favorise l'épanouissement des parents et des enfants. Le congé de paternité est l'initiative la plus récente.

La priorité est cependant donnée à la création de **structures d'accueil de la petite enfance**, qui permettent aux parents de continuer leur activité professionnelle, et favorisent l'apprentissage de la socialisation pour les enfants à un âge précoce de leur vie.

Il s'agit aussi de préparer certaines des évolutions économiques à venir : puisque les spécialistes de la conjoncture économique prévoient une pénurie de main d'œuvre déjà ressentie dans certains secteurs d'activité, les pouvoirs publics ont intérêt à favoriser la reprise d'activité des jeunes mères notamment.

On mesure, par cet exemple entre autres, toutes les interactions existant entre les politiques sociales et la conjoncture économique.

Les tentatives de mise en œuvre d'un service public de la petite enfance relèvent de cette logique.

Cependant, dans le domaine de la petite enfance existe un écart certain entre la volonté affichée par les pouvoirs publics et les réalisations effectives. Avec la Norvège, la Suède, la Belgique, la France est l'un des pays industrialisés qui consacrent le plus de moyens à la politique familiale.

Mais paradoxalement, et contrairement aux pays nordiques, elle souffre encore d'un déficit de places disponibles dans le domaine des modes de garde de la petite enfance. Seuls 18 % des enfants de moins de 3 ans sont accueillis en crèche (436 000 places). Ce nombre augmente cependant, notamment grâce à la création de crèches privées.

En France, l'accueil de la petite enfance a longtemps été orienté vers les modes de garde individuels, par l'attribution d'allocations favorisant la garde de l'enfant à domicile, ou par une assistante maternelle agréée.

Autre exemple d'interaction avec les objectifs de la politique économique, le versement de ces aides (deux volets de la prestation d'accueil du jeune enfant – PAJE) s'accompagne d'un dispositif fiscal avantageux qui incite les familles à déclarer la personne gardant leur enfant, pour lutter contre le travail illégal.

Les pouvoirs publics œuvrent également à la professionnalisation du métier d'assistante maternelle. Le service de PMI du conseil départemental délivre un agrément aux personnes souhaitant exercer la fonction, qui doivent se soumettre à un cycle de formation.

2. De nombreux intervenants et des moyens financiers importants

Depuis 15 ans cependant, des moyens importants sont dégagés pour accroître les places en mode de garde collectif. Plusieurs acteurs se sont impliqués :

- L'État et les collectivités territoriales :
  - L'État dégage régulièrement des crédits exceptionnels pour financer l'investissement nécessaire à la démultiplication de ces structures.
  - Le conseil départemental donne les autorisations d'ouverture des établissements. Le contrôle du respect des normes sanitaires est effectué par son service de protection maternelle et infantile (PMI) ; il peut subventionner la création des structures de garde.
  - Les communes ont investi et sont souvent gestionnaires de structures collectives de garde, mais la baisse de leurs dotations les incite parfois à chercher des gestionnaires privés.
- Dans le cadre des « contrats enfance jeunesse » signés avec les communes, les caisses d'allocations familiales participent, sur leur fonds d'action sanitaire

et sociale, à l'investissement et au fonctionnement des crèches, au prorata du nombre de bénéficiaires de prestations familiales qui utilisent leurs services.

- Des associations, familiales ou simplement parentales, gèrent leurs propres structures d'accueil, comme les crèches parentales.
- Des entreprises créent aussi leur crèche, afin de rendre service à leurs salariés – jeunes parents – tout en essayant de les fidéliser. Ces entreprises bénéficient alors d'avantages fiscaux.
- Des entreprises privées se sont spécialisées dans la création et la gestion de crèches : elles s'appuient localement sur des « personnes-ressources », mais centralisent la supervision et la gestion des structures qu'elles ont créées.

Pour coordonner ces nombreux acteurs, des schémas locaux de développement de l'accueil des jeunes enfants de moins de 6 ans doivent être mis en place dans les communes de plus de 5000 habitants.

Le conseil départemental essaie aussi d'optimiser les créations et implantations géographiques des différents modes de garde, à travers son « schéma » relatif à la petite enfance.

Des progrès importants ont donc été faits depuis 20 ans, mais le taux d'équipement des communes est très inégal sur le territoire.

Mais les actions d'amélioration de l'environnement familial ne se limitent pas seulement à la mise en place de services à l'usage des familles. Dans certains cas extrêmes, l'amélioration prend une forme coercitive.

Testez vos connaissances !

QCM

Pour chaque QCM, une réponse au moins est exacte.

1. La France dispose d'un nombre suffisant de places en crèches.

❑ a. Vrai
❑ b. Faux

2. Qui agrée les assistantes maternelles ?

❑ a. La CAF
❑ b. Le conseil départemental
❑ c. La caisse primaire d'assurance maladie

3. La PMI peut agréer des crèches créées par des parents.

❑ a. Vrai
❑ b. Faux

QROC

1. Les aides aux familles pour la garde d'enfant.
2. Le service public de la petite enfance.

Corrigés

QCM

1. b. Un quart des familles souhaiterait que leur enfant accède à une crèche, alors que 18 % des enfants ont effectivement une place.

2. b. C'est la PMI, relevant du conseil départemental.

3. a. Ce sont les crèches parentales ou familiales, sous réserve qu'elles répondent aux normes exigées par la réglementation.

QROC

1. Les CAF et MSA attribuent la prestation d'accueil du jeune enfant (PAJE), composée de la prime à la naissance, de la prime à l'adoption, de l'allocation de base, de la prestation partagée d'éducation de l'enfant et du complément de libre choix de mode de garde.

Elles financent les crèches par la prestation de service unique. En contrepartie, les crèches modulent leur tarif en fonction des ressources des parents.

Les familles ayant des enfants de moins de 6 ans bénéficient également d'une prise en charge des cotisations sociales par la CAF ou la MSA.

L'État accorde aussi une aide fiscale grâce au quotient familial.

2. C'est un projet porté par des partis visant à garantir à tous les enfants un égal accès au mode d'accueil choisi par leurs parents, en orientant les investissements publics vers la création de crèches, de maisons d'assistantes maternelles, accessibles au plus grand nombre.

Ce vœu n'est pas complètement concrétisé actuellement, compte tenu du manque de places en crèches. L'État s'est cependant engagé dans une politique de création régulière de nouvelles places, dont les CAF sont la cheville ouvrière.

Une autre orientation consiste à favoriser l'inclusion des enfants porteurs de handicap dans les structures ordinaires de garde de la petite enfance.

Plusieurs bénéfices sont attendus de cette politique : préparation à la scolarisation et socialisation des jeunes enfants, créations d'emplois, encouragement à l'activité des jeunes mères.

27. L'aide sociale à l'enfance

Comme l'indique la convention des Nations-Unies sur les droits de l'enfant, « l'enfant a le droit de vivre avec ses parents à moins que cela ne soit jugé incompatible avec son intérêt supérieur ».

En France, la philosophie de l'aide sociale à l'enfance est empreinte depuis plusieurs décennies de cet objectif majeur : la prévention du désengagement parental à l'égard de l'enfant pour éviter le placement, qui sera l'ultime solution si l'accompagnement de la famille ne permet plus de préserver « l'intérêt supérieur » de l'enfant.

Lorsque ce risque est avéré, le service de l'aide sociale à l'enfance prend la relève, dans l'intérêt de plus de 300 000 enfants.

■ 1. Le conseil départemental, en charge de la protection maternelle et infantile

Dès avant la naissance, et dans les premières années de vie de l'enfant, le service de **protection maternelle et infantile** du conseil départemental intervient pour accompagner les parents en difficulté, dans leur apprentissage de la parentalité.

Il propose des entretiens de conseil conjugal, un suivi de la grossesse pour les femmes qui le souhaitent, et dispense des conseils aux parents pour préparer la naissance puis pour s'occuper de l'enfant.

Les services de la PMI sont particulièrement sensibilisés aux situations des personnes vulnérables – mères seules, familles en difficulté. La « protection » commence en effet souvent par la « prévention » de certains risques (malnutrition, maltraitance, etc.). Cependant, les moyens des conseils départementaux ne leur permettent pas toujours d'étoffer suffisamment les équipes de professionnels nécessaires au suivi régulier des enfants.

■ 2. L'ASE, un dispositif complexe et sensible

a. Un poste de dépense important, un fort enjeu familial

Poste de dépenses important des conseils départementaux à ce jour, l'ASE, **l'aide sociale à l'enfance,** est l'un des socles historiques de notre droit social. En effet, les premières grandes lois sociales françaises concernaient déjà la protection de l'enfance : un décret de 1811 institutionnalisait l'abandon ; en 1840, le rapport Villermé incitait le législateur à améliorer les conditions de travail des enfants et sera suivi d'effet par une loi en 1898 ; la loi du 27 juin 1904 distinguait les enfants reconnus, en garde, en dépôt et les pupilles.

La loi de décentralisation du 22 juillet 1983, et celles du 6 janvier 1986 et du 10 juillet 1989, ont transféré l'aide sociale à l'enfance aux conseils départementaux, qui ont constitué des équipes de professionnels de santé, travailleurs sociaux, inspecteurs et agents chargés d'effectuer les missions essentielles du service (article L. 221-1 du Code de l'action sociale et des familles) :

- La prévention et la responsabilisation des parents. Les conseils départementaux, certains services déconcentrés de l'État et les CAF œuvrent au développement de réseaux d'appui à la parentalité ou de centres périnataux de proximité, pour que les parents puissent trouver des conseils ou être mieux suivis en cas de difficultés à assumer leur rôle.

- **La détection, le plus tôt possible, des situations de danger**. Le président du conseil départemental doit mettre en œuvre un dispositif permanent de recueil d'informations relatives aux enfants maltraités. En outre, après la publication de la première grande enquête de l'ODAS sur le sujet en 1997, ont été prises plusieurs mesures, comme la simplification du numéro vert (119) qui enregistre annuellement 470 000 appels de victimes ou témoins de maltraitance.

- **L'exécution des mesures de prévention et d'action éducative, au sein des familles**. Des secours peuvent être attribués, ou le bénéfice d'une aide à domicile par une travailleuse familiale. La prise en charge est différente selon qu'elle concerne des mineurs ou de jeunes majeurs.

- La détermination de **la nécessité d'un placement**.

- **Le signalement des cas de maltraitance** au juge des enfants.

Lorsque les dangers, ou la maltraitance révélée, sont tels que le maintien dans la famille n'est plus possible sans compromettre gravement la santé mentale et/ou physique de l'enfant, le juge des enfants, ou parfois les familles elles-mêmes, confient à l'ASE le droit de garde, de surveillance et de direction de l'enfant.

Après accord du président du conseil départemental, l'enfant est donc orienté vers l'un des deux types de placement :

- **en placement familial**, chez une assistante maternelle agréée ;

- **en établissement**, comme les maisons d'enfants – souvent de petites unités, essayant de préserver les repères de l'enfant – ou les foyers d'accueil, structures permettant à l'enfant d'être entouré par une équipe médico-sociale.

Selon les cas, la famille peut être associée au choix du mode de placement et se voir proposer des actions éducatives dans la perspective d'un retour d'abord périodique, puis permanent, de l'enfant au foyer parental. Elle n'est pas déchargée de ses obligations d'entretien envers l'enfant et peut se voir réclamer une contribution.

La mission de l'ASE prend fin lorsque l'enfant peut être à nouveau confié sans danger à ses parents, ou lorsque la situation juridique de l'enfant a changé (majorité, mariage, etc.).

En pratique, cependant, il est parfois reproché aux services de l'ASE de consacrer peu de temps au suivi de la famille lors de la séparation, faute de disponibilité des travailleurs sociaux, qui doivent souvent agir dans l'urgence.

b. Un dispositif efficace si toutes les parties coopèrent

L'efficacité du dispositif, parfois contestée, dépend donc d'abord de celle du dispositif de prévention, puis de la disponibilité et de la bonne coordination des acteurs, difficile car complexe à réaliser – entre l'autorité judiciaire, l'équipe technique de l'ASE, mais aussi les centres sociaux, l'Éducation nationale, etc. – et enfin de la prise de conscience des parents.

Le dispositif est notamment contesté par des associations de familles, ayant constaté que des signalements de maltraitance n'avaient pas été suivis d'effet par l'ASE.

Une première réforme de la protection de l'enfance a été initiée par la loi du 5 mars 2007 pour renforcer la prévention, la détection et diversifier les modes de prise en charge. Une aide à la gestion du budget familial a aussi été créée. Des cellules départementales de signalement ont été constituées pour améliorer le repérage des enfants en danger, et pour optimiser les réponses apportées.

Enfin, la loi du 14 mars 2016 réaffirme le rôle de l'État dans la protection de l'enfance, pour veiller à une qualité de prise en charge des enfants qui soit équivalente dans tous les départements :

- un conseil et un observatoire national de la protection de l'enfance sont créés ;
- un médecin référent est désigné dans chaque département pour coordonner l'ASE, la cellule de recueil des signalements, et les médecins libéraux, hospitaliers et de santé scolaire du département ;
- les travailleurs sociaux sont plus vivement incités à construire le « projet pour l'enfant » déjà prévu dans la loi de 2007 mais rarement rédigé. L'objectif est de remettre l'enfant au cœur du processus d'accompagnement ;
- enfin, l'allocation de rentrée scolaire est bloquée à la Caisse des dépôts et consignations pour constituer un pécule qui sera versé à l'enfant à sa majorité. En effet, beaucoup de jeunes se sentent de nouveau abandonnés et démunis quand, à leur majorité, ils ne sont plus suivis par l'ASE.

Pour être complet, il faut souligner que l'ASE doit faire face à l'arrivée massive de mineurs isolés étrangers (15 000 par an) ; ce qui accroît sa charge de travail et son besoin de financement.

Testez vos connaissances !

QCM

Pour chaque QCM, une réponse au moins est exacte.

1. L'aide sociale à l'enfance prend en charge :

❏ a. 99 000 enfants
❏ b. 200 000 enfants
❏ c. 300 000 enfants

2. L'objectif prioritaire des services de l'ASE est de :

❏ a. prévenir les situations de danger par un accompagnement de la famille, permettant si possible d'éviter le retrait de l'enfant
❏ b. retirer l'enfant le plus rapidement possible de sa famille, dès qu'une situation de danger est détectée, pour éviter tout risque de maltraitance

3. La décision de placement d'un enfant en danger est prise par :

❏ a. le juge des enfants
❏ b. le préfet
❏ c. le président du conseil départemental

QROC

1. Le rôle de la protection maternelle et infantile.
2. Le rôle de l'aide sociale à l'enfance.

Corrigés

QCM

1. c. Ce nombre continue à augmenter, notamment sous l'effet de l'arrivée sur le territoire de très nombreux mineurs isolés étrangers.

2. a.

3. a. Le juge décide du placement, le président du conseil départemental accueille l'enfant dans l'une des structures ou familles d'accueil agrées par le conseil départemental.

QROC

1. Créé par une ordonnance du 2 novembre 1945, ce service est géré au sein de chaque conseil départemental et est composé d'une équipe pluridisciplinaire : médecins, puéricultrices, infirmiers spécialisés, assistantes sociales, psychologues.

Ses rôles sont les suivants :
- proposer des mesures de prévention pré- et post-natales pour les enfants et leurs parents ;
- mettre en œuvre la prévention, le dépistage du handicap chez l'enfant, et l'accompagnement des parents confrontés à cette difficulté ;
- agréer et contrôler les établissements proposant un mode de garde de jeunes enfants ;
- agréer et contrôler les assistantes maternelles.

2. L'expression désigne à la fois une politique et un service du conseil départemental, créés en 1945 et réformés par les lois du 5 mars 2007 et du 14 mars 2016.

Les objectifs sont les suivants :
- apporter un soutien matériel, éducatif et psychologique aux mineurs et à leur famille confrontés à des difficultés sociales susceptibles de compromettre gravement leur équilibre ;
- organiser des actions collectives de prévention de la marginalisation et faciliter l'insertion ou la promotion sociale des jeunes et de leur famille ;
- mener en urgence des actions de protection en faveur des mineurs en difficulté ;
- prendre en charge les mineurs en difficulté quand ils sont confiés au service de l'ASE, en essayant de ne pas rompre le lien familial ;
- mener des actions de prévention et de recueil des données sur les mineurs en danger de maltraitance.

28. Perspectives et regard international

Une Française ayant un enfant doit renoncer à 2 % de ses revenus salariaux, contre 72 % pour une Japonaise. La politique familiale française est donc particulièrement protectrice de la femme et contribue en cela à la réduction des inégalités entre hommes et femmes, pour laquelle milite la Commission européenne.

■ 1. Un effort dans tous les pays européens mais des résultats inégaux

La plupart des pays européens ont significativement amélioré leur politique familiale au cours de la dernière décennie. Les efforts les plus significatifs ont été faits par l'Irlande, le Royaume-Uni et l'Islande. Néanmoins les politiques familiales restent assez disparates d'un pays à l'autre.

Un objectif est commun à tous les pays : la lutte contre la pauvreté des enfants, qui devrait être au cœur d'un nouveau plan gouvernemental en France en 2018. En effet, le taux de pauvreté relative des familles avec enfants s'est accru dans un tiers des pays européens, y compris en France.

Mais les pays poursuivent aussi d'autres objectifs : nataliste ; de conciliation de la vie familiale et professionnelle.

En la matière, les pays nordiques disposent de la politique familiale la plus dynamique et la plus généreuse. Contrairement à la France, ils privilégient les prestations en nature aux prestations en espèces. Ainsi, la Suède a développé de nombreuses structures de garde collective des jeunes enfants.

Néanmoins, l'investissement de la France dans les services d'accueil de la petite enfance est important, supérieur à celui de l'Allemagne par exemple, malgré la mise en place d'un droit opposable à l'accueil dans un mode de garde public en 2013 en Allemagne.

En Suède, les allocations en espèces y sont en revanche universellement versées, dès le premier enfant. Les congés parentaux sont beaucoup plus longs, ce qui a conquis la Commission européenne, qui essaie d'inciter les pays de l'Union à aller dans ce sens.

Ce n'est cependant pas l'option qui semble être choisie par les pouvoirs publics français, qui annoncent leur préférence pour des congés plus courts, mais mieux « rémunérés ».

2. Une politique en constante évolution en France, mais qui doit composer avec des moyens budgétaires limités en temps de crise

La politique familiale en France revêt de multiples formes. Elle intervient dans la vie quotidienne de nombreux publics : familles « classiques », familles monoparentales, locataires et propriétaires, personnes seules démunies, enfants laissés pour compte, etc. Mais quelques catégories particulières de la population sont presque ignorées par la politique familiale :

- Les familles ayant un seul enfant (l'universalité des allocations familiales est donc très relative !). Elles sont pourtant confrontées à de lourdes dépenses – d'équipement matériel en particulier – à la naissance du premier enfant, qui ne sont pas forcément renouvelées pour la naissance des suivants.
- Les jeunes adultes. La nouvelle prime pour l'activité est plus facile d'accès pour les étudiants ayant un travail et les apprentis. D'après les pouvoirs publics, 1 million de jeunes devraient être éligibles.
- Néanmoins, la concrétisation de prestations nouvelles au profit de ces populations nécessiterait un certain nombre d'arbitrages budgétaires, peut-être au détriment d'autres catégories sociales.

La recherche de l'équité sociale est une quête sans fin !

Dans le passé, les prestations sociales étaient attribuées à la condition que l'employeur du bénéficiaire ait préalablement cotisé. Elles constituaient un « droit de tirage », une créance des travailleurs sur la richesse collective. Aujourd'hui, il s'agit plus d'**une dette collective de la société à l'égard de l'ensemble des citoyens**.

Cette universalisation des droits sociaux à des personnes « non contributrices » est diversement perçue : facteur de progrès social pour les uns, elle constitue pour les autres une menace pour la pérennité du contrat social.

En effet, la satisfaction de nouveaux besoins sociaux est souvent réalisée par la création de nouvelles prestations, davantage que par la refonte de prestations existantes. Le système coûte de plus en plus cher, alors que ses contributeurs – la population active – n'en tirent pas le plus grand bénéfice. Les représentants des employeurs ont d'ailleurs obtenu la suppression des cotisations familiales à leur charge sur les bas salaires, depuis 2015, pour regagner en compétitivité.

Dans le même temps, la recherche d'efficacité conduit les promoteurs des politiques sociales à individualiser les mesures. Le principe d'égalité n'est plus traduit par l'application à toute la population de règles générales et impersonnelles, mais par une application différenciée des règles en fonction des situations individuelles. Les prestations sociales visent donc sans doute mieux leur cible, ce qui est certes un gage d'efficacité dans l'utilisation des fonds sociaux.

Mais en parallèle, l'individualisation des prestations implique une mobilisation accrue des travailleurs sociaux des conseils départementaux et des caisses de Sécurité sociale quand elles en sont dotées. Ils sont chargés d'étudier les situations individuelles et d'élaborer un diagnostic des besoins. On remarque ainsi qu'une part importante des coûts d'action sociale est constituée par les frais de personnel.

La maîtrise des dépenses générées par l'État-providence, qu'elles soient initiées par les structures ou par le versement de prestation, est donc cruciale car garante de la préservation du contrat social. Elles incluent :

- à la fois les dépenses de gestion des organismes sociaux qui attribuent les aides. L'État exige de fortes réductions de charges des caisses de Sécurité sociale notamment, ce qui conduit les CAF à développer la digitalisation : l'allocataire est vivement incité à ne plus se présenter à l'accueil de la CAF, mais à renseigner sa situation individuelle et ses demandes de prestations par Internet. La CAF gagne ainsi du temps de saisie et de la productivité, et peut industrialiser sa production de données. Elle s'expose cependant à un double risque : la fraude, contre laquelle elle intensifie la lutte ; l'exclusion sociale de ceux qui ne savent pas utiliser les moyens dématérialisés de communication ;
- mais surtout les dépenses de prestations. Les CAF versent plus de 70 milliards de prestations légales chaque année. Les coûts de rabot apportés par les pouvoirs publics depuis 2015 ont ramené la branche famille à l'équilibre. Mais le taux de natalité baisse en France : coïncidence ou conséquence ?

Testez vos connaissances !

QCM

Pour chaque QCM, une réponse au moins est exacte.

1. Les pays disposant des politiques familiales les plus ambitieuses en Europe sont :

- ❑ a. Les pays du Nord de l'Europe (Norvège, Danemark, Suède)
- ❑ b. Les pays du Sud de l'Europe (Espagne, Portugal, Italie)

2. La politique familiale de la France est :

- ❑ a. plus ambitieuse que celle de l'Allemagne
- ❑ b. moins ambitieuse que celle de l'Allemagne

3. La nouvelle prime pour l'activité :

- ❑ a. n'a pas atteint les objectifs gouvernementaux et ne bénéficie actuellement qu'à 100 000 jeunes.
- ❑ b. rencontre un vrai succès et devrait profiter à 1 million de jeunes Français.

QROC

1. Les familles monoparentales et la protection sociale.
2. L'action sociale des CAF.

Corrigés

QCM

1. a. Les pays du Nord ont une politique familiale plus dotée et ambitieuse. La France peut être considérée comme appartenant également à ce groupe de tête.

2. a. La France a une politique historiquement plus ambitieuse, plus progressiste dans le temps et plus constante que celle de l'Allemagne.

3. b. La montée en charge de la PPA est plus rapide que prévue, la prime a trouvé son « public », notamment chez les jeunes.

QROC

1. On compte 1,8 million de familles monoparentales en France, nombre en augmentation. Dans 84 % des cas, c'est la mère qui est seule avec ses enfants (3,4 millions d'enfants concernés).

La protection sociale permet d'aider ces familles plus fragiles sur le plan économique :
- des prestations familiales leur sont proposées, sous conditions de ressources (PAJE, PPA) ou sans condition de ressources (GIPA) ;
- la politique fiscale leur est plus favorable ;
- en matière de prestations en nature, elles bénéficient parfois de mesures de discrimination positive : places réservées en crèche, etc.

Les prestations familiales permettent à 10 % de la population – notamment beaucoup de familles monoparentales – de ne pas passer sous le seuil de pauvreté. La France n'est pas le seul pays européen à lutter contre les « enfants pauvres ».

2. L'action sociale des CAF est régie par le Code de la Sécurité sociale (art. L-511-1).

Elle vise à attribuer des aides complémentaires aux aides définies par le législateur. Contrairement aux aides légales, qui sont les mêmes dans toute la France, les prestations d'action sociale, dites « extre-légales », peuvent varier d'une CAF à l'autre (même si la CNAF tente d'uniformiser les aides sur l'ensemble du territoire).

Corrigés

Les objectifs sont les suivants :
- aider les familles à concilier vie familiale et vie professionnelle ;
- soutenir la fonction parentale et faciliter les relations parents-enfants ;
- accompagner les familles dans leurs relations avec l'environnement et le cadre de vie ;
- créer les conditions favorables à l'autonomie, à l'insertion sociale et au retour à l'emploi des jeunes et des familles.

L'action sociale peut prendre la forme :
- d'aides individuelles, sous conditions de ressources, régies dans un règlement des PEL propre à chaque CAF : prise en charge ponctuelle de certaines factures (EDF, eau, cantine, etc.) ; aide financière pour permettre à une maman malade de bénéficier d'une aide à domicile ; prêt d'équipement ménager ; aide aux vacances ; tickets loisirs, etc.
- de subventions à des associations concourant aux objectifs de la CAF : aide au fonctionnement pour les crèches via la prestation de service unique ; aide sur projet, à l'investissement notamment ;
- d'actions collectives (réseau d'accueil parents enfants, etc.). Ainsi le développement social local permet-il à la CAF de soutenir les élus, associations, travailleurs sociaux d'un territoire pour accompagner la réalisation de projets à caractère social, en y associant les habitants.

7 La politique pour l'emploi et contre l'exclusion

Les dysfonctionnements du marché de l'emploi sont tels que les acteurs publics et privés doivent se montrer toujours plus innovants, pour encourager les embauches et pallier les conséquences du chômage.
De même, les mesures de lutte contre les exclusions sont régulièrement renouvelées mais n'atteignent pas toujours leurs objectifs.

29. Notions sur le marché du travail

Le marché du travail *met en relation les demandes et les offres d'emploi.*

Sa structure est influencée par la situation démographique, économique, sociologique d'un pays : le taux de renouvellement de la population ou son vieillissement ; la croissance économique, la récession, la capacité des entreprises à investir ; le développement du travail féminin ; la politique d'immigration, etc., sont autant de phénomènes propres à chaque pays, qui impactent fortement le marché du travail.

1. Un fonctionnement complexe qui divise les théoriciens

En France, sa structure est significativement déséquilibrée puisqu'on constate deux tendances en apparence contradictoires :

- La population active comprend en son sein 3,4 millions de chômeurs (8,6 %) ; sont considérées comme « actives » les personnes qui exercent une activité professionnelle rémunérée, ou qui en recherchent une.
- Paradoxalement un grand nombre d'offres d'emploi ne sont pas satisfaites.

Le concept de chômage est, tout comme sa mesure, difficile à définir et largement débattu. On peut essayer de l'appréhender à travers le recensement de ses causes, et des catégories de personnes concernées.

Les causes font l'objet d'analyses économiques nombreuses et contradictoires :

- La théorie classique du chômage – dont s'inspirent les théories libérales – est fondée sur la notion d'équilibre général assuré par un prix qui égalise l'offre et la demande. Dès que le prix du facteur travail s'écarte du prix d'équilibre, en particulier lorsque le coût de la main-d'œuvre est trop élevé, le chômage apparaît.

- Selon Keynes et les néo-keynésiens en revanche, le chômage est la conséquence de l'absence de débouchés pour les entreprises, qui diminuent alors leurs investissements et leur production. Un cercle vicieux s'enclenche : le chômage, en raison de la perte de revenus qu'il engendre, diminue la demande de biens et de services des ménages, ce qui réduit encore les débouchés et conduit les entreprises à diminuer leur offre, donc leur activité et leurs embauches.

Les théories plus contemporaines ne s'accordent pas davantage sur les causes du chômage : substitution du capital au travail ; baisse de rentabilité du capital investi ; niveau trop élevé des indemnités de chômage qui n'inciteraient pas les demandeurs d'emploi à rechercher un travail ; complexité du droit du travail qui découragerait les employeurs d'embaucher, etc.

En fonction de la situation économique, le chômage peut donc être :

- « frictionnel », dans les pays à forte mobilité de main-d'œuvre et à forte évolution technologique :
- « structurel », quand il résulte des surplus de main-d'œuvre libérés par l'automatisation accrue des secteurs de production, ou de l'inadaptation de la qualification des salariés aux exigences nouvelles des entreprises ;
- « conjoncturel », quand il est lié à la dégradation de la conjoncture économique.

En fonction des populations touchées, le chômage peut être :

- « d'exclusion », quand il affecte certaines catégories d'actifs vulnérables : travailleurs âgés, handicapés, personnes qui éprouvent des difficultés particulières à s'insérer sur le marché du travail. C'est un chômage de longue durée ;
- « d'insertion », quand il est propre aux jeunes en particulier, qui éprouvent des difficultés à obtenir un premier emploi ;
- « d'adaptation » pour la population active dont la qualification professionnelle est trop faible pour répondre aux exigences des entreprises ;
- « de reconversion », pour les salariés touchés par des mesures de licenciement collectif, dans des secteurs d'activité en déclin : textile, sidérurgie, construction navale.

■ 2. Les déséquilibres structurels du marché du travail en France

Le déséquilibre observé en France semble trouver sa source dans plusieurs des causes précitées, et touche **différents types de publics** :

- **Les jeunes de moins de 25 ans**. Un jeune actif sur cinq est au chômage fin 2015. Deux tiers des emplois précaires (intérims, contrats à durée déterminée) sont détenus par cette population.
Les jeunes sont fortement touchés par le chômage dit « d'insertion » : il existe un décalage entre l'offre de travail et la demande, à la sortie de l'appareil éducatif. 110 000 jeunes sortent annuellement du système scolaire sans aucun diplôme.
- **Les travailleurs âgés** ne sont pas davantage épargnés. La majorité des chômeurs de longue durée – inscrits depuis plus d'un an à Pôle emploi soit 2,5 millions de personnes – est constituée par des personnes âgées de plus de 50 ans.

- **Les femmes** sont également actuellement moins touchées que les hommes, en proportion, et en durée des périodes de chômage.
- Certaines catégories socioprofessionnelles, enfin, sont plus soumises aux aléas du marché du travail : en moyenne, le taux de chômage des ouvriers non qualifiés est cinq fois supérieur à celui des cadres.

Les causes économiques ne sont pas moins disparates que les publics concernés : depuis le début des années 70, le marché du travail est durablement affecté par des déséquilibres. D'abord conjoncturel car né des crises engendrées par les chocs pétroliers, le phénomène a été amplifié, de façon plus structurelle, par les mutations affectant les secteurs d'activité : les secteurs primaire et secondaire ont restreint leur main d'œuvre ; le secteur tertiaire, malgré sa forte progression, n'a pu absorber l'effectif libéré par les autres secteurs.

Le chômage a ainsi connu une augmentation quasi continue : 163000 demandes d'emplois non satisfaites, recensées en 1963 ; 450000 en 1974 ; 2 millions en 1980 ; 3 millions en 1993 ; 3,4 millions en 2018. Les périodes de baisse sont très ponctuelles, et coïncident avec des améliorations significatives mais souvent tout aussi ponctuelles de la croissance économique. Dans ce cas, la baisse du chômage est souvent ralentie par le retour, sur le marché du travail, de personnes qui s'en étaient retirées lorsque les perspectives économiques et leurs chances de trouver un emploi étaient faibles.

Le marché du travail français renoue régulièrement avec ses vieux démons :
- **La démographie de la population active** évolue toujours positivement, malgré la baisse du taux d'activité des jeunes liée à l'allongement de la durée des études, et malgré les nombreux départs en retraite enregistrés dans les classes nées du « baby-boom ».
La population active compte 29,6 millions de personnes aujourd'hui, contre 22,2 millions en 1997.
Sa croissance est soutenue par l'augmentation du taux d'activité des 50-64 ans (du fait des réformes de retraite) et de celui des femmes.
- **L'activité économique** est une autre variable majeure influençant la situation du marché du travail : des experts estiment que le taux de croissance économique devrait se situer à 4 % par an, pour éviter une dégradation de la situation de l'emploi. Pourtant, les pays anglo-saxons sont, eux, capables de créer davantage d'emplois avec une croissance économique moins forte.
La création d'emplois en France semble pénalisée par le niveau des charges sociales appelées aux entreprises, qui renchérit le coût de l'emploi, ainsi que par des règles contraignantes (le droit du travail français étant plus protecteur du salarié que dans des pays comparables).
- **L'inadaptation professionnelle** constitue un autre vecteur de dysfonctionnement. De plus en plus, se développe un marché du travail dual composé d'un marché primaire attractif proposant des emplois qualifiés, stables, bien rémunérés

et offrant des possibilités de promotion, et d'un marché secondaire marqué par la précarité des emplois et leur faible niveau de qualification, dans des secteurs fragiles car très exposés à la concurrence internationale.

Pour tenter des réduire ces déséquilibres économiques, et d'en prévenir les conséquences sociales, chaque gouvernement expérimente ses solutions. Outre les actions visant à agir sur l'activité économique, deux leviers majeurs sont utilisés : la politique dite « active » visant à la promotion de l'emploi et au développement de la formation professionnelle ; et la politique dite « passive » visant notamment, à travers le versement d'indemnités, à pallier les conséquences du chômage pour les personnes qui en sont victimes.

Testez vos connaissances !

QCM

Pour chaque QCM, une réponse au moins est exacte.

1. En France, la population active :

❑ a. augmente
❑ b. est stable
❑ c. diminue

2. Combien y a t-il de chômeurs recensés par Pôle emploi en France ?

❑ a. 1,9 million
❑ b. 3,4 millions
❑ c. 9 millions

3. Le taux de chômage des jeunes est :

❑ a. supérieur au taux de chômage de la population totale
❑ b. inférieur au taux de chômage de la population totale
❑ c. identique au taux de chômage de la population totale

4. Les femmes sont plus touchées par le chômage que les hommes.

❑ a. Vrai
❑ b. Faux

5. Le nombre de chômeurs de longue durée est :

❑ a. 200 000
❑ b. 900 000
❑ c. 2,5 millions

QROC

1. Le chômage des jeunes en France.
2. La population active en France.

Corrigés

QCM

1. a. La population active progresse encore malgré l'arrivée des premières classes d'âge nées après la guerre à l'âge de la retraite. Elle augmente principalement du fait de la hausse du taux d'activité des 50-64 ans et des femmes.

2. b.

3. a.

4. b. Ce phénomène est assez récent.

5. c. Il s'agit des chômeurs inscrits à Pôle emploi depuis plus d'un an.

QROC

1. Les jeunes Français sont plus diplômés que la moyenne européenne (près de 44 % des Français de 30-34 ans ont un diplôme de l'enseignement supérieur, contre 36 % en moyenne européenne).

Pourtant, 20 % des jeunes de moins de 25 ans sont au chômage en France aujourd'hui, soit 4 points de plus que la moyenne européenne.

Ils sont également surreprésentés au sein des emplois aidés.

Par comparaison, le taux de chômage des jeunes en Allemagne n'est que de 7 %. L'Allemagne a, elle, misé sur l'apprentissage (40 % des salariés allemands sont issus de l'apprentissage).

Le même nombre de jeunes entrent sur le marché du travail en Allemagne et en France, mais une différence essentielle tient à la natalité : la dénatalité permet à l'Allemagne d'intégrer rapidement les jeunes, tandis qu'en France ils sont nombreux à entrer ensemble sur le marché du travail.

La loi Travail du 8 août 2016 généralise une « Garantie jeunes » permettant à des jeunes de 18 à 25 ans, en difficulté d'insertion, de bénéficier d'un suivi, d'un stage ou d'une formation, et de recevoir une aide. La loi part du principe qu'un jeune inoccupé coûte plus cher à la collectivité qu'un jeune sur lequel la collectivité investit.

Surtout, un plan national d'investissement va être mis en œuvre sur la période 2018-2020, qui réformera l'apprentissage, améliorera l'attractivité des territoires où de nombreux jeunes sont au chômage et favorisera la création d'entreprise, en complément de la réforme de la formation professionnelle annoncée en mars 2018 (voir pages suivantes et fiche 34).

2. La population active recouvre les personnes en âge de travailler qui occupent un emploi ou sont activement à la recherche d'un emploi.

Elle varie en fonction de plusieurs paramètres :
- le nombre des classes d'âge arrivant à l'âge de travailler et de celles arrivant à l'âge de la retraite ;
- cette dernière donnée pouvant être influencée par les modifications de la législation sur l'âge de départ à la retraite : le report de l'âge de la retraite maintient une population plus nombreuse au sein de la population active. C'est un phénomène à fort impact actuellement, le report légal de l'âge de départ à la retraite augmentant le taux d'activité des personnes de plus de 60 ans ;
- les variations du solde migratoire.

La progression de la population active en France est l'une des plus dynamiques d'Europe, principalement portée par le maintien des seniors sur le marché du travail.

30. Les politiques actives en faveur de l'emploi

L'État cherche à faciliter la régénération du tissu économique et la résorption du chômage par la création d'emplois nouveaux et d'entreprises nouvelles.

1. La création d'emplois nouveaux ou le maintien d'emplois menacés

Plusieurs outils sont utilisés.

a. Les allégements fiscaux et les exonérations de cotisations sociales

Ils permettent aux entreprises de trouver fréquemment « leur » dispositif d'exonération, chaque gouvernement créant « sa » mesure d'exonération : exonération de l'impôt sur les bénéfices pendant les premières années d'existence des entreprises s'implantant dans certaines zones prioritaires en terme d'aménagement du territoire ; exonération spécifique pour les chômeurs qui créent leur entreprise ; exonérations sur les salaires les plus bas ; etc.

Outre l'incitation à la création d'emplois, certaines exonérations visent aussi à réinsérer des publics particulièrement exposés au chômage : jeunes demandeurs d'emploi ; chômeurs de longue durée ; bénéficiaires de minima sociaux.

Une réforme en profondeur des cotisations patronales est enfin entamée : le projet de TVA sociale ayant été abandonné, les pouvoirs publics ont créé le crédit d'impôt pour la compétitivité et l'emploi (CICE) en 2014, qui réduit significativement les charges sociales pour les entreprises qui emploient de la main d'œuvre. Cette mesure est d'ailleurs complétée, en 2015 et 2016, par une baisse des cotisations patronales familiales et sera remplacée en 2019 par une baisse directe de charges de 6 points sur la masse salariale (à confirmer).
Les entreprises employant une main d'œuvre nombreuse seront ainsi moins pénalisées, et devraient retrouver davantage de compétitivité face à la concurrence internationale.
D'autres prélèvements devraient baisser, comme l'impôt sur les sociétés.

b. Les contrats aidés

Le nouveau gouvernement a drastiquement réduit les **contrats aidés** en 2018. Les préfets décideront de leur répartition et du taux d'aide accordé.

La multiplication des précédentes formes de contrat n'était pas la panacée en matière de lutte contre le chômage des jeunes, leur manque de lisibilité pénalisant autant les employeurs que les jeunes.

Tous les contrats («contrat unique d'insertion», qui prend la forme du contrat d'accompagnement dans l'emploi – CAE – pour le secteur non marchand, et contrat initiative emploi – CIE – pour le secteur marchand) devront être accompagnés d'une formation.

Facteurs de flexibilité, ces contrats permettent aux entreprises de s'adapter plus rapidement aux aléas économiques.

Dans la plupart des cas, le contrat est un CDD, renouvelable sous certaines conditions. Chaque dispositif est donc confronté à un défi majeur dans l'avenir : la pérennisation des emplois créés.

C'est la problématique à laquelle se heurtent les pouvoirs publics lorsque des études se risquent à évaluer l'efficacité des «contrats aidés» : souvent très coûteux pour la collectivité publique, leur efficacité en matière de réinsertion professionnelle est sujette à caution, les bénéficiaires ayant souvent des difficultés à trouver un emploi stable à l'issue du dispositif d'aide.

c. La flexibilité du temps de travail

C'est une autre forme d'action.

Après l'échec des lois «Aubry» du 13 juin 1998 et du 19 janvier 2000, imposant la semaine de 35 heures de travail, à «partager» et créer de l'emploi, la tendance actuelle est à la flexibilisation du temps de travail, pour maintenir les emplois dans les entreprises touchées par la volatilité des commandes. La loi Travail du 8 août 2016 permet aux entreprises de modifier la durée du travail par un accord d'entreprise, qui peut être plus souple que l'accord de branche.

Pourtant, en 2013 ont été supprimées les mesures contenues dans la loi TEPA du 21 août 2007, qui permettaient notamment de réduire les charges pesant sur les heures supplémentaires. Le nouveau gouvernement envisage de les réinstaurer.

Les entreprises sont parfois prises au dépourvu par ces changements incessants de la législation du travail.

d. L'assouplissement et la simplification du droit du travail

Le droit du travail est jugé très complexe par les entreprises françaises. Quelques mesures ont été prises pour faciliter les démarches des employeurs, notamment simplifier leurs obligations déclaratives auprès des organismes sociaux, avec la nouvelle déclaration sociale nominative.

La loi Travail précitée a instauré la simplification des astreintes, la possibilité de porter la durée maximale du temps de travail à 46 heures au lieu de 44 heures par accord d'entreprise ou de branche, et de faire plus facilement des heures supplémentaires.

Elle complète les mesures de la loi « Rebsamen » sur le dialogue social du 18 août 2015, qui instaure notamment la possibilité de mettre en œuvre une délégation unique du personnel dans les entreprises jusqu'à 300 salariés, se substituant aux délégués du personnel, au CHSCT, au comité d'entreprise.

Plus récemment, les ordonnances dites Macron du 22 septembre 2017 ont réformé le droit dans le but de :

- sécuriser les relations de travail en encadrant les indemnités prud'homales, en améliorant les indemnités légales de licenciement et en autorisant les ruptures conventionnelles collectives ;
- réformer le dialogue social, en créant le référendum d'entreprise et en fusionnant les instances représentatives du personnel dans un unique « comité économique et social » en 2019 au plus tard ;
- réformer la négociation collective en réaffectant les sujets de négociation entre la branche et l'entreprise.

e. Les aides publiques aux entreprises

Elles sont consenties par l'État ou par les collectivités territoriales. Leurs interventions doivent cependant respecter la liberté du commerce et de l'industrie et toute ingérence dans le capital d'une entreprise privée est interdite.

Outre les exonérations de charges précitées, ou les aides à la création d'entreprise ou à l'export consenties par l'État, des aides directes peuvent être allouées par le conseil régional : prêts et avances à long terme consentis à des conditions favorables, et bonifications de taux d'intérêts ; exonérations de taxes pendant une durée limitée, pour les entreprises nouvellement installées.

La Cour des comptes juge cependant ces aides peu efficaces et coûteuses, à cause de l'absence de coordination des dispositifs.

Ces aides variées soutiennent la création d'entreprises et d'emplois. Mais une panoplie d'aides est également prévue pour préserver les emplois menacés au sein des entreprises en difficulté, notamment dans les régions particulièrement affectées par la récession de certains secteurs industriels et le sous-emploi.

f. L'aide aux entreprises en difficulté

Elles est orchestrée par les comités départementaux d'examen des problèmes de financement des entreprises (CODEFI), qui sont chargés de diagnostiquer les difficultés d'adaptation de certaines entreprises, de proposer des mesures financières tendant à assurer leur redressement et de maintenir les emplois menacés. Une aide de l'État est versée sous forme de prêts ou de moratoire pour les dettes fiscales et sociales. Le commissaire au redressement productif apporte aussi son concours.

Lorsqu'aucune possibilité de redressement n'existe, le comité veille, en liaison avec les services chargés de l'emploi, à faciliter la reconversion et le reclassement des personnels licenciés.

Ces entreprises peuvent également solliciter l'aide du Fonds national pour l'emploi (FNE) géré par la délégation à l'emploi du ministère chargé des questions d'emploi, et dont le but est notamment de mettre en œuvre des programmes d'aide à la reconversion et au reclassement professionnels des travailleurs menacés dans leur emploi.

Le recours au chômage partiel est un dispositif permettant la suspension des contrats de travail en cas de difficultés provisoires résultant de la situation économique de l'entreprise. Sont ainsi évités des licenciements lors des baisses temporaires d'activité. Les salariés qui subissent une perte de salaire imputable soit à la fermeture temporaire de l'établissement qui les emploie, soit à la réduction de l'horaire de travail habituellement pratiqué dans l'établissement, bénéficient d'une allocation spécifique à la charge de l'État.

Pour conclure, l'encadrement des procédures de réduction d'effectifs est aussi utilisé par les pouvoirs publics et de la justice pour éviter les abus.

Ainsi le droit du travail encadre les procédures de compression d'effectifs : les instances représentatives du personnel dans l'entreprise sont associées à la procédure ; la DIRECCTE, direction régionale des entreprises, de la concurrence et de la consommation, du travail et de l'emploi, doit contrôler le contenu des plans sociaux, et vérifier que toutes les mesures visant à la prévention des licenciements ont été mises en œuvre.

Ces exigences fondent aussi les jurisprudences en matière de licenciements : plusieurs plans sociaux d'envergure ont été annulés par le juge, lorsqu'il estimait que l'entreprise ne s'était pas donnée les moyens suffisants de prévenir les licenciements.

Cependant, les politiques actives de l'emploi n'interviennent pas seulement pour le maintien ou le développement de l'offre d'emplois. Elles s'attachent aussi à adapter la demande d'emploi à l'offre.

■ 2. L'adaptation des compétences professionnelles de la population active aux besoins des entreprises

a. L'orientation professionnelle

Préalable indispensable à la formation professionnelle, l'orientation professionnelle a pour objet de déceler les goûts et les aptitudes professionnelles des individus, et de leur proposer une formation en adéquation à la fois avec leurs souhaits et avec les emplois offerts sur le marché du travail.

Trois types d'organismes publics assument cette fonction :

- Au sein de l'Éducation nationale, l'Office national d'information sur les enseignements et les professions (ONISEP) définit les actions générales d'orientation ; ses unités opérationnelles sont les centres d'information et d'orientation (CIO).
- Pôle emploi assure aussi un conseil professionnel auprès des demandeurs d'emploi, et peut prendre l'initiative d'organiser des formations en fonction des demandes de certaines filières d'activité.
- Des « missions locales » et « permanences d'accueil, d'information et d'orientation » (PAIO) ont pour objet de faciliter l'insertion des jeunes dans la vie active, en les informant sur les formations existantes et en les guidant vers des filières de formation appropriées.

L'orientation professionnelle peut aussi intéresser des personnes déjà en poste. Des organismes privés proposent des bilans destinés à préparer la réorientation des salariés dont l'emploi est menacé, ou qui souhaitent accéder à un nouveau type d'emploi.

La loi sur la formation professionnelle du 5 mars 2014 a créé un service public régional de l'orientation piloté par l'État et les régions. Les régions revendiquent le rôle de pilote unique et espèrent l'obtenir dans la prochaine loi de réforme de la formation professionnelle annoncée en 2018.

b. La formation professionnelle

Dans la continuité de l'orientation, la formation professionnelle est un instrument essentiel de la politique de l'emploi. Elle permet aux individus d'accéder à l'emploi puis, quand ils sont embauchés, d'actualiser leurs compétences et de faciliter leur mobilité professionnelle vers un emploi correspondant aux besoins souvent évolutifs des entreprises.

Elle se décline en formation initiale et continue.

La formation continue a fait l'objet de plusieurs réformes récentes pour encourager les actifs à se professionnaliser en se formant à tout âge : création d'un droit individuel de formation (loi du 4 mai 2004) ; de la validation des acquis de l'expérience (loi du 17 janvier 2002) ; obligation faite aux entreprises de mettre en place, le 31 décembre 2009 au plus tard, des mesures d'adaptation et de formation en faveur des « seniors » (loi du 24 novembre 2008 sur la formation tout au long de la vie professionnelle), création d'un compte personnel de formation tout au long de la vie (lois du 13 juin 2013 et du 5 mars 2014).

Cependant une nouvelle réforme est annoncée courant 2018, dans le but de :
- permettre aux salariés des petites entreprises de se former davantage ;
- adapter les thèmes de formation à la transformation rapide des métiers et aux mutations technologiques ;
- clarifier le financement... et le rôle des partenaires sociaux dans la gestion du financement.

Ainsi, les salariés bénéficieront d'un compte personnel de formation (CPF) crédité de 500 € par an pour choisir leur formation en toute liberté, en complément des formations potentiellement imposées par l'employeur. Les salariés non qualifiés bénéficieront de 800 € par an. Les salariés à temps partiel bénéficieront des mêmes droits que ceux à temps plein.
Les formations seront mieux évaluées.
Les organismes collecteurs des fonds dédiés à la formation (OPCA) seront drastiquement réformés (leur fonctionnement étant jugé peu transparent) sous la houlette des partenaires sociaux. Ils rendront des comptes à l'agence nationale France Compétences.

Une mutualisation financière sera créée pour que les TPE bénéficient de moyens supplémentaires pour former leur personnel.

Enfin, cette réforme se double du plan d'investissement dans les compétences des demandeurs d'emploi et des jeunes 2018-2022 : 15 milliards d'euros devraient permettre de former 2 millions de personnes en 5 ans.

Les politiques actives de l'emploi ne suffisent cependant pas à prévenir tous les dérèglements du marché du travail. Les politiques dites « passives » interviennent alors comme « amortisseur » social des fluctuations de l'activité économique et de l'emploi.

Testez vos connaissances !

QCM

Pour chaque QCM, une réponse au moins est exacte.

1. Quel est le rôle du FNE ?

- ❑ a. Inciter les entreprises à réduire le temps de travail à 35 heures
- ❑ b. Accompagner les entreprises en difficulté dans le reclassement voire la diminution de leur effectif
- ❑ c. Vérifier que le contenu des plans sociaux effectués par les entreprises respecte le droit du travail et comporte toute mesure de nature à éviter les licenciements

2. Quelles sont les mesures permettant de peser sur les charges sociales des entreprises ?

- ❑ a. La TVA sociale
- ❑ b. Le CICE
- ❑ c. La baisse des cotisations patronales familiales
- ❑ d. Les exonérations de charges dans certaines zones prioritaires

3. Les plans sociaux sont contrôlés par :

- ❑ a. Le commissaire au redressement productif
- ❑ b. La DIRRECTE
- ❑ c. Le préfet

4. Qu'est-ce que la DUP ?

- ❑ a. La délégation unique du personnel
- ❑ b. La déclaration unique du personnel
- ❑ c. La désignation unique du personnel

QROC

1. Le compte personnel de formation.
2. Les ordonnances réformant le Code du travail.

Corrigés

QCM

1. b. Le fond national pour l'emploi accompagne les entreprises en difficulté.

2. b., c. et d. Attention, le CICE serait supprimé en 2019 au profit d'une baisse des charges sociales.

3. b. Ils peuvent aussi l'être par le juge.

4. a. Initialement prévue pour les PME, la possibilité de créer une DUP a été étendue par la loi « Rebsamen » aux entreprises jusqu'à 300 salariés. Les ordonnances Macron obligent les entreprises de plus de 11 salariés à fusionner leurs instances dans un « comité économique et social » au plus tard en 2019.

QROC

1. Créé par la loi du 5 mars 2014, le compte personnel de formation sera étendu dans la future loi « pour la liberté de choisir son avenir professionnel » annoncée courant 2018.

Il permettait à tout actif de suivre une action de formation, en se créditant jusqu'à 150 heures de formation sur 8 ans, proportionnellement à son temps de travail.

Les heures inscrites dans le compte sont pérennes, même si le titulaire change d'emploi. À l'avenir, le crédit ne sera plus en heures mais en euros : entre 500 et 800 € (selon la qualification du salarié) seront crédités tous les ans.

Pour ce faire, il est nécessaire de créer son compte formation personnel sur le site www.moncompteformation.gouv.fr.

2. Les pouvoirs publics ont édicté 5 ordonnances réformant le Code du travail, en application des engagements pris par le candidat Macron pendant sa campagne :

- ordonnance du 22/09/2017 relative au renforcement de la négociation collective qui clarifie les objectifs et leur répartition entre les accords de branche et les accords d'entreprises ;

- ordonnance du 22/09/2017 relative à la nouvelle organisation du dialogue social et économique dans l'entreprise, et favorisant l'exercice et la valorisation des responsabilités syndicales : elle crée le comité économique et social qui fusionne les instances du personnel dans les entreprises de plus de 11 salariés ;

- ordonnance du 23/09/2017 relative à la prévisibilité et la sécurisation des relations de travail qui assouplit certaines règles du licenciement et encadre les indemnités prud'homales en cas de licenciement abusif ;

- ordonnance du 22/09/2017 portant diverses mesures relatives au cadre de la négociation collective qui précise les conditions d'extension et d'élargissement des accords de branche ;

- ordonnance du 22/09/2017 relative au compte professionnel de prévention qui le simplifie en réduisant le nombre de risques permettant aux salariés exposés de cumuler des points pour accéder à des formations, réduire leur temps de travail ou partir plus tôt à la retraite.

31. Les politiques passives compensant le chômage

Si le Fonds national pour l'emploi (FNE) finance différentes mesures immédiates, c'est bien le rôle à plus long terme de l'assurance chômage qui est le pilier de la couverture du salarié français contre le risque de perte du salaire.

1. Le FNE : dispositif d'accompagnement social des changements économiques

Les entreprises qui doivent recourir à une diminution de leur effectif peuvent bénéficier des aides du FNE, comme le financement du chômage partiel en cas de difficulté ponctuelle de l'entreprise.

Le FNE finance aussi des mesures de chômage partiel, des aides au reclassement, des formations professionnelles spécifiques, organisées dans le cadre de plans sociaux notamment.

Le recours aux préretraites est désormais prohibé compte tenu de leur coût.

2. La couverture sociale du risque chômage

En son sein coexistent deux régimes : le régime d'assurance (2,7 millions de personnes indemnisées) et le régime de solidarité (503 000 personnes indemnisées).

a. Le régime d'assurance contre le chômage

D'origine conventionnelle, il est géré et financé par l'UNEDIC. Toutes les entreprises privées employant du personnel y sont assujetties. Son financement est assuré par des cotisations à la charge de l'employeur et du salarié.

La prestation principale est l'allocation d'aide au retour à l'emploi (ARE). Les règles de calcul sont fixées par la convention du 14 avril 2017, signée par les partenaires sociaux.

Pour pouvoir bénéficier de cette allocation, le salarié dont le contrat de travail a pris fin doit remplir certaines conditions :

- avoir été privé involontairement de son emploi : licenciement, départ négocié pour motif économique, arrivée à terme d'un contrat à durée déterminée, démission justifiée (pour suivre le conjoint muté par exemple) ;
- être inscrit comme demandeur d'emploi à Pôle emploi ;
- être à la recherche effective et permanente d'un emploi ;
- être en chômage total ou partiel ;
- ne pas avoir atteint l'âge de la retraite (au-delà en effet, l'individu est pris en charge par la Sécurité sociale, au titre de la retraite) ;
- être physiquement apte à occuper un emploi ;
- justifier d'une durée d'affiliation au régime UNEDIC de 88 jours minimum ou 610 heures de travail au cours des 28 mois qui précèdent la fin de son contrat de travail.

Plus la durée de cotisation préalablement à la situation de chômage est longue, plus importante est la durée d'indemnisation. La durée d'indemnisation est égale à la durée d'affiliation, avec un maximum de 24 mois.

Depuis 2014, le système des « droits rechargeables » permet à un salarié ayant repris un emploi avant l'extinction de ses droits à chômage de ne pas perdre le bénéfice des droits initiaux, s'il perd de nouveau son emploi. La période d'indemnisation est donc ainsi allongée.

Depuis 2001, l'allocation chômage n'est plus dégressive si la personne indemnisée s'inscrit dans le cadre d'un projet personnalisé d'accès à l'emploi (PPAE).

Si la personne ne respecte pas ses engagements, si elle refuse un emploi correspondant à une qualification que le service public de l'emploi lui a permis d'acquérir, un coefficient de dégressivité s'applique à son allocation jusqu'à épuisement de ses droits, sur décision préfectorale.

Depuis 2015, Pôle emploi a obtenu l'autorisation de l'État de recruter de nouveaux agents dédiés au contrôle, qui peuvent infliger des sanctions graduées aux personnes qui ne s'acquitteraient pas de leurs obligations envers l'assurance chômage.

Enfin, un cumul entre les allocations de chômage et un salaire est possible sous certaines conditions et pour une durée limitée, de façon à inciter les travailleurs privés d'emploi à en retrouver un. Ce cumul est également possible entre les revenus d'activité et les allocations relevant du régime de solidarité.

b. Le régime de solidarité

Lorsque les personnes au chômage ne remplissent plus les conditions pour bénéficier de l'assurance chômage, le régime de solidarité peut prendre le relais.

L'allocation de solidarité spécifique est exclusivement financée par les collectivités publiques, mais c'est Pôle emploi qui en assure la gestion et le versement, selon le principe du « guichet unique ».

Sous certaines conditions, cette allocation est accordée aux personnes qui ont épuisé leurs droits, aux personnes qui ne justifient pas d'une durée d'activité salariée suffisante précédant l'inscription auprès de Pôle emploi, ou à des personnes cherchant à se réinsérer (les anciens détenus notamment).

Après épuisement complet de ces droits, les personnes peuvent être orientées vers le revenu de solidarité active ou la Garantie jeunes, conçus pour être un rempart contre l'exclusion.

c. Des mesures nouvelles

Le nouveau gouvernement a sommé les partenaires sociaux de réformer encore le système pour le ramener à l'équilibre et dynamiser l'emploi. Ils ont ainsi signé l'accord du 22 février 2018, qui prévoit :

- la création d'une allocation de retour à l'emploi projet (AREP), attribuable aux démissionnaires qui auraient un nouveau projet professionnel sérieux ;
- une réflexion sur la protection chômage des travailleurs indépendants ;
- une réflexion sur la modération du recours par les entreprises aux contrats de travail courts.

Par ailleurs, le gouvernement semble avoir un projet de réforme d'ampleur du financement de l'assurance chômage (suppression de la cotisation à la charge des salariés et remplacement par la CSG à la charge des contribuables) et de sa gouvernance, puisqu'il semble vouloir reprendre la main. Un conseil, suivez l'actualité !

Testez vos connaissances !

QCM

Pour chaque QCM, une réponse au moins est exacte.

1. La durée d'activité des plus de 50 ans en France est :

- ❑ a. l'une des plus courtes d'Europe
- ❑ b. l'une des plus longues d'Europe
- ❑ c. dans la moyenne européenne

2. La durée d'activité des plus de 50 ans en France tend à :

- ❑ a. se réduire
- ❑ b. s'allonger
- ❑ c. se stabiliser

3. Qu'est-ce que le système des « droits rechargeables » en assurance chômage ?

- ❑ a. Le bénéficiaire peut obliger l'employeur qui l'a licencié à recharger ses droits à l'assurance chômage, sur décision prud'homale.
- ❑ b. L'employeur peut proposer par accord collectif de cotiser plus à l'assurance chômage pour anticiper des périodes de chômage partiel.
- ❑ c. Le bénéficiaire ayant repris un emploi avant l'extinction de ses droits à chômage ne perd pas le bénéfice des droits initiaux, s'il perd de nouveau son emploi.

QROC

1. L'aide au retour à l'emploi.
2. Le régime de solidarité géré par l'UNEDIC.

Corrigés

QCM

1. a. Les Français bénéficient d'une retraite à un âge plus précoce que la plupart des autres salariés du monde.

2. b. Elle s'allonge sous l'effet des dernières réformes des retraites qui augmentent la durée d'assurance pour prétendre à la retraite.

3. c.

QROC

1. L'ARE est l'aide principalement servie par Pôle emploi pour compenser la perte d'un emploi et servir un revenu de remplacement.

Le bénéficiaire doit :
- avoir été privé involontairement de son emploi ;
- être inscrit comme demandeur d'emploi à Pôle emploi ;
- être à la recherche effective et permanente d'un emploi ;
- être en chômage total ou partiel ;
- ne pas avoir atteint l'âge de la retraite ;
- être physiquement apte à occuper un emploi ;
- justifier d'une durée d'affiliation au régime UNEDIC de 88 jours minimum ou 610 heures de travail au cours des 28 mois qui précèdent la fin de son contrat de travail.

Elle est calculée sur la base des anciens salaires, incluant les primes, et varie aussi en fonction du mode d'activité de l'ancien emploi (temps plein ou partiel) pendant les 12 mois précédant le dernier jour d'activité.

En cas de reprise d'activité, l'ARE peut être cumulée sous certaines conditions avec le nouveau salaire.

2. Lorsqu'une personne a épuisé ses droits à l'assurance chômage, elle peut bénéficier d'aides complémentaires relevant de l'assistance (donc financées par l'État).

L'aide principale est l'allocation de solidarité spécifique (ASS), notamment versée aux chômeurs de plus de 50 ans ayant épuisé leurs droits à l'ARE, et à certaines catégories particulières, comme les artistes non salariés.

Il faut justifier de 5 ans d'activité dans les 10 années précédant la fin du contrat de travail et ne pas dépasser un plafond de ressources.

Le versement des aides est interrompu, si les conditions (de ressources, d'activité, d'inscription à Pôle emploi, etc.) ne sont plus remplies.

Environ 500 000 personnes bénéficient du régime de solidarité en France.

32. Données générales sur l'exclusion

Le terme d'exclusion sociale apparaît dans les années 1980, alors que les modèles industriels de l'après-guerre s'essoufflent, et laissent sur le bord de la route de nombreuses personnes. L'exclusion ne se résume cependant pas à la perte d'emploi, mais agrège de multiples causes, conduisant à la rupture progressive des liens sociaux.

Après le livre précurseur de René Lenoir paru en 1974, Les Exclus : un Français sur 10[1]*, c'est le père Joseph Wresinski, dans un rapport au Conseil économique et social en 1987[2], qui met en lumière la tendance de la société française à fonctionner selon une logique binaire dangereuse : d'un côté, les inclus, de l'autre, les exclus.*

Si le niveau de richesse d'une personne n'est pas forcément l'indicateur le plus pertinent pour identifier l'exclusion, il donne une tendance.

Ainsi, 8,5 millions de personnes vivraient, en France, sous le seuil de pauvreté : leur niveau de vie est inférieur à 60 % du revenu médian en France, soit environ 1 015 € par personne et par mois.

Cependant, on compte 1,8 million de bénéficiaires du revenu de solidarité active, contre 2,53 millions fin 2015 ; ce qui est un signe encourageant de reprise de l'emploi et de l'économie.

■ 1. L'exclusion : un concept récent pour qualifier une problématique millénaire

L'histoire sociale est jalonnée d'évènements témoignant de la prise en compte, par les pouvoirs publics comme par certains acteurs privés, des difficultés des plus démunis.

À l'intervention de l'Église ou d'associations de charité s'est progressivement ajoutée une intervention étatique organisée ; d'abord répressive, allant jusqu'à la déportation des « mendiants » sous Napoléon, cette intervention est devenue plus « sociale » à la fin du XIXe siècle, et ciblée sur certaines catégories de population : vieillards, infirmes, enfants abandonnés.

1. René Lenoir, *Les Exclus : un Français sur 10*, Paris, Seuil, 1974.

2. « Grande pauvreté et précarité économique et sociale », rapport présenté au nom du Conseil économique et social par Joseph Wresinski, Journal officiel de la République française, 28 février 1987.

Au XXe siècle, chaque nouvelle ère politique et/ou économique apportant son lot de nouveaux besoins sociaux – guerres mondiales et impératif de reconstruction, Trente Glorieuses et consommation de masse, chocs pétroliers et début d'une longue période de crise, etc. –, les politiques publiques ont été progressivement adaptées sous la pression de rapports alarmants : appel de l'abbé Pierre en 1954 ; rapport Wresinski précité, etc.

La pauvreté n'est plus perçue comme résiduelle, et est devenue un enjeu politique et social majeur.

Aux concepts de pauvreté et d'indigence s'est progressivement substitué celui d'exclusion. En France, peu d'individus se trouvent en effet dans le dénuement le plus complet. En revanche, un certain nombre d'entre eux sont exclus des modes de vie habituels : c'est ce phénomène de marginalisation, à la fois globale et relative, que le concept d'exclusion cherche à traduire.

L'exclusion est globale car elle se caractérise par la multiplicité des causes – chômage, maladie, etc. –, des conséquences – pauvreté, perte du logement, etc. – et la diversité des publics touchés, la société rejetant à ses marges des publics autrefois protégés de la précarité : familles entières victimes d'une situation de chômage de longue durée ; jeunes en situation d'échec scolaire et professionnel, etc.

L'exclusion est également relative car elle se définit par opposition à une norme : les modes de vie auxquels accède la majorité de la population. Pierre Bourdieu parle ainsi de « déclassement social », Serge Paugam emploie plutôt le terme de « disqualification », pour montrer comment des personnes se retrouvent, par l'enchaînement d'accidents de la vie, exclues de la catégorie sociale à laquelle elles appartenaient.

Robert Castel met en lumière trois zones de la vie sociale :

- une zone d'intégration, dont font partie les personnes ayant un emploi régulier et une vie sociale développée ;
- une zone de vulnérabilité, regroupant les personnes ayant un travail et des liens sociaux précaires ;
- une zone d'exclusion.

L'ambition des politiques de lutte contre les exclusions est donc double :

- d'une part, des plans d'urgence satisfont certains besoins primaires de la population : ouverture de foyers supplémentaires chaque hiver (logement d'urgence et alimentation), création des SAMU sociaux (soins), etc ;

- d'autre part, des dispositifs plus ambitieux et moins ponctuels visent à apporter une réponse plus complète aux problématiques de l'exclusion. La loi du 1er décembre 1988 créant le RMI en est la traduction. Ce dispositif était en effet précurseur à trois titres :

- par la prise en compte globale de l'exclusion et des réponses apportées ;
- par son souci de coordonner les nombreux intervenants sociaux, puisqu'aucun n'est en mesure de trouver seul une solution à l'exclusion ;
- par la substitution du concept de contrat entre le bénéficiaire de l'aide et la collectivité publique, à celui d'assistance.

Il a été perfectionné par la loi du 1er décembre 2008, qui a substitué le revenu de solidarité active (RSA) au RMI, et complété par la nouvelle prime pour l'activité à compter du 1er janvier 2016 ou encore la Garantie jeunes.

■ 2. L'exclusion se caractérise par la multiplicité des causes

Autrefois, les difficultés d'une famille étaient souvent liées à une cause majeure : un grave problème de santé du père par exemple, ou un état de pauvreté. Elles étaient alors gérées par les proches dans le cadre de la solidarité familiale. Lorsque cette aide familiale était inexistante ou insuffisante, des aides publiques ponctuelles étaient prévues : aide sociale, bourses, etc.

Aujourd'hui, l'exclusion est un phénomène plus complexe, qui cumule plusieurs causes : chômage, problèmes de santé, illettrisme, monoparentalité, etc.

Ces causes engendrent souvent des conséquences multiples : perte de l'emploi, faiblesse des ressources, premiers impayés de loyers conduisant parfois à l'expulsion du logement, déstructuration de la cellule familiale, etc.

L'état de santé des personnes évoluant dans les milieux sociaux les plus défavorisés est plus dégradé que celui de la moyenne de la population. L'accès à certains soins, particulièrement coûteux et/ou mal remboursés par l'assurance maladie de base et la CMU complémentaire, est toujours fermé à ces catégories. Le mauvais état de santé du chef de famille peut nuire à son insertion professionnelle, et enclencher le processus d'exclusion.

Le chômage est souvent cité comme cause première d'exclusion. Pourtant, contrairement aux idées reçues, l'insertion professionnelle n'est pas forcément un rempart contre l'exclusion : la précarité des contrats, des horaires et la faiblesse des rémunérations afférentes génèrent une incertitude qui décourage parfois leurs titulaires, et se révèle nuisible à leur réinsertion. Les dispositifs légaux ont certes été aménagés pour permettre temporairement le cumul des revenus d'un emploi avec les aides sociales attribuées à la personne antérieurement à sa reprise d'emploi. Mais d'autres obstacles subsistent : recherche et coût de la garde d'enfants pour la mère qui trouve un travail, coût du transport, etc.

La fracture numérique fait l'objet de mesures plus récentes. À l'heure où de nombreuses prestations ne peuvent être demandées que par internet – comme la nouvelle prime pour l'activité – et où les services publics ont fermé leurs guichets, les personnes qui ne savent pas utiliser les technologies modernes peuvent être démunies quand il s'agit de réaliser des démarches en mode dématérialisé.
Le taux de « non recours » aux droits sociaux était déjà significatif lorsque les personnes pouvaient facilement accéder aux services publics, qu'en est-il aujourd'hui ?

La solidarité familiale ne joue plus suffisamment pour pallier ces difficultés. Quand elle intervient, elle peut s'avérer inopérante face à la complexité des situations.

Les pouvoirs publics prennent donc de plus en plus l'initiative :
- par la reconnaissance de nouveaux droits sociaux aux familles démunies ;
- par la concrétisation de ces droits aux moyens de politiques actives associant plus fortement les bénéficiaires, plutôt que par des mesures relevant de l'assistanat.

« L'État-providence » perd du terrain au profit de « l'État social-actif ».

Testez vos connaissances !

QCM

Pour chaque QCM, une réponse au moins est exacte.

1. Combien la France compte-t-elle de bénéficiaires du RSA fin 2015 ?

- ❑ a. 1,5 million
- ❑ b. 1,8 million
- ❑ c. 2,5 millions

2. Qu'est-ce que le SAMU social ?

- ❑ a. un service de l'hôpital public qui se délocalise sur le terrain
- ❑ b. une équipe mobile d'aide destinée aux sans-abri, gérée par une association
- ❑ c. une organisation de médecins assurant une permanence médicale pour les personnes sans ressources

3. Qu'est-ce que la PPA ?

- ❑ a. La prime pour l'autonomie, versée à des personnes porteuses d'un handicap
- ❑ b. La prime pour l'auto-entrepreneur, versée à des chômeurs qui créent leur entreprise
- ❑ c. La prime pour l'activité, versée en complément d'un salaire jugé trop faible pour assurer un niveau de ressources suffisant

QROC

1. Le seuil de pauvreté.
2. Le revenu de solidarité active.

Corrigés

QCM

1. b. Ce chiffre a augmenté régulièrement entre 1988 et 2015, mais a entamé sa décrue.

2. b. Ces équipes mobiles créées depuis l'initiative du Dr Emmanuelli à Paris en 1993, visent à aller à la rencontre des personnes « en détresse physique et sociale » vivant dans la rue. Les SAMU sociaux existent principalement dans les grandes villes et sont gérés par des associations.

3. c. La PPA a été créée au 1er janvier 2016.

QROC

1. C'est un indicateur de mesure du niveau de revenu d'un ménage en deçà duquel il est considéré comme pauvre.

Il peut être calculé selon différentes formules :
- par référence à une capacité minimale de consommation de produits et services : c'est un seuil de pauvreté absolu. On détermine le prix moyen d'une sorte de panier de la ménagère et on évalue le nombre de personnes qui ne bénéficient pas des ressources suffisantes pour s'offrir ce panier minimum ;
- par référence au revenu médian ou moyen observé dans le pays soumis à étude : il est alors qualifié de relatif.

Les organismes internationaux d'étude n'utilisent pas les mêmes mesures.

La Banque mondiale estime le seuil minimum à 1 ou 2 € par membre du foyer et par jour, là où Eurostat, dans l'Union européenne, l'estime à 60 % du revenu médian (mesure retenue par l'INSEE en France).

14 % des Français vivaient sous le seuil de pauvreté en 2018, et notamment une majorité de familles monoparentales.

Corrigés

2. Le revenu de solidarité active a été créé par la loi du 1er décembre 2008 et a succédé au revenu minimum d'insertion créé en 1988.

Il est destiné aux personnes de plus de 25 ans (sauf femmes enceintes ou jeunes parents), habitant en France de façon stable et ayant des ressources inférieures à un plafond.

Il se composait jusqu'en décembre 2015 de deux allocations :
- le RSA socle, toujours en vigueur aujourd'hui, destiné à apporter une ressource minimale à une personne privée d'emploi et de toute autre ressources ;
- le RSA activité, auquel s'est substituée la prime pour l'activité au 1er janvier 2016.

Le RSA est versé par la CAF ou la MSA, mais sur délégation du conseil départemental, qui désigne un référent visant à aider la personne à se réinsérer dans la société et l'emploi. Le bénéficiaire doit donc signer un projet personnalisé d'accès à l'emploi ou un contrat d'insertion, et devra donc respecter ses obligations, dont la recherche d'un emploi.

Des conseils départementaux, excédés par la lourdeur de la charge financière que représente le RSA pour leur budget, ont entamé des contrôles plus importants du respect des obligations précitées, et/ou assortissent le versement du RSA d'une contrepartie prenant la forme d'un nombre d'heures de travail dédiées à la collectivité.

De son côté, le gouvernement a réfléchi à la prise en charge, sur ses propres fonds, du coût du RSA, mais sans trouver d'accord avec les conseils départementaux qui, dans le même temps, ont vu leurs dotations de fonctionnement diminuer.

La France compte 1,8 million de bénéficiaires du RSA fin 2017.

33. Les politiques de lutte contre les exclusions

Chaque gouvernement crée son plan de lutte contre la pauvreté ou contre l'exclusion, sans parvenir à enrayer les phénomènes contre lesquels il prétend lutter, tel le mythe de Sisyphe !

1. Les différents plans contre la pauvreté

Le dernier plan en date s'intitule « plan pluriannuel contre la pauvreté et pour l'inclusion sociale » et a prévu, pour la période 2013-2017, des mesures très variées :

- la prévention des ruptures avec l'instauration d'une « Garantie jeunes » pour les 18-25 ans, la création de places supplémentaires d'hébergement d'urgence, la création d'un registre national des crédits aux particuliers, un renforcement de l'accès aux crèches pour les enfants de familles en situation de pauvreté, le lancement d'un réseau de « points conseil budget » pour lutter contre le surendettement ;
- la hausse du RSA, du plafond de la CMU complémentaire, de l'allocation de soutien familial et du complément familial servi aux familles monoparentales ;
- la mise en œuvre de la prime pour l'activité au 1er janvier 2016.

Une telle diversité de mesures peut donner le sentiment d'actions tous azimuts, et d'un éparpillement de l'intervention publique. Pourtant, ces nombreuses dispositions peuvent être justifiées par la diversité des causes de l'exclusion, qui nécessite de jouer sur plusieurs leviers en même temps.

Le nouveau gouvernement annonce pour 2018 un plan plus ciblé de lutte contre la pauvreté des enfants et des jeunes. Les mesures ne sont pas encore connues mais pourraient créer un accès universel aux modes de garde de la naissance aux 3 ans de l'enfant, développer les lieux d'accompagnement des familles en difficulté, accompagner les jeunes sans formation vers l'insertion (voir fiches précédentes), garantir l'accès de tous les enfants à une alimentation saine et aux soins de santé, aider les familles défavorisées à la rénovation thermique de leur logement, ou encore lutter contre le non-recours aux droits sociaux.

■ 2. À causes multiples, réponses multiples et adaptées

Plusieurs lois ont institué de **nouveaux droits fondamentaux**.

a. Le droit à un revenu minimum

La loi du 1er décembre 1988 a créé une allocation d'un nouveau type : le revenu minimum d'insertion. Plusieurs catégories de population s'étaient certes vues reconnaître ce droit préalablement à la loi de 1988 (personnes âgées avec le minimum vieillesse ; familles bénéficiaires de prestations familiales ouvertes sous conditions de ressources). L'originalité tient d'une part à l'ouverture de ce droit à l'ensemble de la population résidente, sous condition d'âge et de ressources ; et d'autre part à l'établissement d'une relation contractuelle entre la société et le bénéficiaire. Ces conditions le distinguent du « revenu minimum d'existence » réclamé par certains, qui souhaiteraient le voir versé à l'ensemble de la population, de la naissance à la mort.

Le RSA – revenu de solidarité active – a succédé au RMI en 2009 et semble un juste compromis : la condition de ressources est maintenue, mais la condition d'âge a été assouplie.

Cette allocation est donc une allocation différentielle et subsidiaire, qui doit permettre d'assurer un revenu minimal à son bénéficiaire, en complément des revenus éventuels reçus par ailleurs (autres allocations, rentes, etc.).
On compte 1,8 million d'allocataires. Ce sont – avec les personnes à charge des allocataires – près de 6 % de la population en métropole et 15 % dans les DOM, qui bénéficient de cette allocation.

Depuis 2016, la prime pour l'activité remplace le RSA activité (qui se distingue du RSA socle, ce dernier étant attribué aux personnes sans revenu) et la prime pour l'emploi. Elle bénéficie à 2,6 millions de personnes, pour compléter leurs revenus d'activité. Ce minimum social encourage donc l'activité mais permet de garantir un revenu jugé « décent » aux actifs.

Mais l'exclusion n'est pas seulement engendrée par la faiblesse des revenus ; en cela, elle ne peut se résumer à la pauvreté. Aussi, en même temps que le droit à un revenu minimum, les personnes en situation d'exclusion se voient désormais reconnaître d'autres avantages sociaux.

b. Le droit au logement

Ce domaine sera plus particulièrement étudié dans la partie suivante.

Le droit au logement a été consacré par la loi dite « Besson » du 31 mai 1990, complétée par la loi du 29 juillet 1998 relative à la lutte contre les exclusions. Des fonds sociaux départementaux ont été mis en place, pilotés par les conseils départementaux depuis la loi du 13 août 2004.
Ainsi, pour prévenir les expulsions, des aides financières peuvent être attribuées :
- dans le cadre du fonds de solidarité logement, destiné à prévenir les impayés de loyers ;
- dans le cadre des fonds eau, électricité et même téléphone, pour éviter les coupures dues aux factures non acquittées.

De plus, dans les départements les plus ambitieux, des travailleurs sociaux réalisent un « accompagnement social au logement », assurant l'éducation des familles à la gestion du budget, à l'entretien du logement pour la part relevant du locataire, etc.

Mais d'autres acteurs s'impliquent dans les problématiques du logement. La loi dite DALO du 5 mars 2007 a créé un droit au logement « opposable », les personnes s'estimant mal logées pouvant désormais saisir la justice.
La loi ALUR (accès au logement et urbanisme rénové) du 24 mars 2014 avait prévu la mise en œuvre d'une garantie universelle des loyers permettant de sécuriser la relation entre le propriétaire et le locataire, et de prévenir les expulsions. Elle a été abandonnée au profit d'une garantie appelée VISALE. Cette caution gratuite est destinée aux salariés jeunes ou précaires.

Enfin, les caisses de Sécurité sociale peuvent définir le logement comme priorité au sein de leur politique d'action sociale : elles coordonnent souvent leur action avec l'État et le conseil départemental pour :
- lutter contre l'habitat indigne. De trop nombreux logements sont « indécents » et peuvent occasionner des problèmes de santé importants à leurs occupants ;
- aider les seniors à adapter leur logement aux conséquences du vieillissement.

Ce dernier enjeu deviendra crucial ces prochaines années, car les mesures de maîtrise des déficits des régimes de retraite vont peser sur le niveau des retraites. De plus en plus de retraités risquent de ne pas pouvoir accéder à des établissements d'hébergement compte tenu de ressources insuffisantes, dans l'avenir.

c. La lutte contre le surendettement

Le surendettement a été encouragé par la facilité avec laquelle les banques et autres organismes de crédit attribuent des prêts « à la consommation », dont le taux d'intérêt est souvent très élevé. De nombreuses familles ont ainsi pu cumuler les prêts, sans pouvoir tous les honorer : 166 000 ménages seraient surendettés en 2018 d'après la Banque de France. Ce nombre est en baisse depuis trois ans, mais combien ne sont pas signalés ?

La loi du 1er août 2003 pour la ville et la rénovation urbaine (loi « Borloo ») a introduit **le dispositif de « rétablissement personnel »**, utilisé depuis longtemps en

Allemagne, dans le droit français : quand la situation d'une personne est « irrémédiablement compromise » et si l'intéressée est de bonne foi, elle peut saisir la commission de surendettement. Cette dernière ou le débiteur lui-même peuvent saisir la justice, qui prononce la liquidation du patrimoine, à l'exception des biens nécessaires à la vie courante ou indispensables à l'activité professionnelle de l'intéressé. Le produit de la vente est réparti entre les créanciers. Puis le juge clôture la procédure, et efface ainsi toutes les dettes non professionnelles (même si le produit de la vente a été insuffisant pour payer tous les créanciers).

Un fichier national des incidents de remboursement des crédits aux particuliers et le lancement d'un réseau de « points conseil budget » pour lutter contre le surendettement complètent ce dispositif.

Ces dispositions répondent à un réel besoin : sont les plus exposés à ce risque les bénéficiaires des minima sociaux et les personnes au chômage, plus encore quand ils sont isolés. L'endettement est généralement constitué de crédits immobiliers et à la consommation, ou d'un cumul des deux.

d. L'accès aux soins

Les personnes connaissant des difficultés sociales les cumulent souvent avec des problèmes de santé. L'accès aux soins leur est alors indispensable pour espérer les voir revenir à meilleure fortune (voir partie 3).

e. L'accès à la culture, au sport, aux vacances

Un tiers des Français ne part pas en vacances. Ces domaines relèvent de la compétence du conseil départemental, en particulier pour les bénéficiaires du RSA et leurs familles. Mais les communes et les CAF proposent aussi des aides aux familles défavorisées : classes vertes, bons vacances, tickets loisirs, modulation des tarifs d'accès aux équipements sportifs et culturels en fonction des ressources, etc.

f. L'aide à l'intégration pour les immigrants

Environ 11,6 % de la population résidant en France est d'origine étrangère. Les étrangers (n'ayant pas la nationalité française) représentent 5,8 % de la population.

Depuis 2006 est généralisé **le contrat d'accueil et d'intégration**, par lequel les personnes désireuses de s'installer en France s'engagent dans un processus d'intégration. L'Office français de l'immigration et de l'intégration (OFII) propose sur tout le territoire les mêmes prestations sociales, sanitaires, administratives, et les formations civiques ou linguistiques, à tous les étrangers récemment titulaires d'un titre de long séjour en France.

g. L'accès aux droits

La reconnaissance législative de nouveaux droits ne garantit pas forcément que les bénéficiaires potentiels sauront en tirer parti. Plus de 30 % des personnes éligibles au RSA ou à la CMU ne les demandent pas. Se pose alors une problématique inextinguible : comment porter l'information aux catégories de populations les plus isolées (les personnes sans domicile fixe notamment) ?

Plusieurs dispositifs ont été testés (« maisons des services publics » constituant un « guichet unique » pour faciliter les démarches des administrés, « rendez-vous des droits » à la CAF ou la MSA). Mais les personnes les plus marginalisées feront-elles la démarche de se rendre dans ces structures, acte qui implique une volonté forte pour surmonter leurs difficultés à communiquer, reconnaître leurs problèmes et demander une aide ?

Par ailleurs, la délivrance de la plupart des prestations est conditionnée par l'élection de domicile : les personnes sans domicile fixe doivent ainsi s'inscrire auprès d'un organisme agréé, qui leur sert de « boîte aux lettres ». Or, peu de personnes SDF acceptent de se soumettre à cette formalité.
Cette problématique reste donc entière.

h. L'insertion professionnelle

Dans une société où plus de 3 millions de personnes souhaitant exercer une activité professionnelle sont au chômage, les pouvoirs publics sont forcés de consacrer des moyens conséquents pour favoriser l'insertion et la réinsertion professionnelle. Il existe de multiples programmes d'insertion.

On compte plus de 360 000 emplois aidés dans le secteur non marchand, chiffre en baisse puisque le gouvernement ne compte financer que 200 000 contrats en 2018, pour 1,4 million d'euros.

Cependant, l'insertion professionnelle ne se décrète pas et elle dépend étroitement de facteurs exogènes aux politiques publiques : situation économique de la France, elle-même dépendante de paramètres économiques internationaux ; positionnement des entreprises sur l'emploi, etc.

L'autre facteur est la volonté des personnes elles-mêmes de s'insérer dans le marché du travail. À ce titre, le dispositif d'insertion prévu dans la loi du 1er décembre 1988 sur le RMI n'a pas perdu de son actualité. Il repose sur une relation contractuelle entre les pouvoirs publics et le bénéficiaire du RSA. L'attribution de l'aide financière est en effet liée à la réalisation d'une démarche d'insertion par le bénéficiaire, qui doit manifester factuellement sa volonté de sortir de l'exclusion.

3. L'instauration d'une relation contractuelle entre le bénéficiaire des aides et la société

Le RMI était le premier « produit » d'une nouvelle philosophie d'aide à la personne. Comme le RMI, son successeur, le RSA, n'est pas une prestation d'aide sociale, ni de Sécurité sociale, mais une combinaison de droits ouverts en une seule démarche : allocation différentielle, assurance maladie, action d'insertion sociale et/ou professionnelle.

Dans ce cadre, **l'insertion sociale et/ou professionnelle est non seulement un droit, mais aussi une obligation du bénéficiaire** : son engagement consiste à respecter un contrat d'insertion. La collectivité, quant à elle, doit lui proposer des actions adaptées à ses besoins et devant aboutir à sa réinsertion.

La démarche repose sur des outils spécifiques :

- **Le Parcours Emploi Formation** comprend un entretien entre le prescripteur, le bénéficiaire et le futur employeur. Le contrat doit faire apparaître tous les éléments utiles à l'appréciation de la situation sanitaire, sociale et professionnelle du foyer, ainsi que la nature du projet et son calendrier de réalisation.
Le contenu est donc adapté en fonction de la situation personnelle des intéressés.
- **Le programme départemental d'insertion** doit permettre d'organiser les actions d'insertion, à partir d'une évaluation des besoins et des moyens, et d'une convention passée entre les collectivités publiques concernées. Sa mise en œuvre implique en effet des organismes publics ou privés qui instruisent les demandes, le conseil départemental qui décide de l'attribution de l'allocation et la finance, la CAF et la MSA qui assurent le paiement, et des référents, conventionnés avec le conseil départemental, qui assurent le suivi du contrat d'insertion.

Testez vos connaissances !

QCM

Pour chaque QCM, une réponse au moins est exacte.

1. Combien la France compte-t-elle de ménages surendettés ?

- ❑ a. 84 300
- ❑ b. 166 000
- ❑ c. 8 millions

2. Quelle proportion d'étrangers vit en France ?

- ❑ a. 5,8 % de la population totale
- ❑ b. 10,8 % de la population totale
- ❑ c. 15,8 % de la population totale

3. Quelle institution est responsable de l'insertion des personnes bénéficiaires du RSA ?

- ❑ a. Le conseil régional
- ❑ b. La DIRRECTE
- ❑ c. Le conseil départemental

QROC

1. Le programme départemental d'insertion.
2. Le non recours aux droits sociaux.

Corrigés

QCM

1. b. Ce chiffre diminue depuis 3 ans.

2. a.

3. c. Le conseil départemental verse la prestation RSA et s'assure en contrepartie du respect de son contrat d'insertion par le bénéficiaire.

QROC

1. Le PDI, établi par chaque conseil départemental, définit la politique départementale d'accompagnement social et professionnel, recense les besoins d'insertion et l'offre locale d'insertion, et planifie les actions d'insertion correspondantes.

Il est redéfini à échéances régulières après la réalisation d'un diagnostic de territoire.

Il inclut divers outils : aides individuelles, prestations d'accompagnement par une équipe pluridisciplinaire, subventions aux associations qui participent au PDI, comme les associations intermédiaires ou les entreprises de travail temporaire d'insertion.

Pour la mise en œuvre du PDI, le conseil départemental conclut un pacte territorial pour l'insertion avec ses partenaires : État, Pôle emploi, CAF, MSA, etc.

2. Les pouvoirs publics comme la CNAF constatent qu'une partie significative de la population ne recourt pas à l'intégralité des droits sociaux auxquels elle pourrait prétendre.

Le chiffrage de ce non-recours est très complexe. L'observatoire du non-recours aux droits et services indique qu'un tiers des potentiels bénéficiaires du RSA ne demande pas la prestation et qu'un jeune sur cinq n'effectue pas les démarches pour obtenir ses prestations.

Les organismes de Sécurité sociale invitent leurs assurés démunis à des « RDV des droits » et mettent à contribution le Répertoire national commun de la protection sociale (RNCPS) pour détecter, en croisant les données de population, les personnes susceptibles d'avoir droit à une prestation mais qui ne l'auraient pas demandée.

Les préfets promeuvent aussi les maisons de service au public en les présentant comme des guichets uniques permettant de simplifier les démarches, mais ces structures présentent bien des limites.

De plus, ces systèmes ne règlent pas la question des personnes totalement désinsérées, dont on ne connaît pas l'adresse par exemple, et qu'il est très difficile de « capter » pour ouvrir les droits.

34. Perspectives et regard international

Les politiques sociales sont des maillons indispensables au bon fonctionnement de la société : en jouant un rôle d'amortisseur social des crises, elles protègent les plus démunis de l'abandon et de la pauvreté. Elles répondent à une forte aspiration sociale.

1. Les politiques sociales, « amortisseur des crises économiques »

L'orientation du gouvernement est de privilégier les politiques dites « actives » de lutte contre le chômage (promotion de l'emploi, de la formation, etc.), et d'activer les dépenses dites « passives » (d'indemnisation du chômage) en incitant les chômeurs ou bénéficiaires du RSA à reprendre une activité.

Outre l'intérêt économique et social de ces orientations, elles permettent aussi de préserver l'avenir du régime de couverture du chômage. En effet, ce régime est confronté à des déficits chroniques, variables en fonction des aléas de la croissance économique et de l'évolution corrélative du taux de chômage. Ainsi, pour 2017, le déficit de l'UNEDIC se monte à 3,8 milliards d'euros, estimé à 3,3 milliards en 2018 et à 37 milliards en cumul fin 2018.
Dans les périodes déficitaires, les partenaires sociaux peuvent durcir les modalités d'indemnisation : hausse des cotisations, revalorisation plus faible des allocations chômage, etc.

Au sein des pays européens, le taux de chômage français est plus important que la moyenne... et beaucoup plus important que dans les pays anglo-saxons. Tous essaient d'activer les politiques passives pour inciter les chômeurs à reprendre un emploi, et tous essaient de réduire les charges sociales pesant sur le travail.

En revanche, on enregistre de fortes disparités, sur la durée légale du travail, ou sur l'existence et le niveau d'un salaire minimum. Ces disparités nuisent à la reprise de l'emploi en France, car elles incitent les entreprises à créer des emplois en dehors de nos frontières, là où le coût du travail est moins onéreux. À titre d'exemple, le coût du travail agricole en Allemagne s'élève à 6 € de l'heure, contre plus de 11 € en France.
Néanmoins, la création du CICE et la baisse des cotisations patronales familiales ont permis de réduire le coût du travail en France, tandis que l'Allemagne, de son côté, s'est vue forcée d'instaurer un salaire minimum dans un certain nombre de branches professionnelles.
Ces deux évolutions concomitantes rendent de la compétitivité à la France.

■ 2. Les difficultés à coordonner les différents acteurs sociaux

L'implication d'un grand nombre d'acteurs présente une difficulté majeure : leur coordination n'est pas toujours facile, et leur engagement s'avère inégal, d'autant que la loi crée beaucoup de possibilités et peu d'obligations.

Plusieurs insuffisances peuvent ainsi être relevées :

- Les conseils départementaux rechignent parfois à dégager les moyens financiers – très conséquents – nécessaires pour faire face aux nouvelles charges imposées par la loi, d'autant que leurs dotations baissent et que leurs dépenses sont désormais encadrées.
- Pôle emploi est débordé par la charge d'activité.
- Les acteurs tant publics que privés (associations d'insertion notamment) sont nombreux à intervenir dans les dispositifs d'insertion ; mais les entreprises, qui sont pourtant le principal vecteur d'insertion professionnelle, en sont souvent absentes. Déjà confrontées à la complexité du droit du travail et à des contraintes économiques fortes, elles rechignent à faire confiance à des personnes en insertion.
- Les obligations à la charge des bénéficiaires ne font pas toujours l'objet de contrôle. Certains conseils départementaux ont cependant créé, assez récemment, des équipes de contrôleurs – aux pouvoirs néanmoins limités – qui permettent *a minima* d'éviter certaines dépenses en traquant la fraude.
- Les mesures prises sont encore très catégorielles, et ne traitent souvent que l'une des causes d'exclusion. Pour pallier cette carence a été développé le travail en équipe pluridisciplinaire, qui permet aux travailleurs sociaux d'être moins isolés dans leur pratique, d'échanger avec d'autres professions médico-sociales, et de rendre complémentaires donc plus efficaces les différentes interventions.
- La tendance bien française à penser en terme curatif plus que préventif sévit également dans le domaine de la lutte contre l'exclusion : les financeurs débloquent les aides quand la situation d'exclusion est pleinement avérée, et... souvent irrémédiablement installée. L'efficacité des mesures en pâtit.

■ 3. Une dynamique d'insertion trop faible

Le RMI puis le RSA ne sont pas parvenus à doper significativement l'insertion. Selon la DREES, 82,6 % des bénéficiaires sont orientés vers un parcours d'insertion. Il existe donc un « stock » d'allocataires sans contrat ni suivi social.

Le contenu des contrats est extrêmement variable : il peut consister en une véritable action de recherche d'emploi, une inscription à une formation ou une simple incitation à accéder à des soins médicaux. Dans ce domaine, le législateur était volontairement resté imprécis pour assurer une souplesse maximale au dispositif. Cette absence de contraintes a cependant autorisé les acteurs à proposer des actions minimalistes, peu ambitieuses par rapport à l'objectif affiché.

Le taux de sortie du RSA, après 1 an de bénéfice du dispositif, est de 25 % environ. Les « sortants » vers un emploi ou une autre allocation sont les plus jeunes bénéficiaires et les femmes. Il existe une frange de la population si marginalisée qu'elle ne peut entrer dans aucun dispositif d'insertion.

■ 4. L'exclusion - ou le mythe de Sisyphe

La politique de lutte contre les différentes formes d'exclusion est ambitieuse dans ses objectifs – plus que dans de nombreux pays comparables – et permet à une part non négligeable de la population (estimée à environ 10 %) de vivre au-dessus du seuil de pauvreté.

Les politiques visant à redistribuer les richesses nationales – comme la politique familiale, qui privilégie de plus en plus la lutte contre la pauvreté, ou la politique fiscale – contribuent à la réduction des inégalités sociales. Les pouvoirs publics ne peuvent pas laisser la cohésion sociale s'affaiblir, sans prendre le risque d'être à terme confrontés à des risques sociaux majeurs.

Dès lors, faut-il donner suite aux propositions très ambitieuses qui se font jour autour du **« revenu minimum d'existence »** ? C'est un montant uniforme qui serait attribué à toute la population, sans que soient pris en compte le niveau de vie ou l'emploi de chacun, avec l'objectif d'assurer un minimum vital à tous et de mettre en œuvre une certaine égalité des chances.

Mais où placer le curseur entre le soutien temporaire indispensable dans les moments difficiles de la vie, et l'assistanat ? On peut observer l'expérimentation menée en 2017-2018 en Finlande : l'attribution d'un revenu minimum d'existence (RME) de 560 € à 2 000 chômeurs sans critère de ressources, ni obligation de travail, en contrepartie de la suppression de toutes les autres formes d'aides. Ce dispositif de revenu universel sera abandonné en 2019 faute de financement. L'Écosse pourrait expérimenter le RME en 2018.
Des « poches » d'exclusion subsisteront quelle que soit l'importance des fonds publics consacrés à leur éradication. Aussi cette partie ne pouvait-elle être close sans mentionner l'action des multiples institutions privées qui agissent en faveur des populations fragiles, souvent dans les interstices laissés par les actions publiques : nombre d'associations accordent des secours aux populations démunies, financés par appel à la générosité publique (Secours populaire, Secours catholique, associations de médecins qui fournissent gratuitement des soins, etc.). Intervenant au contact des réalités de terrain, ces organismes participent largement aux politiques publiques de lutte contre les exclusions, car ils se voient parfois confier, par convention avec les collectivités territoriales ou les organismes de Sécurité sociale, la gestion de services à vocation sociale.

Les actions publiques et privées sont donc, dans la lutte contre l'exclusion comme dans tout autre domaine social, particulièrement complémentaires et imbriquées.

Testez vos connaissances !

QCM

Pour chaque QCM, une réponse au moins est exacte.

1. À taux de croissance égal, la France crée :

❏ a. moins d'emplois que les pays comparables
❏ b. autant d'emplois que les pays comparables
❏ c. plus d'emplois que les pays comparables

2. L'aide au retour à l'emploi peut être dégressive.

❏ a. Vrai
❏ b. Faux

3. Pôle emploi sert :

❏ a. les prestations d'assurance chômage
❏ b. les prestations chômage dites « de solidarité », pour le compte de l'État
❏ c. les deux

4. La loi du 1er décembre 1988 a créé :

❏ a. l'aide médicale gratuite
❏ b. le RMI
❏ c. le droit au logement

5. Qu'est-ce que le RSA ?

❏ a. Le revenu social des actifs
❏ b. Le revenu social agricole
❏ c. Le revenu de solidarité active

6. La décision d'attribution du RSA est prise par :

❏ a. le conseil départemental
❏ b. la caisse d'allocations familiales
❏ c. le préfet

7. Quel est le taux de sortie des bénéficiaires du RSA un an après leur entrée dans le dispositif ?

❏ a. 15 %
❏ b. 25 %
❏ c. 45 %

Testez vos connaissances !

8. Qu'est-ce que le revenu minimum d'existence ?

❑ a. Un capital versé à la naissance de chaque enfant, destiné à assurer son avenir

❑ b. Un revenu identique pour tous les membres de la société, quels que soient leur statut et leur revenu, destiné à créer une parfaite égalité des chances

❑ c. L'autre nom du RSA quand le bénéficiaire n'est pas en mesure de suivre une procédure d'insertion

QROC

1. Le revenu minimum universel ou d'existence.

2. L'insertion des bénéficiaires du RSA.

Corrigés

QCM

1. a. Notamment beaucoup moins que les pays anglo-saxons.

2. b. Selon l'OFCE, la dégressivité n'aurait pas d'incidence sur l'amélioration des comptes de l'UNEDIC ni sur la rapidité de retour vers l'emploi du bénéficiaire. En revanche, l'allocation chômage peut être réduite ou supprimée par le préfet ou Pôle emploi si le bénéficiaire manque délibérément à certaines obligations.

3. c.

4. b. Le RMI a été remplacé par le RSA (loi du 1er décembre 2008).

5. c.

6. a.

7. b. C'est un taux jugé faible par la Cours des comptes de l'IGAS.

8. b. Il a été testé en 2017-2018, sous une forme « édulcorée » cependant, par la Finlande.

QROC

1. Ce concept n'est pas récent, puisqu'il est déjà développé au XVIIIe siècle par le militant américain indépendantiste Thomas Paine. Étonnamment, il est porté autant par certains partis de gauche (en France notamment) que par les libéraux en Finlande par exemple.

Les premiers voient dans le RME une juste répartition de la richesse nationale entre les membres de la société, et un outil de lutte contre la pauvreté.

Les seconds, inspirés par l'économiste Milton Friedman qui défendait un « impôt négatif sur le revenu », considèrent que les prestations sociales étant coûteuses en gestion et perverses car elles désinciteraient leurs bénéficiaires à reprendre un emploi, il vaut mieux les remplacer par un RME : ce revenu devrait être suffisamment élevé pour aider la population à faire face à ses besoins primaires, mais insuffisamment élevé pour qu'elle soit obligée de travailler afin d'accéder au mode de vie attendu.

La Finlande l'a expérimenté à toute petite échelle en 2017-2018, dans ses régions les plus touchées par le chômage, pour un montant de 560 € mensuels.

Corrigés

2. Depuis la loi du 18 décembre 2003 portant décentralisation du RMI, le conseil départemental est le pilote de la politique d'insertion.

Le conseil départemental établit un plan départemental d'insertion prévoyant les mesures générales, et signe un projet personnalisé d'accès à l'emploi (PPAE) ou un contrat d'engagement réciproque (CER) avec le bénéficiaire du RSA.

Lors du premier contact avec le demandeur du RSA, un travailleur social du conseil départemental ou d'un organisme agréé par le conseil départemental établit un diagnostic, puis oriente le demandeur vers un parcours d'insertion professionnelle, voire sociale.

La Cour des comptes relève régulièrement que la contractualisation est le point faible du dispositif. Des départements préfèrent conclure des contrats par famille plutôt que par bénéficiaire ; des travailleurs sociaux refusent de reconnaître au contrat un caractère obligatoire, alors que la loi est claire sur ce sujet. Ainsi, le taux de contractualisation varie selon les départements.

En théorie, les bénéficiaires doivent avoir un référent unique appartenant au conseil départemental, à Pôle emploi, aux associations intermédiaires, etc. ; ce qui n'est pas forcément un gage d'efficacité. Les référents doivent souvent suivre un nombre très important de bénéficiaires. L'offre d'insertion n'est pas toujours adaptée aux besoins.

Les sanctions en cas de non-respect du contrat étaient jusqu'à présent très faibles, mais de plus en plus de départements renforcent actuellement leurs moyens de contrôle.

Le taux de retour à l'emploi après 1 an n'est que de 25 %. C'est une donnée évaluée dans la difficulté, la Cour des comptes relevant le manque de statistiques fiables dans les départements, et en conséquence le manque criant d'évaluation de l'efficacité de la politique d'insertion dans chaque département.

8 La politique de la ville et en faveur du logement

L'accès au logement est l'une des composantes majeures de la politique de la ville, dont les objectifs sont au moins aussi divers et nombreux que ceux de la lutte contre les exclusions. Ces deux politiques ont d'ailleurs plusieurs points communs : elles témoignent d'une approche globale des problèmes sociaux par les pouvoirs publics.

35. La politique de la ville : enjeux, ambitions, moyens

La politique de la ville est pluridimensionnelle, son ambition étant de prendre en compte l'ensemble des causes d'un problème social donné, et de traiter globalement ses conséquences. À ce titre sont associés, dans le cadre de relations transversales et contractuelles, de nombreux partenaires publics et privés.

1. Naissance et développement de la politique de la ville

Au sortir de la seconde guerre mondiale, l'impératif de reconstruction, la nécessité de loger les populations immigrées appelées à y participer, puis le souhait de la population – de plus en plus citadine du fait de l'exode rural – d'accéder, pendant les Trente Glorieuses, à des logements offrant le « confort moderne », ont incité les pouvoirs publics à commander la construction d'une quantité « industrielle » de logements.

À la périphérie des villes ont été édifiés **les « grands ensembles »** préfabriqués, capables d'accueillir une forte densité de population. Ces constructions, pourtant ambitieuses comme le souhaitait l'architecte Le Corbusier – ensembles aérés, desservis par des services collectifs fonctionnels – ont souvent mal vieilli.

À cette dégradation des locaux liée à leur mauvaise qualité et au défaut d'entretien, se sont progressivement ajoutées d'autres problématiques : chômage, exclusion, insécurité, drogue, délinquance, racisme. Dès le début des années 70, le rapport de la commission des villes du VIe Plan a relevé l'affaiblissement de la vie publique dans les nouvelles agglomérations urbaines et ajouté que « la spécialisation excessive de l'espace (zones industrielles, cités-dortoirs), la séparation croissante des groupes sociaux (la ségrégation sociale par l'argent), le dépérissement des centres urbains et des possibilités de vie sociale qu'ils offraient contribuaient à l'appauvrissement de la vie proprement urbaine ».

Les populations ayant les moyens de quitter ces ensembles ont cédé la place à des familles défavorisées, et les premiers incidents violents – à Vénissieux en 1981 – ont révélé l'ampleur du problème social que les médias ont rapidement qualifié de « mal des banlieues », et **le rôle clé des villes dans l'intégration sociale et économique de leurs habitants**.

a. Naissance d'une politique de la ville volontariste, dans les années 1980

Le caractère aigu de la crise nécessitait la mise en œuvre d'une politique volontariste. De nombreuses actions ont donc été proposées dans le cadre de politiques dérogatoires au droit commun, et dans de multiples domaines : réinsertion professionnelle, prévention de la délinquance, amélioration du cadre de vie, réduction des nuisances, intégration des quartiers sensibles dans l'agglomération grâce au développement des transports en commun et à l'implantation des services publics dans ces quartiers, etc.

Ainsi, à l'heure où **80 % de la population française est citadine**, la ville est devenue un projet de société où l'action sociale trouve pleinement sa place. Mais les actions ponctuelles, disparates et souvent superposées les unes aux autres sans réelle cohérence et coordination, n'ont pas fait pleinement la preuve de leur efficacité. Sous la pression des incidents qui se multipliaient, les pouvoirs publics ont tenté de promouvoir une approche plus globale dès le début des années 1980, sous l'égide de l'ancienne DATAR (Délégation à l'aménagement du territoire et à l'action régionale) dans le cadre des contrats de plan.

Dans le même temps, la loi de décentralisation du 7 janvier 1983 a transféré aux communes la responsabilité de l'urbanisme et de l'aménagement du territoire. L'État a corrélativement réduit son rôle.

Cependant, la crise économique et les problèmes d'emploi ayant parfois occulté les préoccupations d'urbanisme au sein des collectivités territoriales, l'État central a réinvesti le domaine d'action en créant en 1988 la **Délégation interministérielle à la ville (DIV)** impliquant tous les ministères concernés à un titre ou à un autre, par les problématiques de la ville : ministères chargés des Questions sociales, d'Emploi, de Sécurité, d'Éducation, etc. Ont alors été mises en œuvre les actions de « développement social des quartiers ».

b. Naissance d'un ministère dédié à la ville dans les années 1990

C'est en 1990 que la délégation devient un ministère, qui a pour mission « de promouvoir l'essor de la vie sociale, économique et culturelle des villes, d'améliorer le cadre de vie urbain et d'éliminer les exclusions ».

Dès lors, chaque gouvernement lance son projet de « relance » pour la ville, et impose de nouvelles contraintes aux communes : les plans locaux d'urbanisme doivent intégrer les questions sociales pour favoriser un développement urbain respectueux de tous les habitants.

Est également institué le principe de solidarité entre les communes : les plus riches participent aux finances des plus pauvres. La loi crée une dotation de solidarité urbaine, dont bénéficient les communes faisant face à certaines difficultés (logements sociaux nombreux, faible potentiel fiscal par habitant).

La péréquation entre les communes est consacrée pour « assurer à chaque citoyen, l'égalité des chances sur l'ensemble du territoire » (loi sur l'aménagement du territoire du 4 février 1995, réactualisée par la loi du 13 décembre 2000 sur la solidarité et le renouvellement urbain).

En outre, afin de favoriser la mise en commun des moyens et l'émergence de projets concernant des territoires ou bassins plus larges que les communes, l'intercommunalité est imposée, par les préfets, aux communes qui jusqu'alors avaient refusé de jouer le jeu.

Enfin, les collectivités sont tenues de rénover les quartiers anciens et de prévoir un nombre minimum de logements sociaux dans le cadre d'un programme triennal. Depuis 2002 en effet, les communes sont censées supporter, sur leur budget, un prélèvement par logement social manquant, la norme à atteindre étant renforcée depuis la loi du 18 janvier 2013 à 25 % de logements sociaux sur la totalité du parc des logements.

Aux actions coercitives s'ajoutent des actions plus incitatives : la loi autorise les collectivités, dans les zones les plus défavorisées, à exonérer les entreprises de certains impôts afin d'encourager l'implantation d'activités économiques. Des « zones franches urbaines » sont ainsi créées.

c. La prise en charge globale des quartiers défavorisés depuis les années 2000

La loi d'orientation et de programmation pour la ville et la rénovation urbaine du 2 août 2003 crée le programme national de rénovation urbaine, qui vise à restructurer des quartiers sensibles et dégradés. De nouvelles zones franches urbaines s'ajoutent à celles existantes. Une **Agence nationale pour la rénovation urbaine** (ANRU) a été créée à cette occasion, dont l'action est renforcée par la loi de programmation pour la ville et la cohésion urbaine du 21 février 2014.

La loi DALO du 5 mars 2007 a créé le « droit au logement opposable » (voir ci-après).

Le **Commissariat à l'égalité des territoires** supervise un programme de renouvellement urbain, axé sur les «quartiers prioritaires» déterminés en fonction du revenu de leurs habitants, dans le cadre de la loi de programmation pour la ville et la cohésion urbaine du 21 février 2014.

Signe des temps, la politique de la ville est désormais pilotée par un ministère de la « Cohésion des territoires » : une façon peut-être pour les pouvoirs publics de contrer le reproche qui leur est souvent fait de ne se préoccuper que des grandes villes, au détriment des territoires ruraux.

■ 2. Des objectifs ambitieux

La politique de la ville emprunte ses concepts à des domaines aussi divers que **l'aménagement du territoire, l'urbanisme, le logement social, la lutte contre les exclusions**. **Ses objectifs sont multiples** et ont été pour la plupart largement abordés dans la partie précédente relative à la lutte contre les exclusions :

- réhabilitation de l'habitat et accès au logement ; amélioration des dessertes par les transports collectifs ;
- accès aux droits et aux services par la réimplantation de services de proximité, le renforcement du nombre de travailleurs sociaux à disposition des habitants. Dans certains quartiers, des «plates-formes» regroupent en un lieu unique les services qui contribuent à l'insertion sociale et professionnelle : Pôle emploi, AFPA, missions locales, PAIO (permanences d'accueil, d'information et d'orientation), CPAM, collectivités territoriales, associations d'insertion ;
- encouragement à l'expression des habitants, avec l'ambition de les associer davantage à la politique mise en œuvre dans leur quartier ;
- prévention de la délinquance et lutte contre l'insécurité. En 1998 ont été lancés les «contrats locaux de sécurité» associant maires, préfets, procureurs de la République, police, gendarmerie, enseignants, éducateurs, associations. Des maisons de la justice et du droit ont été créées, tandis que des «adjoints de sécurité» ont été déployés dans les quartiers sensibles ;
- adaptation des structures éducatives aux besoins de la population, pour lutter contre l'échec scolaire au sein des zones d'éducation prioritaire : stabilisation des personnels, lutte contre la violence à l'école, adaptation des programmes de formation, soutien aux parents dans l'exercice de la «parentalité», création d'écoles «de la deuxième chance» ;
- insertion professionnelle, par l'implantation d'entreprises ;
- accès aux soins et à l'éducation pour la santé ; prévention des comportements à risques et notamment de la toxicomanie.

L'atteinte de ces objectifs implique une participation de tous les acteurs et une coordination sans faille. Aussi de **nouveaux outils** ont-ils été créés pour formaliser ces interventions.

La contractualisation des relations entre les partenaires est l'un des principes phares de la politique de la ville.
Sous l'égide de l'ANRU, **le nouveau contrat de ville 2014-2020** est passé entre l'État (le préfet) et les collectivités territoriales ; il associe d'autres partenaires (transports en commun, sociétés HLM, commissariat, etc.) et vise à améliorer la vie quotidienne des habitants et à prévenir les risques d'exclusion.

Ces outils doivent favoriser le décloisonnement des interventions sectorielles, particulièrement dans les grandes agglomérations françaises touchées par des problèmes de cohésion sociale. Ils nécessitent *a minima* la collaboration de trois niveaux : région, département et commune. Le préfet détient la responsabilité du choix des sites. Il a une délégation globale de crédits pour la mise en œuvre.

Pour autant, la création de nouveaux outils ne garantit pas à coup sûr l'atteinte des objectifs. Dans ses rapports sur la politique de la ville, la Cour des comptes épingle régulièrement plusieurs insuffisances nuisibles à l'efficacité du dispositif.

Un certain nombre de mesures en faveur des quartiers prioritaires de la politique de la ville ont été détaillées par le président de la République en mai 2018.

■ 3. Des moyens limités

La politique de la ville est avant tout **une politique incitative**, dont le succès dépend étroitement de l'implication des acteurs de terrain. Or, cette implication est inégale selon les acteurs et selon les régions. Par ailleurs, de nombreuses collectivités territoriales – les communes tout particulièrement – n'avaient pas attendu le dispositif national pour mettre en œuvre leurs propres mesures alternatives. De plus, elles ne se sentent pas suffisamment associées à la définition de la politique de la ville – perçue comme « venue d'en haut » – pour en appliquer les dispositions.

Les moyens financiers engagés pour la politique de la ville sont peu conséquents, même s'ils ont été accrus depuis 2000 : l'ANRU est dotée de 6 milliards d'euros. Pourtant, l'effort public total consacré aux politiques de la ville est beaucoup plus important, ce qui en dit long sur l'implication propre des autres acteurs que l'État, les communes notamment mais aussi l'Union européenne à travers les fonds qu'elle met à disposition.
L'État a aussi mis à contribution les riches organismes collecteurs du « 1 % logement » versé par les entreprises, pour la création de nouveaux programmes de logements sociaux. Mais il devrait réformer structurellement les offices d'HLM par la future loi ELAN (évolution du logement et aménagement numérique). Saura-t-il provoquer le « choc d'offres » et les inciter à construire « plus, mieux et moins cher » ?

L'efficacité de ces moyens reste difficile à évaluer. Bien que la politique de la ville soit un symbole de la modernisation des modes d'action des pouvoirs publics, la Cour des comptes et l'Observatoire national de la politique de la ville ont pointé **plusieurs insuffisances relatives aux objectifs et aux procédures** :

- le manque d'identification des priorités dans les contrats de ville ;
- l'éparpillement des initiatives et des moyens sur des territoires trop nombreux malgré leur recentrage ;
- la difficulté à contrôler les actions et à en évaluer l'efficacité ;
- la difficulté à articuler la politique de la ville avec les autres politiques dans les domaines de la sécurité, de l'éducation, de l'emploi ;
- la difficile mobilisation des entreprises.

Les territoires concernés par ces mesures abritent une population présentant plusieurs caractéristiques : une grande diversité, de nombreuses situations de précarité, un taux de chômage de 26 %, une moyenne d'âge très jeune par rapport à la moyenne nationale, des enseignants moins expérimentés qu'ailleurs, une plus forte renonciation aux soins, et une plus forte proportion de population d'origine étrangère, confrontée notamment à la barrière de la langue. La mobilisation des habitants des quartiers est donc particulièrement complexe.

Pourtant, **la politique de la ville concerne plus de 5 millions d'habitants (8 % de la population totale)**. Les associations de terrain et les travailleurs sociaux sont alors d'utiles relais des souhaits des habitants. Cependant, dans les zones les plus difficiles, de nombreux postes de travailleurs sociaux sont vacants ; quant à ceux qui exercent, ils regrettent que la complexité des procédures alourdisse leurs travaux purement administratifs, au détriment des actions de proximité.

Testez vos connaissances !

QCM

Pour chaque QCM, une réponse au moins est exacte.

1. La population française est citadine :

- ❑ a. à 50 %
- ❑ b. à 65 %
- ❑ c. à 80 %

2. Le ministère à la Ville a été créé en :

- ❑ a. 1978
- ❑ b. 1988
- ❑ c. 1990

3. La dotation de solidarité urbaine et de cohésion sociale :

- ❑ a. est la contribution des villes au développement de l'équipement en milieu rural
- ❑ b. instaure une solidarité financière des quartiers favorisés au bénéfice des quartiers défavorisés d'une même ville
- ❑ c. instaure une solidarité financière entre les communes pour favoriser le développement de logements

4. Combien de personnes vivent dans les quartiers éligibles au bénéfice des mesures proposées dans le cadre de la politique de la ville ?

- ❑ a. 8 % de la population française totale
- ❑ b. 18 % de la population française totale
- ❑ c. 28 % de la population française totale

5. Que permettent les « zones franches » ?

- ❑ a. L'embauche de salariés sans formalités dans les villes défavorisées
- ❑ b. La création d'entreprise sans formalité préalable dans les villes défavorisées
- ❑ c. L'exonération d'impôts et de cotisations pour les entreprises qui s'installent et embauchent dans ces zones

QROC

1. Le contrat de ville.
2. Le contrat local de sécurité.

Corrigés

QCM

1. c.

2. c.

3. c.

4. a. La politique de la ville a été recentrée sur des « quartiers prioritaires » plus ciblés, pour éviter l'éparpillement des aides.

5. c. Il en existe 85 en France, reconduites jusqu'en 2020.

QROC

1. Le contrat de ville, signé pour la période 2014-2020, fixe le cadre des projets de renouvellement urbain. Il est signé par l'État, les intercommunalités, les communes, le département et la région, ainsi que d'autres acteurs institutionnels : organismes de protection sociale, acteurs du logement, acteurs économiques. Il associe aussi les représentants des usagers, comme les associations des quartiers déterminés comme « prioritaires » en fonction d'un critère de revenu. Des « conseils citoyens » sont créés en vue de susciter l'échange entre les habitants et de faire remonter leurs demandes.

Le contrat de ville intègre des mesures visant à :
- développer l'activité économique et l'emploi : soutien à l'entreprenariat, contrats aidés, interventions de Pôle emploi, soutien aux commerces de proximité et à l'artisanat, etc. ;
- développer la cohésion sociale par le soutien aux associations et équipements sociaux, sportifs, culturels assurant le lien social sur le territoire ;
- créer des équipements, de nouvelles activités, développer des transports pour désenclaver un quartier ;
- créer les conditions d'une bonne relation entre la police et les habitants du quartier.

435 contrats de ville ont été conclus au 30 juin 2015.

2. Créé en 1998, le CLS accompagne le développement de la police de proximité, dans le cadre de la prévention de la délinquance.

Signé entre les collectivités territoriales et l'État, le CLS s'inspire d'un diagnostic local de sécurité pour mettre en œuvre des actions de prévention de la délinquance et d'aide aux victimes : prévention de la délinquance des jeunes, des violences aux femmes, lutte contre les cambriolages, actions d'aide à la parentalité, prévention des addictions, actions de sécurité routière, etc.

L'atteinte des objectifs est supervisée par le conseil local de sécurité et de prévention de la délinquance réunissant le maire, des élus, des représentants de l'État désignés par le préfet, le procureur de la République, le directeur départemental de la sécurité publique, le commandant de groupement de gendarmerie, le représentant du conseil départemental, des associations intervenant dans le domaine de la prévention, des transports, du logement, etc.

36. Le droit opposable au logement : quel bilan ?

L'estimation du nombre de personnes « sans abri » est par définition délicate, et varie de 93 000 à 400 000 selon les sources (141 500 selon l'INSEE en 2012, donnée la plus récente connue).

100 000 personnes – dont 16 000 enfants – vivraient en centres d'hébergement ou en abris de fortune. Mais ce chiffre ne prend pas en compte toutes les situations (personnes sans logement vivant à l'hôtel notamment).

À cette population s'ajouteraient quelques 3 800 000 personnes mal logées, selon la fondation Abbé Pierre.

■ 1. La consécration du droit au logement opposable : effet d'annonce ou réelle avancée sociale ?

La mise en œuvre du droit au logement est un objectif déjà ancien, puisqu'affiché par la loi « Besson » du 31 mai 1990, en complément de la loi de 1988 instaurant le RMI. La mise en place dans chaque département d'un plan d'action pour le logement et l'hébergement des personnes défavorisées a été décrétée, devant leur permettre d'accéder à un logement ou de s'y maintenir. Ce plan doit être élaboré par le préfet et le président du conseil départemental, et associe également les caisses d'allocations familiales, les bailleurs publics ou privés, l'organisme collecteur du « 1 % logement » et les organismes HLM.
Le préfet peut notamment déterminer quelles familles doivent être relogées en priorité par les organismes gérant les HLM.

Pour solvabiliser les familles démunies, cette même loi a mis en place un fonds de solidarité pour le logement, qui permet d'accorder des aides financières aux personnes qui ne peuvent assumer le paiement de leurs loyer et charges. Ce fonds est géré par le conseil départemental. Dans certains départements, il est complété par un dispositif d'« accompagnement social au logement » exercé par des travailleurs sociaux et destiné à aider les familles à accéder à un logement puis à le conserver, par des mesures d'éducation à la gestion budgétaire notamment.

Dans cette même optique, les allocations logement ont été progressivement améliorées jusqu'en 2017, date à laquelle les pouvoirs publics les ont réduites de

5 €. Elles profitent à 6,5 millions de ménages, pour un montant de 18 milliards d'euros.

La loi de cohésion sociale du 18 janvier 2005, complétée par celle du 13 juillet 2006 portant engagement national pour le logement, a aussi mis en œuvre des mesures de prévention des expulsions. Elles permettent de limiter les expulsions pour impayés de loyers, lorsque la « trêve hivernale » s'achève (environ 15 000, pour près de 100 000 procédures engagées).

De même, ont été réformées les procédures d'attribution des logements sociaux, afin qu'elles soient plus équitables (réduction des délais d'attente ; médiation du préfet en cas de délai anormalement long).

Parallèlement, des associations peuvent se porter garantes pour des familles démunies et leur sous-louer des logements sociaux.

De plus, les pouvoirs publics veillent **à accroître l'offre de logements** dans le parc immobilier public. Les communes sont incitées à acheter des logements vacants pour les mettre à la disposition de personnes défavorisées. Depuis 2002, elles doivent compter 25 % de logements sociaux sur la totalité du parc immobilier. Le gouvernement a affiché en 2015 la liste des communes défaillantes en la matière, en les menaçant d'une intervention du préfet en lieu et place du maire pour que la commune respecte son obligation légale.

Les bailleurs privés sont aussi concernés : des réductions d'impôts sont accordées aux investisseurs effectuant des travaux pour rendre des locaux habitables et les proposer à la location. Elles sont particulièrement incitatives lorsque la location est proposée à des personnes ayant un faible niveau de ressources. Elles pourraient cependant être rognées par le nouveau gouvernement, qui voudrait orienter l'épargne des particuliers vers les entreprises. En témoigne la création du nouvel impôt sur la fortune immobilière.

Les lois du 13 décembre 2000 et 13 juillet 2006 ont introduit une nouvelle exigence, celle de « décence » du logement, à laquelle tout logement loué doit désormais satisfaire.

La loi du 5 mars 2007 a institué **le droit au logement opposable (DALO), qui permet aux personnes sans logement ou mal logées de saisir les autorités**, voire les tribunaux si aucune solution amiable n'est trouvée. Pour bénéficier de ce droit, il faut être de nationalité française ou résider en France de façon régulière ; ne pas être en mesure d'accéder par ses propres moyens à un logement décent et indépendant et de s'y maintenir ; avoir déposé une demande de logement social.

Depuis 2008, un peu plus de 100 000 recours sont déposés chaque année, dont près de deux tiers en Île-de-France. 25 % des ménages déclarés prioritaires attendent encore d'être relogés. Le respect de l'obligation de résultat en matière de logement est inégal selon les régions. L'État est régulièrement condamné même si le nombre des recours diminue.

La loi ALUR promulguée en mars 2014 a mis en œuvre une mesure d'encadrement des loyers dans certaines grandes villes, et un dispositif appelé VITALE a été mis en place avec Action Logement, permettant de faciliter l'accès au logement des salariés précaires et des jeunes. Une nouvelle loi sur le logement est annoncée pour 2018 (voir fiche 37) qui obligera notamment les bailleurs sociaux à se regrouper et à vendre davantage de logements HLM pour en construire de nouveaux.

Lorsque l'accès à un logement indépendant n'est pas envisageable, les personnes démunies peuvent bénéficier d'un hébergement collectif, régenté par les services de l'État.

■ 2. Dans les cas extrêmes : l'hébergement d'urgence en structures collectives

Cet hébergement relève de **la responsabilité de l'État**, qui doit mettre en œuvre, dans chaque département, **une politique et un schéma des centres d'hébergement et de réinsertion sociale (CHRS)**.
La loi de lutte contre les exclusions du 29 juillet 1998 a en outre institué un dispositif de veille sociale à l'initiative des préfectures, fonctionnant 24 heures sur 24, dont le rôle est d'informer et d'orienter les personnes en difficulté, de mettre en relation les demandeurs d'hébergement avec les centres ayant des places disponibles, et de garantir une orientation adaptée des personnes.
Les centres d'hébergement sont des asiles, des cités de transit ou de promotion familiale, des centres d'accueil mère-enfant, ou de réinsertion sociale.

Les centres de statut privé, gérés par des associations, doivent obtenir une autorisation administrative du préfet pour fonctionner et recevoir des financements. Une convention est alors conclue entre le centre et l'État, précisant les catégories de personnes accueillies et les caractéristiques des locaux ; les dépenses à prendre en compte dans le prix de la journée ; l'action socio-éducative à laquelle le centre s'engage. En contrepartie, une dotation globale de fonctionnement est fixée chaque année par le préfet, couvrant les dépenses de logement, d'entretien, d'action socio-éducative.

Des centres peuvent aussi être financés par des associations ou par le conseil départemental lorsqu'ils accueillent des bénéficiaires de l'aide sociale à l'enfance (mères et enfants en danger).

Les personnes prises en charge – plus de 100 000 par an – ont des profils divers :

- individus ou familles privés de logement par des circonstances indépendantes de leur volonté ;
- femmes ou jeunes majeurs en difficulté, mineurs isolés ;
- personnes sans logement sortant d'établissement hospitalier ;
- personnes attendant l'octroi du statut de réfugié ;
- personnes ne pouvant assumer leurs responsabilités familiales ;
- personnes SDF ayant accepté les mesures qui leur ont été proposées pour recouvrer leur autonomie sociale et professionnelle ;
- personnes libérées de prison et sans domicile ;
- personnes en danger de prostitution ; etc.

La procédure normale est l'admission d'urgence par le préfet.

Les situations rencontrées sont souvent très complexes. La diversité des personnes accueillies implique une intervention très diversifiée : accueil personnalisé ; hébergement de nuit ; entretien et nourriture ; actions socio-éducatives ; actions spécialisées de lutte contre l'alcoolisme, la drogue, la prostitution ; assistance administrative ; réinsertion professionnelle notamment dans le cadre de l'atelier de production parfois adjoint au centre.
Les CHRS doivent en effet s'adapter à l'accueil des jeunes sans qualification, des femmes avec ou sans enfant quittant leur conjoint pour violence, des chômeurs de longue durée en fin de droits et des familles sans ressources. Pour apporter une réponse adaptée, les établissements doivent en principe ne pas accueillir plus de deux ou trois catégories différentes de personnes.

Mais la plupart des 900 établissements doivent faire face à plusieurs autres difficultés :

- le **faible nombre de places disponibles**. Certains départements sont presque totalement dépourvus de centres d'hébergement. Dans certaines structures, la promiscuité dissuade les personnes sans domicile d'accéder aux centres. Les CHRS accueillent également de plus en plus de demandeurs d'asile, car les centres d'accueil (CADA) sont saturés ;
- l'importance et la **pérennisation de la demande d'hébergement** malgré l'instauration du RSA et la solvabilisation des familles grâce aux aides sociales. Pourtant, paradoxalement, la population la plus marginalisée ne fréquente que très ponctuellement les CHRS ;
- le contingentement des moyens par l'État. L'activité des centres étant du ressort de l'État, les collectivités territoriales ne sont pas toujours désireuses de mener avec lui une action partenariale facultative, alors même que d'autres situations sociales difficiles relèvent de leur compétence (jeunes majeurs, femmes enceintes ou mères isolées). Or, l'État n'a pas toujours les moyens de financer les emplois d'encadrement nécessaires au bon fonctionnement des centres et à la prise en charge efficace des personnes accueillies.

Testez vos connaissances !

QCM

Pour chaque QCM, une réponse au moins est exacte.

1. Le droit au logement a été institué par la loi du :

❑ a. 1er décembre 1988
❑ b. 31 mai 1990
❑ c. 29 juillet 1998

2. Le fonds de solidarité logement propose :

❑ a. des aides financières aux personnes démunies ayant des difficultés à payer leur loyer
❑ b. le prêt temporaire d'un logement aux familles récemment expulsées
❑ c. l'hébergement provisoire en famille d'accueil de personnes sans domicile fixe

3. Les centres d'hébergement et de réinsertion sociale sont de la responsabilité :

❑ a. des communes
❑ b. du conseil départemental
❑ c. du préfet

4. Combien de logements sociaux les communes doivent-elles prévoir, sur le parc total de logements :

❑ a. 5 %
❑ b. 10 %
❑ c. 25 %

5. Le DALO est :

❑ a. Le droit au logement
❑ b. Le droit au logement opposable

6. Le nombre de personnes mal logées en France est évalué à :

❑ a. 150 000
❑ b. 950 000
❑ c. 3,8 millions

QROC

1. Le droit au logement opposable.
2. Les aides au logement.

Corrigés

QCM

1. b.

2. a. Il est géré par le conseil départemental.

3. c. Ils peuvent cependant être gérés par des associations conventionnées par l'État.

4. c. Le préfet peut se substituer aux communes défaillantes.

5. b. Il est institué par la loi du 5 mars 2007.

6. c. Les statistiques varient selon les interlocuteurs. Celle-ci est issue de la Fondation Abbé Pierre.

QROC

1. La loi du 5 mars 2007 a créé le droit au logement opposable.

Une personne ayant sollicité sans succès l'attribution d'un logement social peut saisir la commission départementale de médiation, qui émet un avis sur la caractère prioritaire ou non de la demande.

La commission tient compte de la composition du foyer, de l'état de santé des membres, de leurs lieux de travail, de la proximité des services et établissements nécessaires au foyer.

Si elle estime que la demande est prioritaire, sous un délai de 3 mois (ou 6 mois en Île-de-France), elle la transmet au préfet, qui dispose à son tour de 3 à 6 mois pour faire une proposition de logement adaptée au besoin décrit par la commission.

Si le préfet ne s'est pas acquitté de cette obligation dans le délai imparti, le demandeur peut faire un recours devant le tribunal administratif, qui peut ordonner au ministère du Logement de loger le demandeur, sous peine d'astreinte, versée au fonds d'aménagement urbain finançant le logement social.

Ce dispositif, assez complexe, présente de nombreuses faiblesses mises en lumière par le Comité de suivi de la loi DALO : l'effort de relogement s'accentue mais est inférieur aux besoins. Les commissions de médiation ont une position de plus en plus restrictive, et le taux de décision favorable est très inégal d'un département à l'autre, laissant craindre une application inégale de la loi selon les territoires.

2. Les CAF financent trois types d'aides au logement :

- l'aide personnalisée au logement ;
- l'allocation de logement à caractère familial ;
- l'allocation de logement à caractère social.

Le logement concerné doit être la résidence principale. Il doit répondre à des normes de décence. Les trois aides sont soumises à condition de ressources.

Leur montant varie aussi en fonction de la composition du foyer, du lieu de résidence, du montant du loyer.

Une baisse unilatérale et uniforme de 5 € a été appliquée par les pouvoirs publics pour réduire le coût total de ces prestations (18 milliards d'euros) et contribuer à ramener la branche famille de la Sécurité sociale à l'équilibre. En contrepartie, les organismes de HLM sont fortement incités à réduire les loyers jusqu'à due concurrence.

37. Perspectives et regard international

La plupart des pays européens ont été confrontés, comme la France, à des « crises urbaines » engendrées par plusieurs facteurs : choix d'urbanisme adoptés en urgence dans l'après-guerre ; situation économique difficile d'une partie de la population ; développement de la criminalité, etc.

Les politiques de la ville se sont généralisées dans de nombreux pays industrialisés, à partir des années 1990. Derrière cette tendance à la généralisation des politiques de la ville se cachent des situations très disparates d'un pays à l'autre, compte tenu de son histoire, de sa situation économique, de sa culture.

1. Crises urbaines et politiques sociales en Europe

Au sein de l'Europe, la Grande-Bretagne a adopté une politique semblable à la France, en affectant des fonds spécifiques à des quartiers confrontés à des problématiques particulières (chômage, bas salaires, cherté du foncier) ou au développement de certaines zones rurales, en partenariat avec des entreprises. L'effort financier public est comparable à la France voire supérieur pour la seule politique du logement social. En Grande-Bretagne, le droit au logement est formalisé depuis 1977 dans le « Housing Act ». Les communes doivent fournir un logement aux personnes qui sont dans le besoin. Comme la France et l'Allemagne, la Grande-Bretagne cherchent à développer la « démocratie participative » dans les quartiers aidés.

En Allemagne, les propriétaires sont moins nombreux et le marché locatif est très encadré pour limiter les tensions.

Certains pays comme le Danemark concentrent leurs efforts sur la lutte contre la criminalité, ou sur l'insertion des jeunes issus de l'immigration.

Plusieurs pays ont favorisé la construction de logements neufs (Europe continentale et Europe du Sud) depuis le début des années 2000. De nombreux États ont un système d'aide à la pierre, ou d'aides à la personne pour solvabiliser son accès au logement. Cependant, la forte hausse du coût des logements à l'achat, dans les grandes villes européennes, conduit à accroître le taux d'effort que les ménages consacrent au logement. En parallèle, les financements publics dédiés à la construction de logements sociaux ont baissé en Europe.

Les derniers États entrés dans l'Union rencontrent pour leur part quelques difficultés similaires à celles de l'Europe de l'Ouest, comme l'urbanisation galopante. Mais ils ont aussi plusieurs atouts, par tradition : des transports en commun très développés par exemple.
L'Allemagne est aussi novatrice en matière de développement des transports urbains, dans l'objectif environnemental de chasser les voitures des centres-villes.

Les institutions européennes n'ont pas de compétence urbaine, mais accompagnent financièrement les pays lançant des programmes de rénovation.

■ 2. La politique de la ville en France : au milieu du gué

La politique française de la ville fait l'objet de plusieurs constats nuancés, de l'Observatoire national de la politique de la ville comme de la Cour des comptes.

La Cour des comptes mène régulièrement des enquêtes sur la gestion des crédits affectés à la politique de la ville : ses constats sont toujours critiques ; elle préconise notamment de rééquilibrer les crédits au profit des 6 départements les plus en difficulté ; de mobiliser davantage les entreprises pour la création d'emplois ; de chiffrer les objectifs de mixité sociale dans les opérations de renouvellement urbain ; d'affecter les moyens de l'éducation prioritaire d'abord à l'enseignement préscolaire et du 1er degré.

L'observatoire précité, pour sa part, fait les remarques suivantes :
- le taux de chômage dans les quartiers prioritaires reste très supérieur à la moyenne des autres quartiers ;
- le taux de réussite scolaire est, quant à lui, inférieur à la moyenne des autres quartiers.

Forts de ces constats, les pouvoirs publics lancent régulièrement de nouveaux dispositifs, mais la politique de la ville peine à échapper à ses vieux démons : éparpillement et saupoudrage.

L'ancien ministre Borloo a remis en avril 2018 un rapport qui a nourri les mesures en faveur des quartiers prioritaires de la ville annoncées en mai en 2018 par le président Macron.
Ce rapport recommande de proposer 100 000 contrats d'apprentissage pour les jeunes dans ces quartiers et 150 000 emplois francs. Mais avec quelles entreprises ? Il recommande aussi un « coaching » spécifique pour ces jeunes par les réseaux associatifs locaux, et par Pôle emploi. Les entreprises ne peuvent cependant pas tout.

De même, la participation des communes est aléatoire. Certaines vont au-delà du quota de logements sociaux mais plus de 200 ne le respectent pas, les sanctions n'étant pas vraiment appliquées.

La création de logements sociaux est parfois vécue comme une prise de risques par les petites communes, partagées entre la crainte de devoir gérer des familles en difficulté, et la tentation de s'ouvrir à de nouveaux habitants pour éviter la fermeture de classes. Mais l'intégration de générations plus jeunes nécessite aussi de lourds investissements (crèches, etc.). À l'opposé, certaines communes se retrouvent avec une offre excédentaire de logements et un marché immobilier déprimé, compte tenu de mauvais choix d'investissement effectués par des bailleurs privés ou sociaux.

Quant au droit au logement opposable, présenté en 2007 comme une avancée sociale sans équivalent, il ne produit pas les effets escomptés : l'État a les plus grandes difficultés à respecter le délai légal fixé pour les relogements. Le parcours judiciaire est ensuite semé d'embûches, ce qui explique le faible nombre de recours.

Les politiques de la ville et du logement exigent donc des pouvoirs publics une vigilance sans relâche tant les besoins sont importants. Cependant, entre les ambitions affichées et les réalités, il y a loin de la coupe aux lèvres.

Chaque acteur saura-t-il prendre sa part de responsabilités dans l'exécution du contrat social qui lie chaque membre de notre société à tous les autres ?

Schéma synthétique sur l'orchestration de la politique de la ville

Interministérielle*

Ministères impliqués :
1. Travail, Affaires sociales, Cohésion sociale
2. Éducation nationale
3. Justice
4. Intérieur
5. Écologie et Développement durable
6. Outre-mer

Pluridimensionnelle*

1. Programmes d'insertion professionnelle, de création d'emplois ; lutte contre les exclusions ; aide aux parents ; accès aux soins, etc.
2. Projets d'éducation prioritaire
3. Maisons de justice, accès au droit
4. Sécurité, lutte contre la délinquance, prévention en direction des jeunes
5. Amélioration de l'habitat, développement de l'habitat social, etc.
6. Transports urbains
7. Équipements de loisirs et sportifs
8. Programmes précités adaptés au contexte des DOM

Multipartenariale*

Niveau national :
Comité interministériel des villes (CIV)
Conseil national des villes (CNV) et son secrétariat général
Agence nationale pour la rénovation urbaine, ministères précités
Commissariat général à l'égalité des territoires

Niveau local :
Services de l'État : préfets, sous-préfets délégués à la ville, services déconcentrés (directions régionales de l'environnement, de l'aménagement et du logement – DREAL ; et de la jeunesse, des sports et de la cohésion sociale – DRJSCS).
Collectivités territoriales : communes, communautés urbaines, conseils départementaux
Services publics : La Poste, organismes de Sécurité sociale, Pôle emploi, police, etc.
Associations, offices HLM, entreprises, commerces, etc.
Habitants des quartiers concernés

Territorialisée*

Quartiers prioritaires de la politique de la ville
Zones franches urbaines

Contractuelle*

Contrats locaux de sécurité
Contrats de ville
Opérations de renouvellement urbain

*Qualificatifs utilisés dans les travaux de la Cour des comptes sur la politique de la ville.

Testez vos connaissances !

QCM

Pour chaque QCM, une réponse au moins est exacte.

1. La France est le seul pays d'Europe ayant mis en œuvre une politique de la ville.

❑ a. Vrai
❑ b. Faux

2. Le taux de chômage, dans les zones prioritairement ciblées par la politique de la ville :

❑ a. est inférieur à la moyenne nationale grâce à la politique de la ville
❑ b. est supérieur à la moyenne nationale

3. Les pouvoirs publics encouragent les investisseurs privés à développer l'offre de nouveaux logements :

❑ a. Vrai
❑ b. Faux

QROC

1. Les bailleurs sociaux.
2. L'agence nationale pour la rénovation urbaine et ses programmes.

Corrigés

QCM

1. b. La plupart des pays d'Europe sont confrontés à des défis majeurs en matière d'urbanisation, de mal logement, etc., et développent des réponses.

2. b. L'emploi devrait être au cœur des nouvelles mesures pour les quartiers prioritaires de la ville annoncées en 2018.

3. a. Cf. les avantages fiscaux successifs consentis aux investisseurs : lois « Scellier », « Duflot », « Pinel ». Cependant leur pérennité n'est pas garantie après 2018, les pouvoirs publics préférant orienter l'épargne des particuliers vers les entreprises plutôt que vers l'immobilier.

QROC

1. Les bailleurs sociaux, régis par le Code de la construction et de l'habitation, sont agréés au titre d'un service d'intérêt général et ont pour objectifs :

- la construction, l'acquisition, l'amélioration, la gestion et la cession de logements locatifs à loyers plafonnés ;
- la réalisation d'opérations d'accession à la propriété pour des personnes dont les revenus sont inférieurs à un plafond.

Les offices publics de l'habitat sont des établissements publics locaux à caractère industriel et commercial (EPIC) pilotés par les conseils départementaux ou les grosses communes, mais il existe aussi des sociétés anonymes composées de collecteurs de l'ancien « 1 % logement ».
Ils disposent d'aides publiques pour conduire leurs projets :
- subventions des collectivités territoriales et de l'État au titre de l'aide à la pierre ;
- déduction de TVA sur la construction et exonération de taxe foncière ;
- prêts à taux bonifiés de la Caisse des dépôts et consignations.

Le plus gros office est celui de la ville de Paris.
Les bailleurs sociaux sont inquiets du projet de loi sur le logement (ELAN) qui les incite fortement à se regrouper. En contrepartie, l'État a demandé à la Caisse des dépôts et consignations et à Action logement de fournir 10 milliars d'euros pour construire et rénover leurs logements. Ils seront aussi incités à vendre des logements en accession à la propriété, pour en financer de nouveaux.

2. L'ANRU est un établissement public à caractère industriel et commercial créé par la loi du 1er août 2003. Elle est dirigée par un conseil d'administration de 36 membres, représentant l'État, « l'Action logement » gestionnaire du « 1 % logement », l'Union sociale pour l'habitat, la Caisse des dépôts et consignations, l'ANAH, des représentants des collectivités territoriales, des personnalités qualifiées.

Elle est placée sous la tutelle du ministère chargé de la Politique de la ville. Elle est en charge de plusieurs programmes visant à rénover certains quartiers, définis prioritairement en fonction de leur état et du revenu moyen de ses habitants :
- le programme national pour la rénovation urbaine : 490 quartiers rénovés ;
- le nouveau programme national de renouvellement urbain : 400 quartiers rénovés (loi du 21 février 2014) ;
- le programme national de requalification des quartiers anciens dégradés : 25 quartiers rénovés ;
- le programme d'investissement d'avenir : 6 programmes, notamment orientés vers la jeunesse.

Le préfet, représentant l'ANRU dans les départements, assure l'instruction des projets et la signature des conventions avec les collectivités territoriales, après accord du conseil d'administration de l'ANRU.
Elle dispose de moyens financiers issus à parité de l'État et des partenaires sociaux, dont l'Action logement.

9 Le financement des politiques sociales

La création de la Sécurité sociale et plus largement de la protection sociale, plus développées dans notre pays que dans la plupart des autres pays du monde, a impliqué, comme on l'a vu au fil de ces pages, la mise en œuvre de moyens colossaux, et l'investissement de très nombreux acteurs.

Le financement des politiques sociales en général est un thème très prisé lors des campagnes électorales. Le Parlement s'y intéresse également beaucoup à travers la loi de financement de la Sécurité sociale. Quant à la Cour des comptes, elle pointe chaque année les écarts entre les prévisions financières de la Sécurité sociale et les réalisations.

De même, les partenaires sociaux suivent avec attention l'évolution des taux de cotisations sociales.

Pourquoi la question du financement est-elle politiquement aussi sensible ? Sans doute parce que le budget de la protection sociale représente une masse financière considérable, bien supérieure au budget de l'État lui-même, et que son évolution a des effets induits dans de multiples autres domaines.

Ce constat, rapporté à l'évaluation de l'efficience des politiques sociales, donne du grain à moudre aux détracteurs de l'État-providence, cette froide mécanique qui génèrerait plus d'effets pervers – accoutumance des individus à l'assistanat, perte de compétitivité des entreprises françaises à cause du poids des charges sociales, etc. – que de bien-être social.

38. L'effort social de la Nation et la dette publique

L'effort social de la Nation est le montant des dépenses de protection sociale d'un pays, rapporté au PIB (produit intérieur brut). Un autre indicateur le complète souvent : la part des prestations sociales versées dans le revenu disponible brut des ménages.

Ces données permettent d'effectuer des comparaisons internationales, et de déterminer quels sont les pays qui ont développé les politiques sociales les plus ambitieuses, en termes de moyens financiers (1er indicateur) ou de redistribution du revenu national (2e indicateur).

***Parmi les pays européens, la France se situe au 1er rang devant la Finlande, la Belgique, l'Italie et le Danemark**, avec une part de dépenses sociales dans le PIB se situant à 31,5 %, et une part de prestations sociales, dans le revenu disponible des ménages, s'élevant à près de 35 %, même si elle se réduit depuis 4 ans.*

■ 1. Une protection sociale ambitieuse et... de plus en plus coûteuse

Cette situation est le reflet des choix politiques de la France depuis l'après-guerre : l'État-providence s'est donné des objectifs sociaux ambitieux – quels que soient les gouvernements – et les politiques publiques afférentes ont été dotées de moyens importants. Les branches de Sécurité sociale, par exemple, distribuent un montant de prestations chaque année plus important, près de 470 milliards d'euros.

Aussi, la part des dépenses sociales dans le PIB a-t-elle fréquemment suivi une tendance à la hausse, sauf entre 1996 et 2000. Pendant cette période cependant, sa diminution était trompeuse : la cause n'était pas le ralentissement de la progression absolue des dépenses sociales qui, au contraire, continuaient d'augmenter tous les ans. C'est l'augmentation plus rapide du dénominateur – le PIB et les revenus des ménages – sous l'effet de la croissance économique, qui expliquait la légère régression de la part des dépenses sociales dans le PIB.
Depuis 2001, le ralentissement de la croissance du PIB et l'augmentation exponentielle de certaines dépenses, ont retourné la tendance. Il faudra voir si la reprise économique entamée depuis fin 2016 inversera cette tendance.

L'augmentation continue des dépenses s'explique par plusieurs causes :

- **Les évolutions législatives et réglementaires** ont longtemps créé plus de dépenses qu'elles ne généraient d'économies, chaque nouveau gouvernement ou parlement ayant à cœur de marquer sa « mandature » par la création de nouvelles prestations.

À titre d'exemple, l'allocation personnalisée à l'autonomie ou le revenu de solidarité active modifient les équilibres financiers de leurs prestataires. Ainsi, alors que le montant total des dépenses d'aide sociale départementale s'élevait à 12,9 milliards d'euros en 2001 (DREES), une nette tendance à la hausse est apparue à compter de 2002 : les dépenses s'élèvent aujourd'hui à 37 milliards d'euros, dont près de 11 milliards dédiés à la politique d'insertion et au RSA (30 % des dépenses), plus de 7 milliards dédiés à la dépendance et l'APA (24 %), et plus de 7 milliards également pour l'aide sociale à l'enfance ! Plus de 7,5 milliards d'euros sont consacrés à la politique sociale pour les personne handicapées (22 % des dépenses sociales des conseils départementaux).

La hausse continue des dépenses peut-elle être absorbée indefiniment par une augmentation proportionnelle des recettes fiscales ou sociales ?

- **Des évolutions démographiques structurelles** renforcent également cette tendance. Par exemple, l'accroissement du nombre des retraités entraîne l'augmentation corrélative des prestations vieillesse.

- **Des comportements sociologiques** doivent aussi être pris en compte : la régulation des dépenses de santé, par exemple, est difficile, les Français considérant souvent que la préservation de leur « capital santé » ne peut supporter une quelconque restriction budgétaire.

- **Les périodes trop nombreuses de stagnation de la croissance économique** ont de nombreux impacts sur les dépenses sociales : le niveau élevé du chômage pèse sur les dépenses supportées par l'assurance chômage ; les prestations de solidarité, versées sous condition de ressources, sont sollicitées par des bénéficiaires plus nombreux. Cette tendance s'inverse cependant depuis 2017, sans avoir pour autant d'effet net sur les dépenses.

En conséquence, les comptes sociaux sont largement déficitaires depuis 2002 : 5,1 milliards d'euros en 2017, pour les seuls régimes de Sécurité sociale.

En réalité, la Sécurité sociale enregistrait dès 1967 de nombreuses années de déficits liés à une hausse des dépenses, non compensée par une augmentation des recettes, dans un contexte économique déprimé. Le régime général de Sécurité sociale a renoué avec les excédents de 1999 à 2001. Pour autant, cette évolution fut purement conjoncturelle – liée à la bonne tenue de la croissance économique, qui a dopé la masse salariale et donc accru les recettes disponibles. Le retour à une croissance très modérée depuis 2001 engendre des déficits structurels, qui se creusent aussi sous l'effet du déséquilibre du rapport démographique entre cotisants et retraités. La reprise de la croissance fin 2016 a cependant généré une hausse de la masse salariale qui accroît les recettes de la Sécurité sociale. Ainsi, le déficit prévisionnel se réduirait très significativement en 2018 pour atteindre 2,2 milliards d'euros. Une évolution remarquable est le retour à l'équilibre de la branche vieillesse (hors FSV) grâce aux réformes engagées. Seule la situation de la branche maladie reste préoccupante.

La France, comme de nombreux autres pays industrialisés, doit donc réaliser des réformes structurelles pour freiner la progression des dépenses et doper les recettes.

■ 2. Une dette publique colossale

La dette publique française regroupe tous les emprunts pris par l'État, les collectivités territoriales, les organismes publics et de Sécurité sociale. Ils sont contractés auprès d'opérateurs privés, français et étrangers, sous forme d'obligations d'État, bons du Trésor, etc.

Les dettes de l'État et des organismes de Sécurité sociale diminuent légèrement. En revanche, les dettes des collectivités territoriales continuent à croître significativement. La dette publique française s'est accrue très fortement à compter de 2008. Elle n'est plus compensée par une forte inflation, contrairement au début des années 80 par exemple, ni par une hausse des recettes publiques bridées par la crise économique. Elle s'établit fin 2017 à 2 218 milliards d'euros, soit 97 % du PIB.

Répartition de la dette de Maastricht des administrations publiques par sous-secteurs (en Mds €) en 2016

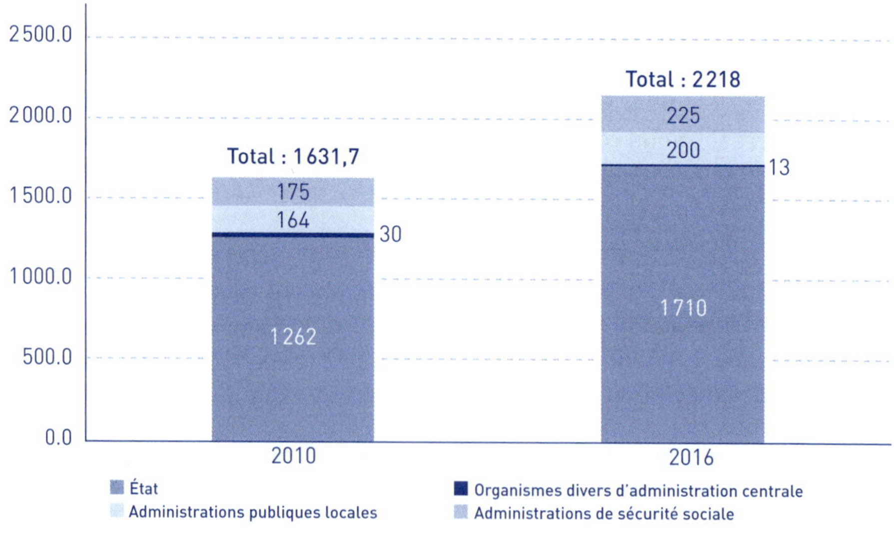

Source : INSEE 2018

Par ailleurs, si la France respecte enfin depuis 2017 le niveau maximal de déficit public prévu par l'Union européenne, elle présente un niveau **de dette publique très supérieur aux normes déterminées par l'Union européenne**. Le traité de Maastricht signé en 1992 par les États-membres de l'Union européenne prévoit en effet pour chaque membre :

- un déficit public ne devant pas dépasser plus de 3 % du produit intérieur brut ; celui de la France est de 2,6 % pour 2017 grâce à la baisse des déficits de l'État et de la Sécurité sociale.
- une dette publique ne devant pas dépasser 60 % du PIB.

Avant 2017, la France était en déficit chronique depuis 1974, ses dépenses étant systématiquement supérieures à ses recettes. En conséquence, le poids du déficit s'ajoute chaque année à l'encours de la dette et le cercle vicieux s'enclenche : la dette engendre le paiement d'intérêts financiers auprès des prêteurs (41,8 milliards d'euros en 2017 !), qui grèvent le budget de l'État... et accroissent le déficit public, qui accroît la dette.
La charge de la dette est le premier poste de dépenses dans le budget de l'État en France.

Dans ce contexte, la France « bénéficie » néanmoins aujourd'hui d'un facteur positif : le coût de la dette est plus modéré car les taux d'intérêt sont historiquement bas.

La maîtrise de la dette publique est un enjeu crucial pour éviter de faire supporter son poids, sous forme d'impôts supplémentaires – dont le niveau est déjà particulièrement élevé en France – aux générations futures.

■ 3. La nécessaire maîtrise des dépenses

Les pouvoirs publics ont d'abord mis en œuvre des solutions plus indolores que l'action sur les dépenses et les recettes, en capitalisant les fonds nécessaires au fonctionnement de la Sécurité sociale dans l'avenir.

Ainsi, des fonds spécifiques pour le financement de certaines prestations ou déficits ont été créés tels que la CADES – Caisse d'amortissement de la dette sociale – en 1996, alimentée par les recettes de la contribution au remboursement de la dette sociale (CRDS) ; ou le Fonds de réserve des retraites, établissement public administratif créé en 2001, pour faire face aux déficits prévus de l'assurance vieillesse.

Ces mesures ont le mérite de clarifier le financement de certaines prestations – les retraites notamment – ainsi que les relations financières entre l'État et la Sécurité sociale, souvent « épinglées » par la Cour des comptes pour leur manque de transparence. Mais cette même instance regrette aussi que ces fonds n'aient pas un financement qui soit adapté à leur mission et stable dans le temps. Autrement dit, leur efficacité est sujette à caution.

En outre, **ces mesures sont palliatives mais en aucun cas curatives** : d'autres solutions sont indispensables.
Les deux derniers gouvernements ont donné un signal plus volontariste :

- Les premières mesures de maîtrise des dépenses avaient été entamées avec la mise sous conditions des allocations familiales en 2015, et le report progressif de l'âge de la retraite depuis la loi du 18 décembre 2013, qui a complété une première réforme initiée en 2003.
- L'État poursuit la baisse de ses effectifs et l'impose aussi dans les conventions d'objectifs et de gestion (COG) qu'il signe avec de nombreux organismes gérant une mission de service public, comme les caisses de Sécurité sociale.
- Il encadre fermement les dépenses de fonctionnement des collectivités territoriales dans la loi de programmation des finances publiques de 2018 à 2022. L'objectif est qu'elles baissent leurs dépenses de 13 milliards d'euros par rapport à leur évolution spontanée, très forte depuis 20 ans.
- D'autres mesures ont été prises comme le report de la revalorisation de certaines prestations sociales. Il est impératif de poursuivre ces réformes structurelles de politiques sociales pour clarifier les prestations après des décennies « d'empilement » et maîtriser leur coût.
- La création du crédit d'impôt pour la compétitivité et l'emploi (CICE) en 2014 et la baisse des cotisations d'allocations familiales à la charge des employeurs ont permis de réduire le coût du travail en France et contribuent à restaurer partiellement la compétitivité des entreprises françaises face à la concurrence étrangère.
- La hausse de la CSG au 1er janvier 2018 permet aussi de réviser le financement des dépenses sociales, en le faisant moins porter sur les actifs et davantage sur les retraités imposables.

Testez vos connaissances !

QCM

Pour chaque QCM, une réponse au moins est exacte.

1. La part de dépenses sociales dans le PIB en France est de :

❑ a. 31,5 %
❑ b. 51,5 %
❑ c. 71,5 %

2. La part des prestations sociales dans le revenu disponible des ménages est de :

❑ a. 25 %
❑ b. 35 %
❑ c. 45 %

3. Les dépenses d'assurance maladie évoluent tendanciellement :

❑ a. à la hausse
❑ b. à la baisse

4. Les dépenses d'aide sociale départementale évoluent :

❑ a. à la hausse
❑ b. à la baisse

5. La dette publique en France est de :

❑ a. 29,7 milliards d'euros
❑ b. 288 milliards d'euros
❑ c. 2 218 milliards d'euros

QROC

1. La CADES.
2. La réforme des dotations des collectivités territoriales.
3. Le fonds de réserve des retraites.

Corrigés

QCM

1. a. Cette proportion place la France au 1er rang des pays de l'OCDE.

2. b. Elle se réduit cependant depuis 4 ans.

3. a. C'est la seule branche de Sécurité sociale dont la situation financière est préoccupante même si elle s'améliore un peu.

4. a. Elles évoluent constamment à la hausse depuis les premières lois de décentralisation, mais il faudra surveiller cet indicateur en 2018 : il pourrait suivre une autre tendance, compte tenu de la baisse des ressources des collectivités territoriales, des opérations de contrôle qu'elles commencent à mettre en œuvre et de l'encadrement de leurs dépenses de fonctionnement depuis 2018.

5. c. Elle s'établit à 97 % du PIB, pourcentage en hausse constante !

QROC

1. La Caisse d'amortissement de la dette sociale est un établissement public administratif créé par l'ordonnance du 24 janvier 1996 pour rembourser la dette sociale d'ici à 2025.

En 2005 en effet, le Parlement a décidé que tout nouveau transfert de dettes devrait être assorti d'un accroissement des recettes de la CADES, afin d'éviter qu'elle soit perpétuée *ad vitam eternam* et que le poids de la dette sociale pèse indéfiniment sur les générations futures.
La dette sociale est constituée de l'ensemble des dettes des organismes de Sécurité sociale.
La CADES perçoit le produit de la contribution au remboursement de la dette sociale (CRDS), pour partie de la contribution sociale généralisée (CSG), et des versements du fonds de réserve des retraites.
Elle titrise la dette sociale, les titres (obligations) étant acquis par des opérateurs souvent privés, sur les marchés financiers. Les titres sont garantis par l'État français.
Annuellement, c'est la loi de financement de la Sécurité sociale qui fixe l'objectif d'amortissement de la dette sociale pour l'année à venir, et éventuellement le montant de la dette transférée à la CADES.
Depuis sa création, la CADES a repris plus de 260 milliards d'euros de dette sociale et amorti 140 milliards. Fin 2016, il reste 120,8 milliards d'euros à amortir.

2. Les collectivités territoriales sont notamment financées par la dotation globale de fonctionnement (DGF) créée en 1979, premier concours de l'État, soit 30,8 milliards d'euros en 2017, en baisse (40 milliards en 2014).

L'État a gelé ses contributions en 2013 puis a entamé leur baisse progressive de 30 % en 4 ans, afin que les collectivités territoriales prennent leur part à la politique de maîtrise de la dette publique.
Ce n'est pas leur seul financement, leurs ressources dépendant prioritairement des impôts collectés (taxes foncières, droits de mutation, etc.).
La DGF comprend en réalité 12 dotations : 4 pour les communes, 2 pour les EPCI, 4 pour les conseils départementaux, 2 pour les conseils régionaux. Elles comprennent une part forfaitaire, et une part variable organisant par péréquation une solidarité financière entre les collectivités favorisées et défavorisées. Les communes mettant leurs équipements à disposition des autres seront mieux dotées. La loi de programmation des finances publiques 2018-2022 prévoit un encadrement de la hausse de leurs dépenses. Les collectivités devront faire des économies de gestion, en pesant notamment sur leurs charges de personnel, qui ont nettement augmenté dans certaines communes et de nombreux conseils départementaux et régionaux, occasionnant également une hausse de leur dette.
3. Créé par la loi du 17 juillet 2001, le Fonds de réserve des retraites (FRR) est un établissement public administratif doté d'un conseil de surveillance et d'un directoire. Il recueille des sommes allouées par les pouvoirs publics et se charge de les placer, afin de contribuer au financement des retraites.

Les ressources émanent de l'État (produit de prélèvement sur le patrimoine, de la contribution sociale sur les sociétés, produits exceptionnels) et de la CNAVTS. Elles sont placées sous forme d'actions et d'obligations, et les dépenses sont les contributions du FRR à la CADES notamment (voir ci-dessus).

39. Un mode de financement obsolète et contre-productif

Les différents acteurs de la protection sociale, confrontés pour la plupart à des problèmes financiers, révisent partiellement leur fonctionnement.

1. Des réformes partiellement entamées

Dans le domaine de l'aide sociale, la baisse précitée des dotations aux collectivités territoriales est inquiétante, et notamment parce qu'elle risque de grever l'investissement public, qui est un facteur de croissance économique. Elle a au moins un mérite : plusieurs conseils départementaux ont pris **des mesures plus volontaristes de maîtrise des dépenses du RSA notamment**, en déployant des contrôleurs qui vérifient la réalité des conditions sociales du bénéficiaire (pour lutter contre la fraude) ou du demandeur (pour éviter l'attribution d'une prestation indue). Des contacts sont aussi pris avec les maires, qui peuvent faire part de leur analyse de terrain, pour éclairer les décideurs du conseil départemental.

Néanmoins, ces dispositifs doivent composer avec le respect des règles légales : les impératifs de confidentialité des données individuelles limitent les échanges d'information ; les contrôleurs des conseils départementaux ne sont pas assermentés comme peuvent l'être ceux des CAF par exemple, leurs pouvoirs sont donc plus limités.

Par ailleurs, certaines collectivités territoriales peuvent être tentées par le choix de la facilité, en augmentant l'impôt plutôt qu'en rationalisant les dépenses. Ainsi, suite à la baisse des dotations de l'État en 2014, les impôts locaux ont été accrus par plus d'un tiers des collectivités.

Les organismes de Sécurité sociale, quant à eux, ont également des objectifs plus contraignants, dans leur convention d'objectifs et de gestion, en matière de lutte contre les fraudes.

Néanmoins, et contrairement aux thèses développées par certains partis ou médias, la fraude sociale n'est en aucun cas le seul levier pour régler le problème du déficit structurel de la Sécurité sociale.
Seule une plus forte maîtrise des dépenses de Sécurité sociale, nécessitant une remise à plat complète des prestations sociales – donc un fort courage

politique ! – et une refonte du système de financement, permettront de sortir de la spirale du déficit structurel de la Sécurité sociale.

L'assurance chômage a négocié une nouvelle convention entrée en vigueur le 1er octobre 2017, plus contraignante si elle veut peser sur les déficits de l'UNEDIC. Notamment pour les seniors, l'âge donnant droit à une indemnisation maximale de 3 ans a été reporté de 50 à 55 ans.
Cependant, les partenaires sociaux ont « traditionnellement » des difficultés à se mettre d'accord : les syndicats représentatifs des salariés sont défavorables à la réduction de l'allocation de remplacement ou de la période d'indemnisation ; le patronat est défavorable à une hausse de la cotisation.
Dans ce contexte tendu, les pouvoirs publics menacent les partenaires sociaux d'une intervention directe pour prendre les décisions qui s'imposent, ce qui s'est déjà produit dans l'histoire de l'assurance chômage.

Plusieurs organismes ont également entamé des réformes de structure – fusions des mutuelles, des organismes complémentaires retraite, des CPAM, des URSSAF, etc. – pour peser sur leurs charges de gestion.

Mais les charges de gestion sont déjà maîtrisées à la Sécurité sociale par exemple : elles ne représentent que 4 % du total des dépenses techniques. Leur réduction continuelle depuis 15 ans, imposée par des conventions d'objectifs et de gestion (COG) exigeantes, ne suffirait absolument pas à réduire le déficit structurel, lié au désajustement entre les dépenses dites « techniques » (de prestations) et les recettes issues des cotisations.

■ 2. Ces réformes restent insuffisantes

Les cotisations sociales sont la principale source de financement de la sécurité sociale. Ce mode de financement s'inspire du système « bismarckien » allemand, qui partage les cotisations entre le salarié et l'employeur, et dont l'assiette est la masse salariale. Il se justifiait en 1945-1946 lors de la création de la Sécurité sociale qui bénéficiait aux salariés ; il était donc logique que son financement repose sur les salaires. Mais ce système présente une fragilité :

- sa « santé financière » dépend étroitement de l'évolution de la masse salariale, elle-même très liée au niveau de croissance économique ;
- il pèse sur la compétitivité des entreprises ;
- les prestations sociales ont été étendues, et il n'est pas juste qu'elles soient seulement financées par les cotisations des actifs.

La pertinence des ressources par rapport à la nature des dépenses reste d'autant plus posée que les prestations sont quasi universelles, ouvertes à toute la population, alors qu'elles sont financées par les seuls actifs.

La réforme des cotisations sociales patronales est d'actualité depuis plusieurs années, mais n'a jamais été pensée dans sa globalité.
Citons d'abord certaines des nombreuses réformes avortées.

La TVA sociale aurait pu être une réponse de nature à réduire le poids des charges sociales pesant sur les entreprises : une part des cotisations patronales aurait pu être remplacée par une hausse de la TVA, dont les recettes auraient été affectées au budget de la Sécurité sociale.
La TVA sociale aurait aussi l'avantage de rendre plus compétitifs les produits nationaux face aux produits importés, si les entreprises profitent de la baisse des charges pour réduire leurs prix et retrouver de la compétitivité.
Elle avantage enfin les entreprises exportatrices, dont les produits ne sont pas soumis à TVA.
En revanche, elle présente l'inconvénient de transférer la charge du financement de la Sécurité sociale sur les ménages, ce qui pèse sur leur pouvoir d'achat. En effet, les entreprises feraient peut-être le choix d'utiliser la baisse des cotisations pour retrouver de la compétitivité sur les prix, voire accroître leur marge, et non pour augmenter les salaires.

Les pouvoirs publics ont tenté aussi d'alléger le coût du travail en accordant des **exonérations de charges sociales** aux entreprises. C'est une perte sèche de recettes pour la Sécurité sociale, car l'État ne compense pas toujours le manque à gagner.
Les partenaires sociaux – confortés par la Cour des comptes et le Conseil constitutionnel – ont fustigé ces pratiques qui permettaient aux gouvernements de financer des mesures populaires, en mettant en péril l'équilibre financier déjà précaire de la Sécurité sociale.

Ainsi, la baisse des cotisations d'allocations familiales sur les bas salaires, décidée dans le cadre de la loi de financement de la Sécurité sociale en 2015 et 2016, et leur suppression pour les travailleurs indépendants devraient être compensées par la hausse de la CSG, de la quote-part de la taxe sur les salaires dédiée à la branche famille de la Sécurité sociale et par la baisse de certaines dépenses.

La création du **crédit d'impôt pour la compétitivité et l'emploi (CICE)** en 2014 a donné un signal positif aux entreprises et a amélioré leurs marges, mais a eu un impact relatif sur la création d'emplois et faible sur l'investissement et l'export. Or, le CICE coûte cher (10 mds €/an).

L'État est donc acculé à poursuivre une réforme plus structurelle, engagée en 1991, mais restée « au milieu du gué » : **la fiscalisation des recettes de Sécurité sociale.**
L'impôt finance les dépenses sociales à la charge de l'État, et une partie de la Sécurité sociale (contribution sociale généralisée – CSG). En fiscalisant les recettes de la Sécurité sociale, afin qu'elles ne portent plus seulement sur les cotisations

sociales (donc sur les seuls revenus du travail), la France se rapproche du système béveridgien en vigueur en Grande-Bretagne : c'est la solidarité nationale – que symbolise l'impôt – qui finance le système national de santé.

Ainsi, si certaines taxes étaient et restent traditionnellement affectées au financement des dépenses sociales (droits sur les alcools et le tabac, taxe sur les boissons sucrées), la nouveauté est surtout venue de la création de la contribution sociale généralisée – CSG – par la loi de finances en 1991. Elle présente la particularité d'être un impôt recouvré par la Sécurité sociale, et a l'avantage d'élargir le financement en intégrant dans l'assiette les revenus du travail, mais aussi les revenus du patrimoine (rentes, etc.) et de remplacement (indemnités journalières, etc.).
Son produit est affecté :

- à la branche famille, en compensation de la baisse des cotisations patronales d'allocations familiales ;
- au fonds de solidarité vieillesse ;
- à la branche maladie ;
- à la caisse nationale de solidarité pour l'autonomie.

Le président Macron a concrétisé au 1er janvier 2018 un engagement de campagne :

– suppression en deux temps de la cotisation d'assurance chômage et de la cotisation maladie des salariés ;
– hausse de la CSG de 7,5 à 9,2 % pour les actifs, les retraités et les revenus du capital.

Les actifs verront cette hausse d'impôt plus que compensée par la baisse de leurs cotisations. *A contrario,* les retraités et rentiers seront pleinement mis à contribution, ce qui est logique puisqu'ils bénéficient à plein des dépenses de protection sociale et ont un niveau de vie en moyenne plus élevé que les actifs.

Par souci d'équité, les retraités non imposables seront exonérés de cette hausse de CSG.

Le financement de la Sécurité sociale

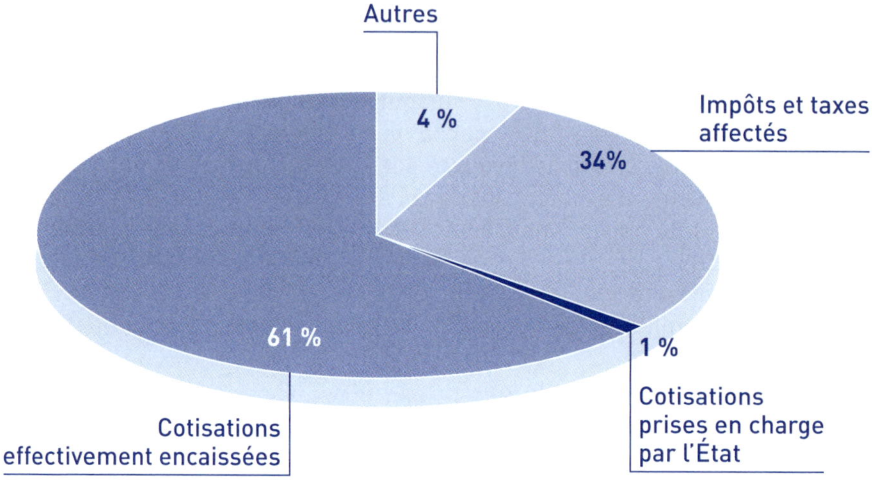

Cette même logique a préludé à la création de la **contribution au remboursement pour la dette sociale**, par l'ordonnance du 24 janvier 1996, afin de résorber la dette sociale. Elle s'applique au taux unique de 0,50 % aux revenus d'activité, revenus de remplacement, du patrimoine et de placements. Elle n'aurait dû être prélevée que jusqu'en 2014, mais l'aggravation de la dette a nécessité sa prorogation jusqu'à apurement de la dette sociale. Son produit est perçu par la Caisse d'amortissement de la dette sociale.

Comme la CSG, c'est un impôt prélevé à la source par les URSSAF et les MSA.

Ces prélèvements présentent le double avantage d'être socialement plus « justes » puisqu'ils concernent une large palette de revenus, et de diversifier les ressources de la Sécurité sociale.

Ils permettent de réduire la charge pesant sur l'emploi en France, mais ne modèrent pas pour autant la pression globale des prélèvements obligatoires : sur ce point, la France est le pays le plus coûteux d'Europe et l'un des plus coûteux du monde, puisque son taux de prélèvements obligatoires la classe au 2e rang après le Danemark.

Le taux des prélèvements obligatoires en 2016

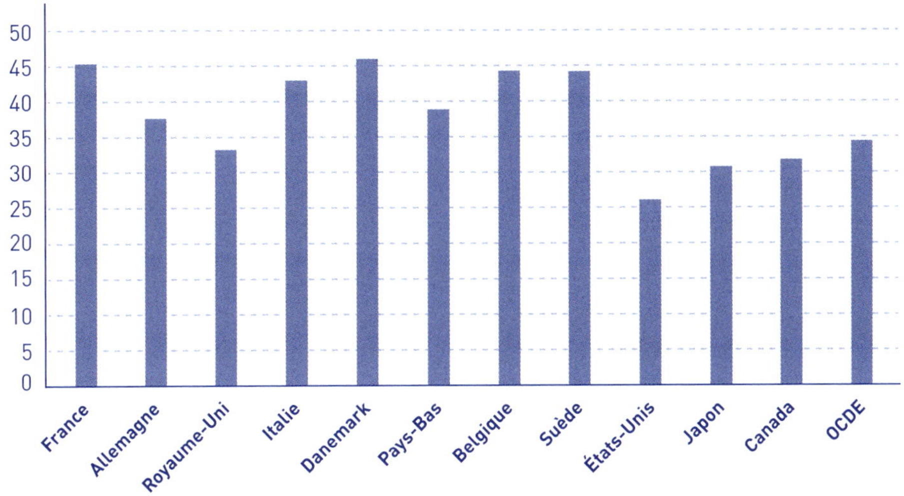

Principales catégories d'impôts et de cotisations sociales, 2015[1]

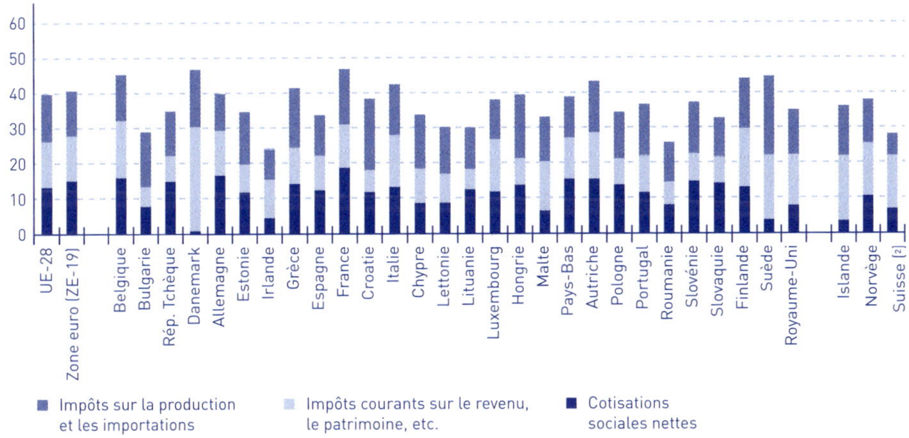

(¹) Données extraites le 24 avril 2017
(²) 2015
Source : Eurostat (code des données en ligne : gov_10a_main)

Ainsi la réforme doit-elle se poursuivre pour tenter d'alléger la pression sociale et fiscale en France, afin qu'elle ne soit plus un désavantage concurrentiel.

Testez vos connaissances !

QCM

Pour chaque QCM, une réponse au moins est exacte.

1. La CSG est :

- ❑ a. une cotisation sociale
- ❑ b. un impôt
- ❑ c. une taxe

2. La Sécurité sociale est financée essentiellement :

- ❑ a. par des cotisations sociales
- ❑ b. par des recettes fiscales
- ❑ c. par des dons privés

3. Les dépenses de gestion des organismes de Sécurité sociale représentent :

- ❑ a. 4 % des dépenses techniques
- ❑ b. 8 % des dépenses techniques
- ❑ c. 12 % des dépenses techniques

4. La loi du 29 décembre 1974 a instauré :

- ❑ a. la séparation des branches du régime général
- ❑ b. la solidarité financière entre les branches du régime général
- ❑ c. la solidarité financière entre les régimes de Sécurité sociale

5. La CRDS est :

- ❑ a. la cotisation de redressement de la dette sociale
- ❑ b. la croissance rédhibitoire de la dette sociale
- ❑ c. la contribution au remboursement de la dette sociale

QROC

1. La CSG.
2. La fusion des organismes de Sécurité sociale.

Corrigés

QCM

1. b. C'est un impôt qui a la particularité d'être recouvré par la Sécurité sociale, comme une cotisation sociale.

2. a. Cependant leur proportion diminue progressivement au profit de la CSG.

3. a. C'est un pourcentage très raisonnable en deçà duquel il est difficile de descendre.

4. c. À ce titre, les régimes bénéficiant du rapport démographique et des finances les plus favorables doivent amener leur contribution financière aux autres régimes.

5. c. Son produit est géré par la CADES (caisse d'amortissement de la dette sociale).

QROC

1. Créée en 1991 par le gouvernement Rocard, la CSG devait être provisoire (5 ans) mais a été prolongée jusqu'à ce jour.

Elle touche les revenus salariés, de remplacement, du patrimoine, des jeux, mais est partiellement déductible de l'impôt sur le revenu.
Elle s'applique aux personnes domiciliées en France.
Son taux est variable en fonction de la nature du revenu auquel elle s'applique. Il a été accru au 1er janvier 2018. Sa hausse est compensée, pour les seuls actifs, par une baisse de cotisations sociales. Elle ne l'est pas pour les retraités, qui contribuent donc proportionnellement davantage au renflouement des finances de la Sécurité sociale.
Elle sert essentiellement au financement de la Sécurité sociale (branches famille et santé, FSV), mais aussi de la CNSA.
Son produit représente en effet 23 % des recettes de la Sécurité sociale.
Elle est proportionnelle aux revenus (sans plafond).
Elle est recouvrée par les URSSAF et les MSA, bien qu'elle ait le statut d'impôt et non de cotisation sociale.

2. Les caisses du régime général ont entamé un mouvement de fusion à compter des années 2010, plus tardivement que les MSA qui ont achevé leur fusion à cette date passant de 78 caisses à 35, et que le RSI, qui a créé l'interlocuteur social unique à compter du 2008.

Corrigés

Les CPAM infra-départementales ont fusionné à compter du 1er janvier 2010 pour atteindre une taille critique d'au moins 250 000 assurés (sauf dans 4 départements densément peuplés). Leur nombre est passé de 128 à 102.

La départementalisation du réseau des CAF a été effective en 2011 (sauf dans un département), leur nombre passant de 122 à 101 ; celle des URSSAF a été conduite entre 2008 et 2010.

Les URSSAF ont poursuivi ce mouvement par leur régionalisation entre 2012 et 2014.

Ainsi, les CAF et CPAM ont désormais une aire territoriale départementale, quand les URSSAF ont une aire territoriale régionale.

Les RSI sont désormais en phase d'absorption par le régime général. Les MSA ont adapté leur réseau plutôt en fonction des bassins de vie.

La Cour des comptes, dans son rapport 2015 sur la Sécurité sociale, constate que ces évolutions ne se sont pas inscrites dans une perspective affirmée d'économies de gestion, mais avaient l'objectif d'améliorer le service rendu. De fait, les coûts de gestion des caisses de Sécurité sociale sont très faibles (4 %) alors qu'ils atteignent 20 % dans des assurances privées ou des conseils régionaux !

40. Perspectives et regard international

Le financement et le développement des politiques sociales sont souvent étroitement corrélés aux évolutions économiques. Or, le contexte économique mondial n'est pas propice à l'investissement social.

1. Un contexte économique mondial qui ne favorise pas les investissements sociaux

Les effets de la crise financière internationale de 2008-2009, de la crise européenne de la dette des États et de la baisse des prix des produits de taxe jusqu'en 2016 ne sont vraisemblablement pas totalement effacés :

- Les tensions politiques restent fortes à l'international et peuvent brider la reprise.
- Les pays émergents sont confrontés à de lourds déficits budgétaires et à une dette publique colossale, qui pourrait être grignotée par leur inflation galopante, mais qui est au contraire alourdie par la dépréciation de leur monnaie.
- La reprise du commerce mondial pourrait être entravée par les tendances ultra-protectionnistes observées dans les pays anglo-saxons.
- Malgré le maintien de taux d'intérêt négatifs en Europe qui fragilisent le secteur bancaire, les entreprises commencent juste à retrouver de la confiance pour investir. L'investissement profite logiquement au secteur productif en priorité.

Malgré les efforts des institutions européennes et ceux de maîtrise des dépenses par les États-membres les plus endettés, la situation des dettes publiques en Europe ne s'améliore pas. Elles restent supportables car les États s'endettent actuellement à des taux très bas. Mais si ces taux augmentent à terme, certains États ne sont pas à l'abri de la cessation de paiement.

Par ailleurs, des pays développés affichent ouvertement leur défiance à l'encontre de l'investissement « social », comme aux États-Unis où le président Trump tente de ruiner l'ambitieuse réforme de l'assurance maladie déployée par son prédécesseur Obama.

Si les situations économiques sont très disparates d'une région du monde et d'un pays à l'autre, on note néanmoins certaines similitudes.

■ 2. Une forte corrélation entre le financement de la protection sociale et la croissance ou la récession économique

Le financement de la protection sociale est soumis aux aléas de la croissance économique.
Lorsque la croissance économique est conséquente, elle « dope » l'assiette des impôts et cotisations sociales. En effet, les entreprises embauchent davantage et/ou font profiter leurs salariés des fruits de la croissance, ce qui accroît leur masse salariale. C'est la situation qu'a connue la France de 1997 à 2001, ou en 2008. La hausse des dépenses sociales peut alors être relativement indolore.

En revanche, si la croissance économique est faible ou en cas de récession, les recettes n'augmentent pas toujours suffisamment, proportionnellement aux dépenses. Dans ce cas, soit les déficits et l'endettement publics se creusent – solution risquée de très court terme –, soit le taux des impôts et cotisations doit être augmenté – solution de court terme également, car une augmentation inconséquente des prélèvements obligatoires peut avoir un effet contre-productif sur la croissance économique (voir la « courbe de Laffer »). D'autant que la France a déjà un niveau élevé de prélèvements obligatoires, par rapport aux pays comparables (45,3 % en 2016, contre 37,6 % en Allemagne, 33,2 % au Royaume-Uni, et 26 % aux États-Unis).

Le cercle vicieux s'enclenche alors (document suivant), qui ne peut être interrompu que par une reprise de la croissance économique ou par une limitation forte de l'augmentation des dépenses. Cette alternative est largement utopique, puisque l'on n'a jamais constaté, dans la période moderne, de recul même modeste du niveau des dépenses sociales.

Le gouvernement français s'y emploie cependant, comme on l'a vu dans les précédents chapitres, en maîtrisant l'évolution des dépenses de l'État, des collectivités territoriales, de la Sécurité sociale et des hôpitaux. Par ailleurs, il annonce un grand plan d'investissement de 57 milliards d'euros entre 2018 et 2022, pour relancer l'économie et financer des mesures relatives à la transition numérique et écologique, la compétitivité, l'innovation et la formation.

Les cercles « vertueux » et « vicieux » de la croissance économique et du financement des dépenses sociales

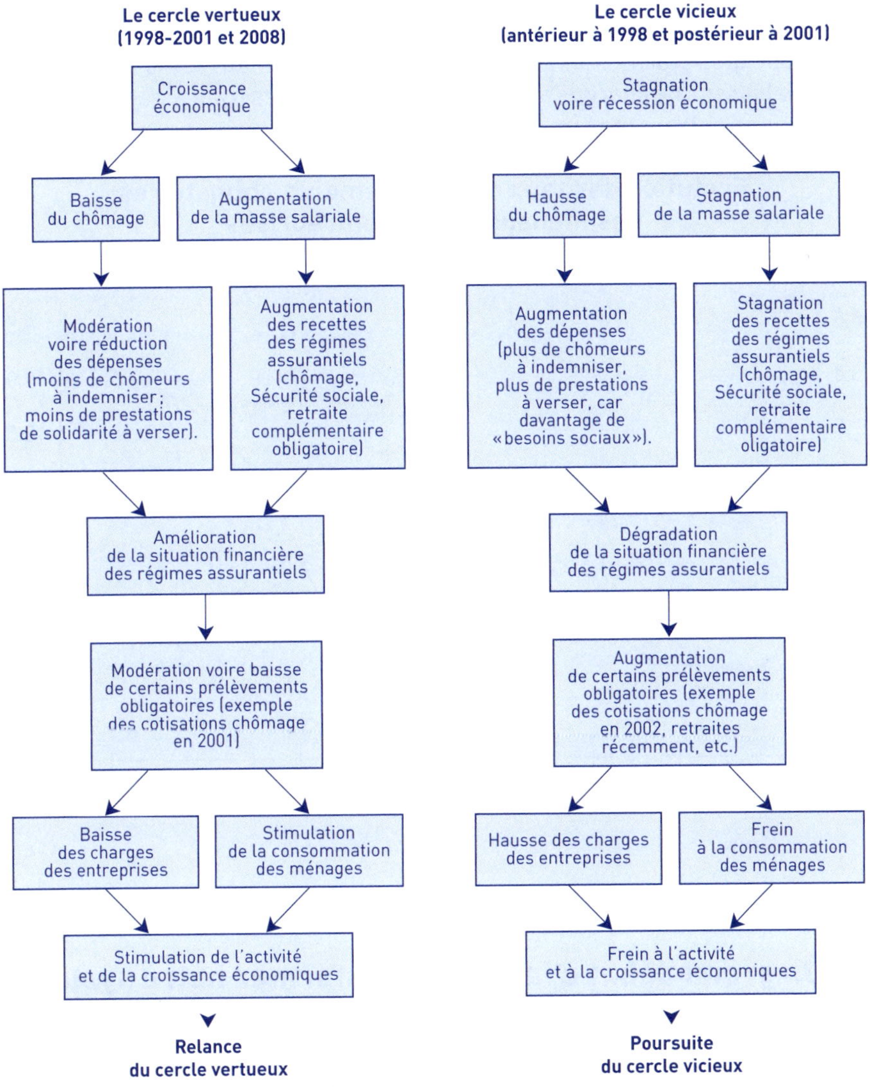

La France saura-t-elle encore trouver une « troisième voie », pour faire mentir les détracteurs de l'État-providence, pour lesquels **il existerait une incompatibilité rédhibitoire entre un haut niveau de protection sociale et la compétitivité du pays** au sein de l'économie internationale ? Ils prennent pour exemple les grandes « enseignes » françaises qui ont délocalisé leur production dans des pays où les charges sociales étaient moindres, même si ce mouvement semble plus modéré depuis les baisses de charges attribuées aux entreprises françaises (CICE, baisse de cotisations patronales familiales).

Évolution des taux de prélèvements obligatoires des ménages et des entreprises

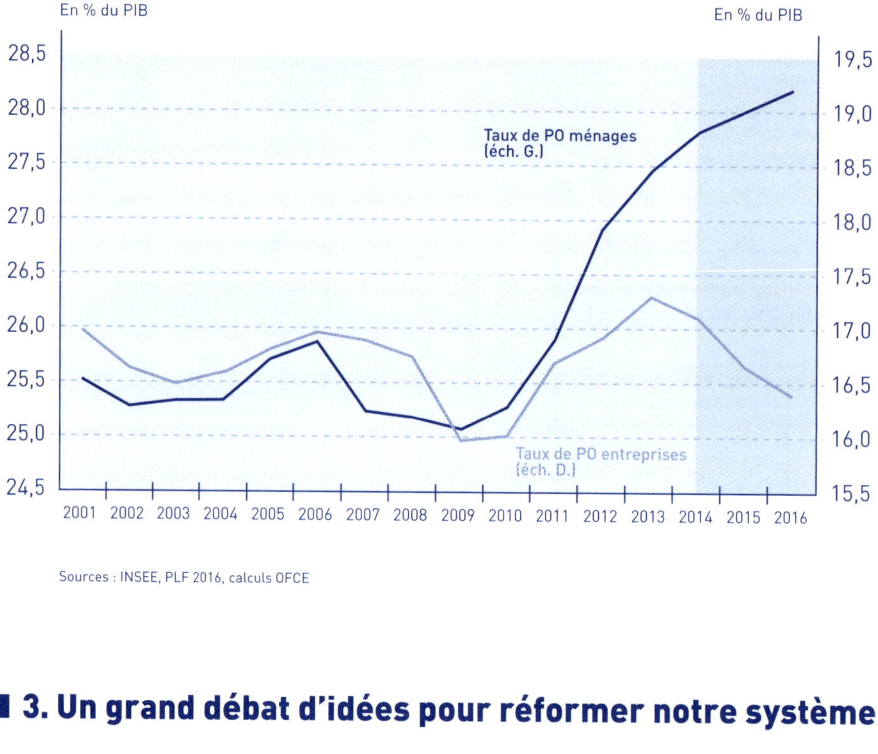

Sources : INSEE, PLF 2016, calculs OFCE

■ 3. Un grand débat d'idées pour réformer notre système

Les alternatives au financement de la protection sociale ne sont pas toujours porteuses de réelles solutions.
Le Conseil constitutionnel a enterré en 2015 un amendement visant à fusionner l'impôt sur le revenu et la CSG, qui n'aurait pas forcément amené de recettes supplémentaires aux institutions et aurait pu pénaliser les familles, déjà confrontées à la baisse du quotient familial et à la modulation des allocations familiales.
Le Conseil constitutionnel a également interdit la modulation de la CSG, considérant que chaque citoyen doit être égal devant l'impôt.

Une alternative plus crédible, pour réformer les prélèvements sociaux en France, aurait pu consister à accroître le niveau de la TVA. Ce dispositif, qualifié de TVA sociale, a été expérimenté dans deux pays d'Europe notamment :

- Dans le cadre d'un plan d'austérité, le Danemark a réduit ses cotisations sociales de 50 à 30 % à la fin des années 80 et a accru sa TVA de 3 points, dont un point pour financer la Sécurité sociale.
- L'Allemagne a procédé de même en 2007, passant le taux de TVA de 16 à 19 % et allégeant en parallèle les cotisations patronales, dans un contexte d'accélération de la croissance, ce qui a rendu la hausse assez indolore pour les ménages.

■ 4. La situation des pays voisins

La France n'est pas le seul pays confronté à un poids de la dette colossal : elle se situe au 19e range mondial.
Le poids de la dette au Japon est de 245 % du PIB et continue à croître, à l'instar de celle de la Chine qui explose également !
En Europe, il s'élève à 197 % du PIB pour la Grèce, 133 % en Italie, 127 % au Portugal, plus de 100 % en Irlande et Belgique, 99 % en Espagne, conduisant plusieurs de ces pays à mener une cure d'austérité drastique pour garder la confiance des prêteurs.
En effet, des agences « privées » de notation ont dégradé la note des pays endettés considérant que leur dette n'était plus soutenable, leur faisant encourir le risque d'une faillite si les prêteurs ne les alimentaient plus en liquidités pour faire face aux dépenses publiques.
Pourtant, les pays considérés comme « sûrs » par leurs créanciers – c'est-à-dire en capacité de régler les intérêts générés par leur dette – continuent à trouver prêteur malgré un fort taux d'endettement.

Un indicateur de « dette publique mondiale » permet d'identifier l'envolée de la dette depuis la crise financière de 2008, porteuse de risques pour la stabilité financière et la croissance économique dans le monde. En effet, si des États se révèlent incapables de faire face à leurs échéances, ils pourraient soit entraîner dans leur chute un certain nombre de leurs créanciers, soit devoir se départir de leurs actifs pour solder leurs dettes : c'est ainsi que la Grèce est progressivement dépouillée d'équipements stratégiques – comme les ports – par ses créanciers, ce qui pourrait déstabiliser durablement le pays et contrevenir à son indépendance. La France elle-même cède des actifs pour tenter de réduire sa dette.

L'Allemagne se démarque de ces tendances en profitant d'une conjoncture économique favorable pour réduire sa dette publique (71 % du PIB). Il faudra néanmoins observer l'effet à court terme de l'accueil massif de migrants sur les dépenses publiques et la dette allemande.
L'Allemagne a profité de son contexte économique favorable en 2015 pour mettre en place un salaire minimum, qui a profité aux 3 millions d'Allemands qui ne

bénéficiaient pas de ce SMIC via un accord de branche. Les pays voisins de l'Allemagne, comme la France, ont fait pression en faveur de cette avancée, de façon à rétablir une forme d'égalité concurrentielle entre les entreprises de part et d'autres du Rhin.
Cette réforme, redoutée par certaines branches, ne semble pas avoir eu d'effets pervers : l'Allemagne continue à créer des emplois et à afficher un taux de croissance enviable.

Le financement des assurances sociales est donc une équation difficile à résoudre. Quoi qu'il en soit, le plus efficient des systèmes de financement ne saurait leur garantir une situation financière équilibrée, tant que les dépenses poursuivront une croissance supérieure à celle du PIB. Le niveau important de la dette publique ne permet plus à l'État de vivre à crédit. Ce qui explique la volonté de l'actuel gouvernement de stopper la progression des dépenses de gestion des administrations publiques et des dépenses de prestations sociales. Le déficit budgétaire de la France passe, pour la première fois en 2017, sous la barre des 3 % imposée par le traité de Maastricht.

L'achèvement de la réforme du financement s'avère donc indispensable, sous la pression de l'économie internationale, autant pour garantir notre compétitivité à long terme que pour préserver le pacte social qui lie les générations entre elles, les salariés et leurs employeurs, les malades et les bien-portants, etc.

Les comptes sociaux de la Nation pour 2018

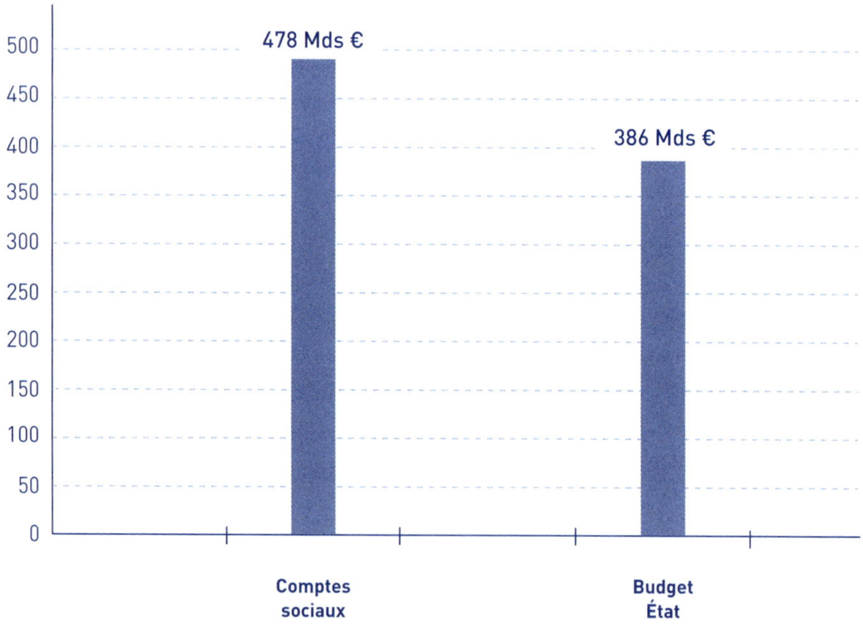

Testez vos connaissances !

QCM

Pour chaque QCM, une réponse au moins est exacte.

1. En Europe, la Grèce a l'endettement public le plus fort par rapport à son PIB.

❑ a. Vrai
❑ b. Faux

2. L'Asie maîtrise mieux sa dette publique que l'Europe.

❑ a. Vrai
❑ b. Faux

3. La France occupe le 1er rang des pays développés en termes de niveau des prélèvements obligatoires par rapport au PIB.

❑ a. Vrai
❑ b. Faux

QROC

1. Les comptes de la Nation.
2. Les prélèvements obligatoires.

Corrigés

QCM

1. a. 197 % du PIB.

2. b. Le Japon et la Chine sont très fortement endettés.

3. b. Mais elle occupe malheureusement le 2e rang après le Danemark.

QROC

1. Par similitude avec ceux des entreprises, les comptes de la Nation « donnent une représentation chiffrée détaillée de l'économie française selon de nombreux angles : croissance (mesurée par l'évolution du PIB), revenu, pouvoir d'achat, consommation, finances publiques, investissement, commerce extérieur, etc. Ils servent aussi bien à l'analyse conjoncturelle qu'à l'analyse macro-économique » (INSEE).

Sont aussi suivis la consommation des ménages, le taux d'épargne, le taux de marge des sociétés, etc.
Les premiers systèmes de comptabilité nationale datent de l'après-guerre, inventés par les économistes Keynes, Tinbergen ou Leontief.
Ces indicateurs sont aussi suivis par la Commission européenne qui contrôle le respect par les États-membres des indicateurs déterminés par le traité de Maastricht, comme le niveau du déficit public ou de la dette publique.

2. Selon la définition de l'INSEE, les prélèvements obligatoires (PO) sont les impôts et cotisations sociales effectives reçus par les administrations publiques et les institutions européennes.

Ils bénéficient à 4 catégories d'institutions :
- l'État et les administrations centrales, qui utilisent un tiers du produit des PO ;
- les institutions de Sécurité sociales (> 50 %) ;
- les collectivités territoriales (15 %) ;
- les institutions européennes (1 %).

Ils sont payés par les contribuables – personnes ou entreprises privées – et essentiellement recouvrés par les services fiscaux, l'URSSAF et la MSA.

Abréviations

AAH	Allocation pour adulte handicapé
ACOSS	Agence centrale des organismes de Sécurité sociale
ACS	Aide à la complémentaire santé
AEEH	Allocation d'éducation pour l'enfant handicapé
AFPA	Association pour la formation professionnelle des adultes
AGEFIPH	Association de gestion du fonds pour l'insertion professionnelle des personnes handicapées
AGIRC	Association générale des institutions de retraites des cadres
AMC	Assurance maladie complémentaire
AMO	Assurance maladie obligatoire
ANPE	Agence nationale pour l'emploi
ANRU	Agence nationale de rénovation urbaine
APA	Allocation personnalisée à l'autonomie
ARRCO	Association pour le régime de retraite complémentaire des salariés
ASSEDIC	Association pour l'emploi dans l'industrie et le commerce
CADES	Caisse d'amortissement de la dette sociale
CAF	Caisse d'allocations familiales
CARSAT	Caisse d'assurance retraite et de la santé au travail
CCMSA	Caisse centrale de mutualité sociale agricole
CDCA	Conseil départemental de la citoyenneté et de l'autonomie
CDI	Contrat à durée indéterminée
CDD	Contrat à durée déterminée
CHRS	Centre d'hébergement et de réinsertion sociale

CIO	Centre d'information et d'orientation
CMU	Couverture maladie universelle
CNAF	Caisse nationale des allocations familiales
CNAMTS	Caisse nationale d'assurance maladie des travailleurs salariés
CODEFI	Comité départemental d'examen des problèmes de financement des entreprises
COR	Conseil d'orientation des retraites
CPAM	Caisse primaire d'assurance maladie
CRDS	Contribution au remboursement de la dette sociale
CSG	Contribution sociale généralisée
CUI	Contrat unique d'insertion
DALO	Droit au logement opposable
DIRECCTE	Direction régionale des entreprises, de la concurrence et de la consommation, du travail et de l'emploi
DRJSCS	Direction régionale de la jeunesse, des sports et de la cohésion sociale
DIV	Délégation interministérielle à la ville
DREES	Direction de la recherche, des études, de l'évaluation et des statistiques du ministère des Affaires sociales
ESAT	Établissement ou service d'aide par le travail
FNE	Fonds national pour l'emploi
FRR	Fonds de réserve des retraites
FSV	Fonds de solidarité vieillesse
GIPA	Garantie d'impayés de pensions alimentaires
IGAS	Inspection générale des affaires sociales

INSEE	Institut national de la statistique et des études économiques
LFSS	Loi de financement de la Sécurité sociale
MDPH	Maison départementale des personnes handicapées
MEDEF	Mouvement des entreprises de France
MSA	Mutualité sociale agricole
OFII	Office français de l'immigration et de l'intégration
ONDAM	Objectif national d'évolution des dépenses d'assurance maladie
ONISEP	Office national d'information sur les enseignements et les professions
PAIO	Permanence d'accueil, d'information et d'orientation
PAJE	Prestation d'accueil du jeune enfant
PARE	Plan d'aide au retour à l'emploi
PDALHPD	Plan départemental d'action pour le logement et l'hébergement des personnes défavorisées
PDI	Plan départemental d'insertion
PPA	Prime pour l'activité
PRS	Programme régional de santé
RGPP	Révision générale des politiques publiques
RME	Revenu minimum d'existence
RMI	Revenu minimum d'insertion
RSA	Revenu de solidarité active
RSI	Régime social des indépendants
SROS	Schéma régional d'organisation des soins
T2A	Tarification à l'activité (des hôpitaux)

UCANSS Union des caisses nationales de Sécurité sociale

UNEDIC Union nationale interprofessionnelle pour l'emploi dans l'industrie et le commerce

URSSAF Union de recouvrement des cotisations de Sécurité sociale et d'allocations familiales

PEFC™ PEFC/30-32-821
Achevé d'imprimer en août 2018 par Wilco aux Pays-Bas
Dépôt légal: septembre 2018
No éditeur 2017-0146